놀이치료·아동심리치료로
행복을 되찾은

아메트

Anneliese Ude-Pestel 저
오현숙 역

학지사

Ahmet. Geschichte einer Kindertherapie
by Anneliese Ude-Pestel

이 책의 소개

다섯 명으로 이루어진 한 터키 가족의 막내인 아메트가 독일에 왔다. 낯선 이들과의 접촉 속에서 아메트는 격한 노동을 하는 부모로부터 거의 지지받지 못한 채 환경에 적응할 수 없었다. 아메트의 고립과 외로움의 정서는 특히 비웃고 거부하며 또한 적대감을 자극하는 학교에서 더욱 강화되었다. 결국 아메트에게는 두통, 불면, 야뇨와 같은 장애뿐만이 아니라 불안발작이 자리를 잡았고 급기야 우울증의 병에 걸렸다.

긴장감 넘치는 치료 대화의 상담 기록에서 우리는 치료 초기에 불안과 외로움의 바닷속에 빠져 있는 아메트를 만나게 된다. 그리고 점차 아메트가 치료과정 중에 어떻게 자신의 정서를 인식하고 그것을 표현하게 되는지, 결국 어떻게 자기 신뢰와 삶의 힘을 다시 되찾게 되는지를 보게 된다. 여기서는 아메트의 치료 경과를 보여 주는 것 외에도 정신분석적 과정에 대한 질문들이 함께 다루어진다.

역자 서문

이 책은 『놀이치료로 행복을 되찾은 아이, 베티』와 마찬가지로 다치고 병들었던 아동의 마음이 치료자와 아동 사이의 관계를 통해서 치유되는 과정을 치료 장면 그대로 생생하게 보여 준다. 그리고 거기에서 무엇이 치료 요인으로 작용하고 있는지도 설명해 준다. 치료자의 어떤 말과 행동이 아동으로 하여금 상처를 딛고 다시 건강을 회복할 수 있도록 발달의 촉진 요인이 되는지 또한 건강한 아이, 행복한 아이의 핵심에는 무엇이 필요하며, 어떤 모습이 바로 그런 모습인지 느낄 수 있게 해 준다. 이 책을 통해서 치료자와 어른들은 태어나서 성인이 될 때까지 아이들의 성장에서 가장 필요한 것이 무엇인지, 무엇이 그들을 슬프게 하고 아프게 하며 무엇이 그들을 행복하게 하는지 보게 될 것이다.

이 책을 통해 공부하는 사람들은 치료자의 정신분석학적 치료방법은 물론 치료기법을 초월하는 치료자의 인간에 대한 따뜻한 공감과 관계에서 서로 성장을 촉진하는 창의성을 보게 될 것이다. 부모들은 아이에게 규칙과 도덕성을 가르치는 것 외에도, 아이가 자신과 타인 그리고 세계를 사랑하고 삶 속에서 성취를 이루어 내며 성장해 가도록 이끄는 원동력이 무엇인지 알게 될 것이다.

나는 『놀이치료로 행복을 되찾은 아이, 베티』에 이어 이 책을 번역하는 동안 우리 사회에 있는 많은 이주 노동자들을 생각했고, 또 이주 노동자가 아니지만 이주 노동자처럼 가족의 생존을 위해 생업에 몰두하면서 희생하고 있는 우리 사회의 많은 부모들로부터 방치된 아이들을 생각했다. 그러나 주변에는 그렇게 처절하게 부모의 생업 때문에 혼자 있는 아이들 외에도 물질적으로 풍요로운 가운데서도 부모, 가족, 형제, 친구, 주변 환경으로부터 심리적 단절을 느끼는 아이들이 많이 있다. 이렇게 자아가 뿌리를 내리지 못하고 위축되어 있으며, 자신 없고 외로워 하며, 두려움과 불안에 쫓기는 아이들이 존재의 확신과 행복을 다시 되찾을 수 있도록 이 한 권의 작은 책이 그들의 건강한 성장을 위해 사용되는 지침서가 되기를 기대해 본다.

2014년 1월

역자 오현숙

저자 서문

책 표지의 빨간 자동차는 아메트가 그렸다(원서 참조). "조용히 멈춰 서 있어요." 치료시간 첫 회기에 그가 그림을 보며 말했다. "아마 언젠가 폭발할 거예요."

이 책은 아주 짧은 기간 동안 중단한 적은 있지만, 근 2년을 잘 이겨낸 아메트의 놀이치료 이야기다. 물론 고통을 잘 견뎌냈다고도 말할 수 있을 것이다. 사실 그가 내게 '발견'된 것은 일종의 우연 덕분이었다. 그의 어머니의 의사인 닥터 짐멜(Dr. Simmel)이 다음과 같은 소견을 붙여 그를 내게 보냈다. "이 소년은 좀 구겨진 인상을 짓고 있으니 아마도 당신이 조금 반듯하게 다림질해 줄 수 있겠지요."

아메트는 어떤 불편한 신체적 증상에 시달리고 있었는데 그의 가장 가까운 주변 사람들은 이것에 대해 특별히 거부적으로 반응했다. 닥터 짐멜이 그를 돕고자 했으나, 의학적인 조사 결과가 아메트의 증상은 심인성(심리적인 문제에 원인이 있는 심리적으로 조건화된 것)이라고 밝혔다.

심리치료는 아주 긴 시간대를 거쳐 진행된다. 아주 작은 걸음씩만 앞으로 진전될 뿐이다. 물론 자주 '제자리걸음'을 하는 것처럼 보이기도 한다.

심리치료자는 매 치료회기의 경과를 가능한 한 매우 상세하게 기록해서 보관하려고 노력한다. 나중에 이 기록(프로토콜)을 통해 아메트 치료의 핵심적인 단계를 대화 형태로 제시할 수 있었다. 나는 소년의 말을 최대한 있는 그대로 제시하기 위해 노력했다. 단, 텍스트에 언급된 모든 인명은 가명을 사용하였다.

무엇이 내게 이 책을 쓰도록 동기를 주었는가? 나의 근본적인 관심은 우리의 많은 아동과 청소년의 불안과 결핍, 그리고 행동장애의 가장 근본적인 원인에 대해서 이해를 일깨우고 그와 함께 아동과 청소년의 고통을 경감시키는 데 기여하려는 것이다. 부모, 보육자, 교사 그리고 아동들을 다루는 모든 직군의 종사자들에게 유용한 정보를 손에 쥐어 주기 위해 나는 치료과정을 기술하면서 아울러 놀이치료에 대해서, 심리치료의 일반적인 문제와 과제에 대해서 그리고 심리적 고통의 배경에 대해서 또 특별히 신경증에 관해서 숙고한 내용을 삽입하였다. 이때 개념논의가 필요하지 않도록 일상의 언어들을 사용하였다.

근본적으로 여기에 보고되는 것들은 터키 소년의 자리에 독일 소년이 그대로 대치될 수 있을 정도로 매우 유사한 형태로 생긴 일이라고 할 수 있다. 물론 아메트가 다른 문화권에서 온 이주 노동자의 아이인 것이 치료난제로 작용한 것은 사실이다. 한번은 그의 부모를 치료에 효과적으로 합류시키는 것이 전혀 불가능할 때가 있었다. 설상가상으로 그때 아메트에게 거의 해결되지 못할 것 같은 학교 문제도 함께 일어났다.

바로 그 때문에 나는 이 책을 쓴 궁극적 목적이 된 한 관점을 갖게 되었다. 내 주된 관심은 독자가 피부에 닿듯이 직접 체험하도록 하는 데 있다. 한 이주 노동자의 아들이 아주 낯설고 자주 자신에게 적대적인 환경에서 어떤 결핍과 패배감을 체험하고 경험하며 살아가는지, 그리고 어떤 감정이 그 안에 억눌리며 쌓여 가고 어느 날 폭발해 버릴 수도 있는지를 말이다.

아메트는 유일한 사례가 아니다. 우리에게는 수십만의 아메트가 존재한다. 그들의 부모는 분명 단지 몇 년 동안만 일을 하고 돈을 저축해서 고향으로 돌아가기 위해 이곳에 왔다. 이들은 일반적으로는 이 목적에 만족하고 아마도 기쁘기까지 할 것이다. 몇 년 안에 물질적인 궁핍에서 벗어날 수 있고 후에는 고향에서 새로운 시작을 위한 더 좋은 조건을 가질 수 있으니 말이다.

그런데 이들의 아이들은 민족적 뿌리가 부재하고 부모가 가진 비교 기준을 갖고 있지 않다. 오히려 자신의 물질적인, 직업적인 그리고 사회적인 기회 면에서 자신들이 우선권 밖이라고 느끼는 가운데 '모든 것을 가진' 독일 또래들과 견주어 평가한다. 아메트가 언젠가 깊은 이완상태에서 한 번 뱉어낸 말처럼, 그들은 자신이 어디에 속하는지 더 이상—혹은 아직—알지 못한다.

나는 아메트의 이야기가 우리 사회의 많은 사람들을 일깨우고 아메트와 같은 아이들이 자신의 미래를 여는 데 도움이 되기를 바란다.

1980년 12월에 Hannover에서

Anneliese Ude-Pestel

차 례

"선생님이 저를 도와주고 모든 게 좋아진다면
엄마는 자기가 가진 모든 것을 선생님께 드릴 거예요."

혹한 속의 화요일 오후였다. 아메트가 처음으로 엄마와 함께 내게 왔다. 그날은 개도 난로(히터) 뒤로 꾀어내기가 쉽지 않을 정도로 바람이 몰아치는 추운 날이었다.

"저는 아메트 사바입니다… 그리고 이 분은 제 엄마… 그리고… 선생님이 저를 도와주고 모든 게 좋아진다면 제 엄마는 선생님께 자기가 가진 모든 것을 드릴 거예요."

힘들게 뱉은 몇 마디로 12살의 아메트는 우리의 첫 만남을 시작했다. 그의 시선접촉은 도망치듯 매우 찰나적이었고 그의 짙은 밤색 눈동자는 뭔가 간절한 바람을 담고 있었다.

깊은 불안감이 그의 자세와 거동에 묻어났다. 그는 조용히, 중얼거리듯 말했다.

"들어와." 내가 말한다.* "닥터 짐멜께서 너를 접수시켰지. 그래서 이미 기다리고 있던 중이야."

*역주: 저자는 장면에서 일어나는 일을 진행형으로 생생하게 전달하기 위해서 자주 현재형 화법을 쓰는 것으로 보인다. 따라서 이후의 많은 표현에 나타나는 과거 사실의 현재형은 저자의 의도를 반영하기 위해 원문 시제 그대로 현재형으로 번역하였다.

아메트의 엄마는 왜소하고 둥글둥글한 몸집의 여인으로 슬픔에 잠긴 표정 속에서 약간 당황스러운 미소를 지어 보였다. "나는 못해요. 좋은 독일 말."

다음에 그녀는 아메트에게 뭔가를 터키어로 속삭였다. 아마도 "신발을 벗어라."였을 것 같다. 그리고 자신도 그렇게 했다.

엄마가 아메트를 팔로 잡고 자기 앞으로 끌어당기고 있었기 때문에 내가 여러 번 아메트를 먼저 들어오도록 요청한 뒤에야 둘은 양말만 신은 채 함께 방으로 들어왔다.

그는 완전히 꽁꽁 언 표정이었다. 너무 얇은, 지저분하고 짧은 바지에 맨살의 다리가 드러났다. 뒷굽이 고무로 된 헝겊 신발 또한 이 겨울의 습기와 한기를 막아내기에는 턱도 없을 것이었다.

"지금은 분명히 당신들에게 뜨거운 차가 매우 좋겠어요." 그러면서 나는 역시 너무도 얇은 방한 재킷 밑으로 드러나는 빨갛게 언 아메트의 손을 보았다. 그가 나의 시선을 눈치채고 손가락을 조금 오므린다.

차를 만들기 위해 잠시 동안 둘만 있게 했다. 내가 아메트에게 컵의 끝까지 가득 채운 차를 건네자 그는 꿀꺽거리며 마지막 한 방울까지 다 마셔 잔을 말끔히 비운다. 무척 갈증이 난 것 같아 보였다. 그의 엄마가 나는 이해하지 못하는 언어로 다시 그에게 말했다. 아메트는 절망스러운 표정으로 반응한다.

"아메트에게 뭐라고 말씀하셨죠?" 내가 엄마에게 묻는다. 그녀는 곧 바로 울기 시작한다. 그리고 더듬거리며 말한다.

"아메트가 오줌을 싸요, 침대에, 매일 밤 침대에(역주: 독일어가 서툴러 어순이 맞지 않다). 항상 적셔요, 침대. 적셔요, 침대. 그리고 난 항상 빨아요. 빨래. 항상 빨아요. 항상 빨아요." 그녀는 계속해서 빨래를 빠는 것이 그녀에게 얼마나 힘든 일인지 손으로 흉내를 낸다. 그리고 마침내 그녀의 두통에 대해 호소한다. "나는 두통 있어요, 항상. 어떤 의사도 돕지 못해요." 그녀는 자신의 비참함에 압도되어 멈출 수 없을 만큼 계속 운다.

그녀는 뭔가의 생각에 다시 사로잡히면서 나의 질문을 기억한 듯 보인다. "내가 아메트에게 말했어요. 더 이상 너, 마셔서는 안 돼, 오늘은." 그녀의 목소리는 딱딱하고 냉혹하게 들린다.

비록 몇 마디 안 되는 짧은 어휘였지만, 그녀는 이야기를 해냈다. 늦은 오후부터 아메트는 음료수 금지라고. 그런데 자주 몰래 이 규정을 어겼다고. 그녀는 자주 소변을 보게 하기 위해 밤에 그를 깨운다. 그러나 그는 항상 매우 깊이 잠들어 있고 그 일은 매번 헛수고가 된다. "침대 항상, 젖어요. 항상 젖어요. 그리고 나는 매번 빨아요. 빨래, 항상 빨아요, 항상 빨아요." 아마도 그녀에게는 반복적으로 탄원하는 것이 그녀의 매우 다급한 욕구인 듯하다. 이 순간 원래는 아주 좋은 인상을 줄 것 같은 그녀의 동그란 얼굴이 빨갛게 달아올라 있다.

이 삼자 대화는 기분이 썩 편치 않다. 아메트를 바라보았을 때 그의 얼굴은 백묵처럼 하얗게 변해 있었다. 차라리 이 장면을 좀 단축시키는 것이 낫지 않을까? 그래서 엄마에게만 대화 요청을 한다면? 그러면 아메트는 틀림없이 많은 불쾌감을 간직한 채 혼자 남게 될 것이고, 다른 한편으로는 일찍 중단된 짧은 대화가 그에게 매우 깊은 실망감을 안겨 줄 것이다. 그가 뱉은 첫 마디는 진정 마지막 희망을 담은 구원 요청(SOS 요청)처럼 들렸으니까. "선생님이 절 도와주고 모든 게 좋아진다면 엄마는 자기가 가진 모든 것을 선생님께 드릴 거예요." 이때 그는 두 손을 손바닥을 맞대고 기도하는 소년처럼 입술로 손톱 끝을 물고 있었다. 게다가 통역자인 아메트 없이 엄마하고만 이야기하는 것은 별 의미가 없을 거였다. 엄마의 독일어 어휘에 한계가 있기 때문이다. 그나마 삼자 대화를 계속하는 것이 이 터키 가족의 삶에 대한 조망을 얻는 데는 최상일 것이다.

엄마가 얘기하는 동안에, 아메트는 정신이 나간 사람 같은 표정으로 중지 손가락을 들어 다 마셔 버린 유리컵의 테두리를 빙빙 원을 그리며 문지르고 있었다. 그러다 갑자기 삐익 하는 소리가 나자 그는 깜짝 놀라서 마치 현장에서 발각된 죄인처럼 당장에 유리컵을 탁자에 내려놓았다. 나는 엄마를 바라보고 말했다. "아메트가 내게 오기로 결정한다면, 오늘부터 그가 항상 원하는 만큼 많이 마셔도 되겠어요?"

나의 이 말은 아메트를 깊이 떨어져 있던 패배감에서 순간 높이 튕겨져 나오게 한 것 같다. 그는 몸을 펴고 아직은 어느 정도 의아함이 담겨 있는 커다란 눈으로 내 얼굴을 빤히 바라본다. 바로 이런 것은 기대하지 못했었나 보다. 그러나 엄마는 내가 한 말을 잘 알아듣지 못했고 그래서 아메트가 통역해야만 했다. 그는 그것을 아주 간략히 해치웠다. 그러나 나는 그가 자신이 항상 어느 정도 느끼고 있었던 진리를 지금 갑작스럽지만 마침내 토해 낼 수 있게 된 듯이 말했다는 인상을 받았다. 사람이 목이 마를 땐 그냥 단순히 마셔도 된다는 진리.

그의 엄마는 언뜻 보기에도 충격을 받았다. 그래서 내가 다시 한 번 그녀에게 말해야 했다. "모든 게 생각한 것보다 훨씬 간단한 일이에요. 사람이 목이 마르면 마셔도 돼요. 그리고 슬플 땐 울어도 되고요."

그러자 그녀는 다시 울기 시작한다. 아메트가 작은 소리로 그녀에게 뭔가를 터키어로 말한다. 그러나 그녀는 그녀의 손수건이 완전히 젖을 때까지 계속해서 운다. 그런 이후, 그녀는 해방된 듯한 인상을 준다.

나는 아메트에게 그의 출생과 영아기 때에 대해서 알고 싶다고 말한다.

"모든 것을 물어보세요. 그는 마치 이러한 질문의 중요성에 대해서 잘 깨닫고 있는 양 진지한 표정으로 응답한다. 그의 엄마는 처음에 좀 어렵게 기억해 낸다. 그러나 곧 아메트를 매우 쉽게 출산했고, 아메트는 7개월 만에 앉을 수 있었으며 11개월에 걸었고, 그러나 말은 매우 늦었다고 말한다. 일 년 후 엄마는 그에게 즈비박 빵(역주: 속까지 갈색으로 바삭하게 구운 토스트 빵)을 주었다고 한다. 이어서 그녀는 두 손을 가슴에 얹는다. "2년 동안이나 아메트는 여기서 마셨어요. 그녀는 젖을 빠는 아기가 그녀에게는 종종 큰 위안이었음을 설명한다.

아메트는 처음에는 좀 당황한 듯 엄마의 가슴을 바라본다. 그러나 곧 그의 얼굴에 미소가 스쳐 간다. 그 사실로 자신의 존재의 시작이 역시 어떤 의미가 있었다는 것이 기쁨이 된 듯하다. 엄마는 아메트가 젖먹이 아기일 때 크게 아팠고 기침을 많이 했음을 기억한다. 그러나 돈이 없어서 의사를 부르지 못했다고 한다. "터키에서는… 힘든 삶을… 일자리가 없어서… 돈이 없고, 많이 궁핍했었죠." 그리고 그녀는 계속해서 세 아이가 아주 어린 나이에 모두 죽었다고 보고한다.

닥터 짐멜이 준 정보에 따르면, 가난 때문에 아메트의 엄마는 가족 구성원 중에서 제일 먼저 독일에서 일자리를 구하기 위해 터키를 떠났다. 그리고 일 년 반 후에야 처음 가족들을 독일로 불러들였다. 아메트는 독일에 왔을 때 6살 반이었으니까 엄마가 터키를 떠났을 때는 5살이었다.

아메트에게 이 시기에 대해서 기억할 수 있는지 묻자 그는 고개를 흔든다.

다음에 그는 엄마가 친가의 할머니에 대해서 보고한 것을 동요 없이 무표정한 얼굴로 통역한다. "할머니가 우리를 많이 때렸어요… 할머니께서 우리를 키웠죠… 할머니는 우리가 아주 빨리 기저귀 떼기를 바라셨어요… 누나는 9개월에 벌써 배변훈련을 끝냈어요. 그러나 곧 다시 침대를 적셨어요… 형도 또한… 그리고 엄마가 말씀하시기를, 할머니가 저를 아주 갓난아기 때부터 아기변기에 앉히셨대요. 그러나 그게 별로 도움이 안 되었고… 때려도 안 되었고….”

그가 손가락 끝으로 관자놀이를 누르는 것이 눈에 띈다. 내가 그것에 대해 언급하자 그는 두통이 있다고 한다. 엄마는 고개를 끄덕이며 자기처럼 아메트가 항상 머리가 많이 아프고, 그리고 자기처럼 어린 사내아이였던 아메트가 항상 많이 울었다고 확인해 준다… 5살의 나이에 엄마가 그를 떠났으니까… “그러나 가난이 정말 심각했어요… 나는 독일에서 일자리를 구해야만 했어요… 그리고 나 역시 부모 없이 자랐죠. 부모가 모두 일찍 돌아가셔서… 모든 것이 힘들었고 심각하게 궁핍했어요.” 다시 그녀는 울기 시작한다.

아메트가 그녀를 위로하려고 하는 것 같다. “그러나 이제 우리 모두는 함께 살고 있잖아요.”

‘우리’라는 것은 44세인 아버지 무스타파, 42세인 어머니 펨베, 24세인 누나 에미네, 17세인 형 오스만 그리고 12세인 아메트를 지칭하는 것이다.

“그리고 우리는 아주 커다란 아파트를 갖고 있어요.” 그는 급히 말하기를 계속한다. “또 모두 다 각자 자기 방도 갖고 있잖아요.”

“모두 각자의 방을?” 내가 약간은 놀라서 묻는다.

“아~, 아니에요. 아니에요. 아니에요. 제가 말하는 것은 누구나 각자의 침대를 갖고 있다는 거죠.”

그는 조용히, 다급하게, 중얼거리듯 말한다. 자기 안에 푹 침몰하여 내 앞에 앉아 있다. 나이에 비해 더 크고 잘 자란 갈색 피부의 소년, 반듯하고 조화로운 얼굴에 힘 있는 검은 머리, 대부분 바닥을 향하고 있는 깊고 진한 밤색의 불안해 하는 두 눈을 가진 소년이.

나는 그의 아름답고 가는 손가락들을 본다. 손가락들은 지금 불안에 가득 차서 서로서로 뒤엉켜 있다. 손톱들은 손톱 끝까지 물어뜯은 자국이 있다. 그의 경직된 몸속에 꽁꽁 묶인 영혼이 한 번 자유로워진다면 그것에서 터져 나온 행동은 결코 평온한 것은 아닐거라는 생각이 들었다.

주의를 조금 딴 곳으로 돌리기 위해, 나는 그에게 스케치북과 크레파스를 건넨다. "아메트, 괜찮다면 내게 나무를 하나 그려 주렴." 그는 지체 없이 그림을 그린다. 뿌리가 없는 한 나무를 그렸는데 가지에 날카로운 부리를 가진 커다란 새 한 마리가 앉아 있다. 그가 말한다. "이건 딱따구리예요. 이게 나무 여기저기를 쪼아대요." 나무의 윗부분에는 이파리들이 없고 앙상하고 뾰족한 바늘 모양의 가지들이 늘어져 있다. 나는 뿌리가 없는 이 딱따구리가 항상 쪼아대는 나무 위에 재빨리 시선을 던진다.

그가 학급 친구들과는 어떻게 지내는지 내가 물었을 때 그의 얼굴에는 깊은 고통의 표정이 일어난다. 그리고 대답이 없다.

벌써 며칠 전 닥터 짐멜의 전화를 받고 우려했었던 심각한 장애에 대한 걱정이 사실로 나타났다. 아메트는 오래전 영아기부터 시작된 야뇨 문제로 닥터 짐멜에게서 치료를 받았다. 닥터 짐멜이 내게 심리치료적 진료를 해달라고 부탁했다. 야뇨 증상에 대해 처방한 불안과 긴장을 경감시키는 약물은 아메트에게 아무런 효과가 없었기 때문이다. 또한 아메트의 비정상적인 깊은 수면을 약물로 조정해 보려는 시도도 허사였다. 원칙적인 비뇨기과적 조사를 통해 야뇨 증상은 신체적 원인으로 야기된 문제가 아님이 밝혀졌다. "그 말썽꾸러기는" 이렇게 닥터 짐멜이 말했다. "좀 구겨진 인상을 짓고 있어요. 당신이 아마도 다시, 조금 반듯하게 다림질해 줄 수 있겠지요."

내가 이제 아메트에게 묻는다. 내게 오고 싶은 생각이 있는지. "나는 커다란 놀이방을 갖고 있고 네가 원한다면 우리는 거기서 놀이할 수 있지." 그는 바로 "예."라고 말하기가 힘이 든다. "음… 제가 선생님께 오는 길을 혼자서도 찾을 수 있을 거예요…." 몇 초 후 그가 덧붙여 말한다. "제가 물론 미리 시험 삼아 대중교통 이용을 연습해 볼 수도 있겠지요."

그는 곧 기꺼이 오겠다고 한다. 나는 이곳에 오는 길은 쉽게 찾을 수 있고 전차가 내 집 아주 가까이에 선다고 그를 안심시킨다.

이제 내가 어머니를 향해 몸을 돌린다. 그리고 그녀에게 아메트가 아마도 최소한 1년은 매주 2시간 또는 3시간까지 내게 와야 한다는 것을 분명히 하고자 한다. 그리고 누구도 그가 오는 시간을 방해하면 안 된다는 것도 말한다.

아메트가 어머니에게 나의 말을 터키어로 통역하자, 그녀는 어깨를 들어 올리고 손바닥을 펴 보이며 말한다. "그렇지만 저는 많지 않아요, 돈이. 쓸 수 많이 없어요(역주: 독일어가 미숙하여 어순이 맞지 않다)."

그래서 내가 그녀에게 시간당 얼마를 지불할 수 있는지 묻자 그녀는 대답하지 않는다. 그녀가 반응하는 방식에서 그녀가 원래 얼마라도 돈을 지불할 준비를 했던 것은 아니었음이 느껴진다. 부모 없이 매우 심각한 궁핍 속에 성장했던 펨베라는 이 여인은 당장 존재의 위기에 빠지는 경우가 아니고서는 자신의 그 어떤 것도 내놓을 수 없었다. 그러나 그럼에도 불구하고 내게는 그녀가 작은 액수라도 자기부담을 하는 것이 중요했다. 무상 제공은 결국 늘 무익으로 끝나게 됨을 치료 현장에서 반복해서 체험하기 때문이다. 모든 것은 어떤 방식으로든 대가를 요구한다.

어머니는 계속 침묵한다… 아메트는 바닥만 바라보고 있다. 그에게 의심이 일어나는 것 같다. 그의 엄마가 진정 그에게 도움이 된다면 그녀가 가진 모든 것을 주려고 하는 것인지.

갑자기 아메트가 나를 매우 감동시킨 뭔가를 한다. 그가 자신의 주머니를 뒤지기 시작한다. 한 장의 터키 우표를 꺼내서 부끄러워하며 탁자 위로 내게 건넨다. 그리고 덧붙인다. "최고였어요. 마침내 독일 사람 집에 있었다는 것이. 그렇지 않으면 항상 터키 사람하고만, 늘 터키 사람하고만 함께 있어요."

그리고 결국은 어머니도 시간당 2마르크 50페니히(역주: 현재 약 3,000원 정도)의 자기부담 비용을 고심 끝에 생각해 냈다.

내가 동의했다. 아마도 의료보험 또한 치료비 보조금을 계산해 줄 것이다. 야뇨는 매우 심각한 영혼의 상처에 근원을 두고 있는 난치의 증상이기 때문에 언제 이 증상이 완치될지, 도대체 이 증상이 완치될 수는 있는 것인지 우리는 예측할 수 없다. 엄마의 마음의 자세로 볼 때, 또한 온 가족의 경우에도 분명히 아메트는 미래에도 야뇨 때문에 매일 아침마다 욕설을 들어야 할 것이라고 나는 예상할 수 있다. 그렇지만 치료과정에서 필수적인 가족치료는 아마도 언어적 소통의 문제 때문으로라도 진행할 수 없을 것이다. 그래서 아메트의 증상회복은 다른 방식으로 찾아야만 한다. 어쩌면 이때 세탁기를 설치하는 것이 첫 번째 큰 도움이 될 것이다. 왜냐하면 계속된 세탁으로 인한 엄마의 잔소리가 줄어들 것이기 때문이다. 게다가 그렇게 되면 아메트는 스스로 옷을 세탁할 수 있을 테니까. 나는 모든 가족 구성원이 직업을 갖고 있고 돈을 벌고 있다는 것을 알고 있다. 그래서 물질적 이유로 세탁기 구입을 반대하는 것은 정당화될 수 없다. 나는 어머니에게 세탁기를 사시라고 긴급제안을 하였다. 그리고 대가족이 세탁기를 사용할 때의 장점을 눈앞에 생생히 제시하였다. 아울러 전 가족이 부담할 경우에 가격은 가뿐해질 것이라는 것도 덧붙였다.

어머니는 처음에는 주저했다. "얘기해 봐야 해요. 애 아버지하고, 에미네와 오스만과도." 갑자기 아메트가 말한다. "형은 분명히 반대할 거예요. 그는 모든 사람들이 제게 욕하는 것을 항상 기뻐하거든요."

나는 다시 한 번 어머니에게 밀어붙이며 말했다. 그리고 경고하면서 대화를 마쳤다. "욕설이 중단되려면 가족에게 세탁기가 급히 필요합니다. 세탁기가 오면 제게 전화하세요. 그러면 치료의 날짜와 시간을 약속할 수 있습니다."

그녀는 반쯤 반기는 듯 고개를 끄덕인다. 분명히 아직 완전히 확신이 든 것은 아니다.

출입문을 향하면서 그녀는 다시 그녀의 짧은 어휘로 최대한 가능한 만큼 감사를 한다. 그녀의 눈이 다시 젖는다. 그러면서 약간 머뭇거리더니 핸드백을 열어서 프랄린 초콜릿 하나를 꺼내 내게 선물한다. 그녀가 잠깐 주저했으나 아메트 역시 한 조각의 초콜릿을 얻는다.

그녀가 신발을 신고 길을 나선다. 나는 그 둘을 한동안 창문에서 바라본다. 그들이 높이 쌓인 눈 위를 발자국을 내며 가는 것을. 얇은 고무구두와 너무 짧은 낡은 바지 속에 맨살이 드러난 아메트의 두 다리를… 의사를 찾아갈 돈은 없었다… 그의 세 형제는 어린 나이에 죽었다…

오늘도 역시 그가 추위로 얼어 있다는 것을 보는 사람이 아무도 없다는 사실이 내게 보인다. 즐거움 없이 그는 어머니의 뒤를 따라간다. 항상 일정한 간격을 두고서. 그리고 팔로 담벼락 위에 줄을 그으며 간다. 그는 여기저기 세게 얼음덩어리에 부딪힌다. 어머니는 오른쪽을 보지도 않고 왼쪽을 보지도 않는다. 때때로 그녀의 두건을 매만진다. 두 사람의 간격은 점점 더 벌어진다. 어머니는 모퉁이를 돌아서 가장 먼저 내 시야에서 사라진다.

나는 자리에 앉아서 기록을 남긴다.

"선생님이 제 생일날 오실 수 있는지
한번 여쭤 보고 싶었는데요…?"

14일 후에… 전화벨이 울린다. 아메트가 자신임을 밝힌다. "선생님이 제 생일날 오실 수 있는지 한번 여쭤 보고 싶었는데요…? …다음 수요일에."

"그럼 기꺼이 갈게, 아메트. 그런데 몇 시에?"

"4시에요… 전 정말 기쁠 거예요! …그땐 선생님이 유일한 독일인일 거고요."

"나한테는 너의 모든 가족과 터키 친구들을 알게 되는 것이 기쁜 일이지, 아메트! 그런데 난 5시에나 도착할 수 있을 거야."

"그것도 좋아요…그리고 전 우리가 어제 세탁기를 갖게 됐다고 말하려 했어요… 그거 정말 멋진 것이에요. 형 오스만이 내가 스위치를 돌리지 못하게 해요. 그러나 에미네(누나)가 어떻게 사용하는지 가르쳐 주었어요. 그래서 이제 나도 할 수 있어요."

"정말 기쁘구나, 아메트. 이제 말해 봐. 생일 선물로 뭘 원하지? 네게 기꺼이 작은 기쁨을 주고 싶어."

대답이 없다.

"여보세요? 아메트, 들었니? 생일 선물로 뭘 갖고 싶니?"

"선생님이… 선생님이… 선생님이 제게 뭔가 선물하려고요? …아… 네… 전 항상 장난감 하나를 갖기를 꿈꾸고 있죠, 기차 한 개를… 어쩌면!… 그러나 그것은 아마 너무 비쌀 거예요… 제가 잡아당길 수 있는 검은색의 작은 기관차 한 개라면…"

"그래, 좋아. 아메트. 한 번 보자꾸나. 그러면 다음 수요일 5시에 보자."

"그리고 또 저희가 어디에 사는지 아세요?"

"릴리엔 스트리트 5번지지, 아메트, 그렇지?"

"네, 잘 찾을 수 있기를 바래요."

"확실히 찾을 수 있을 거야, 아메트."

12월 12일 수요일, 아메트의 생일이다. 약속한 대로 거의 정확한 시간에 나는 아메트의 오래되고 낡은 벽돌집의 문 앞에 서 있다. 이 집은 전형적인 4층짜리 임대주택이다. 그리고 제1차 세계대전 전부터 있던 옥탑층을 가진 건물 중에서 철거를 앞두고 유일하게 보호되고 있는 건물 같다. 건너편에 있는 정원 출입구는 아마도 시의 행정적 처리에 따라 철거된 것 같다. 누렇게 구겨진 낡은 신문 조각이 얼음 같은 칼바람에 휩쓸려 날고 있었다. 위안이 없는 거리. 나는 건물 안에 살고 있는 많은 세대의 명패 중에서 '사바스'라는 이름을 찾는다. 토프락, 바리스, 알렘, 파, 굴… 사바스. 이 집에는 오로지 터키인만 산다. 현관문은 잠겨 있지 않다. 불빛도 없고, 초인종도 작동하지 않는다.

층계는 마늘 냄새로 가득 차 있다. 이것은 14일 전에 아메트와 그의 어머니가 내 아파트에 지니고 왔던 그 냄새다. 여기서는 물론 훨씬 더 진한 냄새가 난다. 내가 첫 번째 계단을 밟자마자 삐걱거리며 문이 열린다. 검은 머리의 아이 두상 하나가 보이기 시작한다. 그리고는 두 번째, 세 번째, 네 번째 그리고 다섯 번째가 나타난다. 오르겔의 파이프처럼 문가에 서서 그들은 호기심에 찬 눈으로 나를 바라본다. 내가 인사를 하자, 그들은 그저 킥킥거린다. 그들은 독일어를 전혀 못하는 것 같다. 뒤이어 어머니가 나온다. 가장 어린 사람이 팔에 아기를 안고 있다. 나는 곧바로 이 집에 사바스라는 가족이 살고 있는지 묻는다. 그들은 나를 향해 상냥하게 미소 짓는다.

"4층에… 선생님이 그 독일인인가요? 오늘 방문하기로 한, 사바스네를(역주: 독일어가 서툴러 어순이 틀렸다)?"

"그래요, 내가 바로 그 사람이에요." 내가 놀라면서 대답했다. "당신이 대체 그것을 어떻게 알죠?"

"사바스네 엄마가 내게 모든 것을 이야기했지요… 오늘이 아메트의 생일이고 손님으로 독일인이 올 거라고."

그녀가 내 손을 잡는다. 그리고 자기 집에 들어오기를 바란다. 여러 아이들의 손이 웃으면서 나를 자기 아파트로 끌어들이기 위해 나를 둘러싸고 잡아당긴다. 친절하게 내가 거절한다. 그리고 벌써 약속에 늦었고 지금은 시간이 없어서 안 된다고 말한다. 내가 4층으로 올라간다. 아파트 현관문 앞에 여기저기 유모차와 장난감 자동차들이 서 있고 문 사이로 소음들의 파장이 밀려온다. 우는 소리, 웃는 소리, 뛰는 소리, 꾸지람 소리. 이 집은 아이들 때문에 괴로울 듯하다.

아메트는 이미 제일 높이 있는 층계참에 앉아서 좀 긴장된 얼굴 표정으로 내가 오기를 기다리고 있었다. 그는 나를 알아보자마자 곧바로 내게 달려 내려온다. 그리고 손을 내민다.

"저는 선생님이 잊어버렸을까 봐 벌써부터 걱정하고 있었어요."

나는 생일을 축하해 준다. 그리고 그에게 작은 선물을 건넨다. 그의 눈이 반짝인다.

"이게 그 작은 검은색 기관차예요?"

그는 즉시 포장을 푼다. "장난감을 갖는 게 항상 꿈이었어요!"

그는 곧바로 그것을 끄집어내어 울퉁불퉁한 판자바닥에 굴린다.

"선생님은 대체 이걸 얼마나 주고 사셨어요?"

"그걸 아는 게 네게 중요하니, 아메트?"

자신이 없는 인상이다. 음성이 다급하다. "그냥 대충이요, 아주 대충으로만요."

"아주 대충 8마르크 50이란다, 아메트."

그의 두 눈이 놀라움에 커진다. "그렇게 많~은

돈을 선생님이 저를 위해 쓰셨어요?"

"그래도 오늘은 너의 생일이잖아."

"그렇지만 제가 장난감을 받게 되리라고는 생각하지 못했어요… 아세요? 제가 아주, 아주, 아주 많은 장난감을 갖게 되기를 항상 꿈꾼다는 것 말이죠!… 그리고 이제 제게 장난감이 한 개 생겼어요!… 네, 그리고 또 책 한 권도 생겼고요… 공룡에 관한…"

"공룡에 관한?"

"네, 공룡에 관한 것이에요… 그리고 아세요? 그것들은 아주, 아주, 사나운 모든 것을, 무섭게 먹어 치우는 동물들이었어요… 공룡들은 정말로 땅 위에 있는 모든 것들을 먹어 치웠어요… 진짜 강탈자였어요."

"너는 그 책을 정말로 좋아하는구나?"

"전 그 책을 언제든, 언제든 다시 읽어요… 제가 선생님에게 곧 한 번 보여 드릴게요. 거기에는 그림들이 들어 있어서 공룡들이 나무들이며 식물들이며 모든 것들, 자기 앞길을 막는 모든 것들을 어떻게 먹어 치웠는지 제대로 볼 수가 있어요. 아무것도, 그 어떤 것도 남겨 두지 않았어요."

"대체 누구한테서 그 책을 받았니?"

"원래는 짐멜 선생님한테서 선물로 받았어요."

"원래라고?"

"네… 제 말은… 제가 대기실 안에서 그 책을 읽고 있었어요… 그러면서 안으로 들어오라는 말을 전혀 듣지 못했어요… 그래서 그가 물었어요. 제가 책에서 뭔가 긴장될 만한 것을 읽기라도 했느냐고. 그렇죠, 그래요… 그리고 선생님이 그 책을 제게 선물했어요.”

대화하는 동안 우리 둘은 계단에 앉아 있었다. 그러나 그곳은 매우 불편했다. 꽁꽁 언 바람이 깨진 유리창을 통해 몰아쳐 왔다.

내가 일어나자 그가 다급하게 묻는다. “제가 언제, 언제 대체 선생님에게 갈 수 있지요?” 지금 당장이라도 선생님과 함께 갈 수 있을까요?”

“오늘은 안 된단다, 아메트. 그러나 네가 가능하다면 넌 매주 화요일과 금요일 오후에 내게 올 수 있을 거라고 난 생각하고 있지.”

“저는 항상 가능해요! 전 세 번이고 네 번이고 갈 수 있어요… 날마다 갈 수 있으면 좋을 텐데!… 전 선생님에게 갈 수 있는 길을 정확히 알아요. 벌써 차 타기 연습도 해 봤어요.”

“차 타기 연습을?”

“네.” 그가 조급하게 계속 말한다. “전차를 타고… 그~리곤 바로 찾았어요. 다만 한 번 갈아타야 했죠.”

이제 문이 열린다. 나는 어둠 속에서도 그의 어머니를 그리고 그 뒤에 서 있는 젊은 터키 여자, 아마도 누나 에미네를 알아보았다.

“여사님(역주: 틀린 호칭과 구문법), 오셔서 멋져요.” 어머니가 즉흥적으로 말한다. 그녀는 즉시 양팔로 나를 안고 오랫동안 헤어졌던 옛 친구를 만난 듯 내게 인사한다. 그녀의 왼손 검지가 커다란 붕대로 감겨 있다. 에미네가 즉시 엄마가 빵을 썰다가 손가락을 잘랐다고 설명한다. 내가 어머니에게 동정 어린 말을 건네자 그녀가 저지한다. "지금은 더 이상 나쁘지 않아요, 더 이상 빨래를 하지 않으니까요. 세탁기가 빨래를 하니까…"

잠깐 동안 우리 셋은 침묵하면서 새로 들어온 가전제품을 바라본다. 에미네가 한 손을 그 위에 올리고 의중을 말한다. "이것을 우리는 훨씬 빨리 사야 했었어요."

"그랬겠죠." 내가 말한다. "때때로 하나의 작은 계기가 필요하지요." 좁은 화장실에는 우리 세 여자만 서 있다. 아메트는 층계참에 남아 있었다. 이곳이 에미네와 몇 마디를 주고받을 수 있는 좋은 기회를 제공했다. 나는 그녀가 이제 시작될 치료과정에서 두 번째 지지자가 될 수 있을 거라는 느낌이 들었다. 그래서 내가 이곳에 온 이유를 그녀가 아느냐고 묻는다. 그녀가 고개를 끄덕인다. 그리고 나의 눈을 숨김없이 바라본다. "선생님은 세탁기가 있는지 보려고 했죠. 그리고 이제 아메트의 모든 일이 잘되도록 그를 도우려고 하지요." 그녀에게 생기가 돈다. "아메트는 어쩔 수 없어요. 제 말을 믿으세요. 그는 침대를 적시는 일을 스스로 멈출 수 없어요. 그래서 그가 항상 욕설을 듣게 되어 나는 마음이 아파요… 그러나 엄마가 더 이상 직접 빨래할 필요가 없으니 지금은 상황이 조금 나아요… 아세요? 가장 나쁜 것은 그가 종종 몇 시간이고 소파에 앉아서

앞만 바라보고 있는 거예요. 놀지도 않고 아무것도 하지 않아요. 그냥 거기에 앉아 있지요. 그리고 아침에는 침대에서 나오지를 못해요. 누군가 그를 비난하면 분노가 폭발하죠. 그것이 그래도 다른 행동보다는 낫죠."

"나도 그렇게 생각해요." 내가 말한다. "그에게는 당장 도움이 필요하다고 말이죠. 그리고 당신이 그를 이해해 주니 좋군요."

분명히 엄마는 우리의 대화를 따라올 수 없었다. 그러나 그녀는 딸을 크게 신뢰하는 것처럼 보였다. 간간히 그녀가 고개를 끄덕였다. 우리는 아메트를 매주 화요일과 금요일 오후 3시에서 4시까지 내게 보내기로 약속한다.

그런 다음 나는 에미네에게 치료방법에 대해서 좀 더 알려 준다.

"아메트는 놀이를 통해서 자신의 억눌린 감정을 해방시키게 될 거예요. 이것을 통해서 그는 좀 더 행복해지고 건강해질 수 있을 거예요."

에미네가 거실로 나를 안내하는 동안에 어머니 펨베가 아직도 층계참에 머물러 있는 아메트를 큰소리로 부른다. 거실에는 한 무리의 남자들이 앉아 있다. 여자들과 두 명의 여자 아이도 끼어 있다. 에미네가 터키어로 그들에게 말하자 TV는 곧바로 꺼졌다. 키가 크고 마른 체형의 아주 잘생긴 남자가 내게 인사하기 위해 의자에서 재빨리 일어나며 손을 내민다. 그리고 자기의 이름을 말한다.

"무스타파 사바스입니다."

그는 크게 몸을 굽혀 인사한다. 그리고 그때 손이 아플 만큼 내 손을 꽉 쥔다.

“당신이 아메트의 아버지이시군요.”

약간 기울인 자세로 그가 자신의 오른손을 가슴 위에 얹는다.

“내가 아메트의 아비이고, 이 아이는 아메트의 형 오스만입니다. 그리고 이들은 모두 우리 친구들이에요.”

금방 눈에 띄는 게 있다. 에미네와 오스만은 완전히 어머니를 닮았고, 아메트는 아버지를 닮았다. 우리는 돌아가면서 악수를 한다. 그리고 나는 온 가족과 이 가족의 친구들을 사귀는 것이 얼마나 즐거운지 표현한다. 모든 사람들이 친절하게 머리를 끄덕이고, 열일곱 살의 오스만이 터키어로 나의 말을 통역해 주었을 때 여기저기에서 독일 사람과 이야기를 할 수 있다는 것은 정말 즐거운 일이라고 내게 찬사를 보낸다.

“독일 여자와 이야기하는 게 참 좋군요.”

무스타파 옆에 서 있는 작은 남자가 말한다. 그리고 손으로 자기에게 기대어 있는 작은 어린 딸의 검고 두터운 머리칼을 쓰다듬는다. 여기 있는 모든 사람에게 독일 사람의 방문은 정말로 특별한 사건이라는 것이 느껴진다. 모두가 자기의 방식대로 멋지게 보이기 위해 노력했다. ‘독일 사람하고 얘기하는 것은 정말 좋은 일이에요.’ 라고 내게 말했던 그 남자는 단춧구멍에 빨간 카네이션을 달았다. 그리고 그의 아내는 어깨에 은빛 목도리를 둘렀고, 그녀의 긴 드레스 아래로는 은빛 구두가 코를 내밀고 있다. 아버지인 무스타파의 반짝이는 넥타이는 아직 새것의 광택을 가지고 있다. 또 오스만의 차림새에서는 번쩍거리게 잘 닦은 검은 구두가 눈에 띈다. 분위기가 기대에 꽉 차 있다. 그런데 우리는 대책 없이 서로 마주 서 있다. 그리고 그것은 단지 언어장벽 때문만은 아니라고 생각된다. 이때 내게 마술적인 주문 같은 세 개의 단어가 떠오른다.

"이스탄불, 아름다운 도시죠."

갑자기 우리 모임에 생기가 돌고 움직임이 일어난다.

"부인이 이스탄불을 아세요?"

아버지 무스타파는 당장 두 개의 침대 사이에 서 있는 작고 흔들거리는 서랍장에서 뭔가 아주 조심스럽게 묶어 놓은 것을 가져온다. 그것은 고향에서 가져온 사진들이다. 또 터키의 지도도 들어 있다. 사람들이 내게 이스탄불의 가장 아름다운 장면들을 보여 준다. 그리고 내가 이 도시를 알고 있고, 도시를 아름답다고 느끼는 것을 매우 행복해 한다. 그러나 그들이 아직 살아 있는 친척들과 친구들의 사진들, 고향인 빌리지크 주의 그림들을 뒤적이다 갑자기 향수에 북받치는 것이 보인다.

작은 두 소녀의 어머니가 운다. 여기에 있는 모두가 거대한 문제들을 가지고 온 것 같다. 아주 조금만 건들기만 해도 억눌렸던, 더 이상 통제할 수 없는 감정들이 쏟아져 나올 것이다. 그 여인의 울음은 남편의 긴장된 얼굴을 빨갛게 물들인다. 그가 그녀를 제지하

고, 그녀는 울음을 삼키며 눈물을 닦아 낸다. 아이들이 어머니의 무릎에 손을 얹고 아주 조용하고 얌전하게 있으려고 애쓴다.

"감동적입니다!"

남자는 자신의 아내가 항상 향수에 시달리고 있고, 많이 울고, 돌아가고 싶어 한다는 것을 내게 설명하려 한다. 그는 손바닥을 펴 보이며 어깨를 들어 올린다. 절망의 몸짓이다.

"그러나 터키에는 일이 없어요. 돈이 없어요. 빵이 없어요. 무엇을 하죠?" 나는 그의 탄원적인 간절한 시선을 피하고 생각하기 시작한다. 내가 오늘 하고자 하는 것이 무엇인지. 여기 있는 사람들 중에 오직 한 사람 아메트를 도우려 했던 것 아닌가.

그런데 그는 어디 있지? 어머니 펨베와 에미네 그리고 아메트는 아직도 보이지 않는다. 내가 오스만에게 묻는다.

"아메트가 어디 있죠?"

그가 상관없다는 듯 어깨를 들어 올린다.

"그래요. 아메트가 어디 있을까요? 우리는 항상 아메트가 어디 있는지 몰라요."

아버지가 밖으로 나간다. 그리고 잠시 후 모두가 방으로 들어온다. 제일 먼저 커다란 커피 주전자를 가지고 어머니가 들어오고 이어서 에미네가 열두 개의 초가 타고 있는 생일케이크를 들고 들어온다. 그리고 마지막으로 아메트가 들어온다. 그는 즐거워 보이지 않는다. 오스만 옆을 지나갈 때 그가 아메트를 가볍게 쳤다. 그 때문에 팔에 껴 있던 책이 방바닥으로 떨어진다. 그 책은 그가 내게 보여 주고자 했던 공룡에 관한 책이다. 우리는 서둘러서 준비된 커피탁자에 앉는다. 아메트는 내 왼편에 있다. 에미네가 사진을 찍는다. 제일 먼저 단체 사진을 찍고 그다음에는 아메트와 나만을 찍는다. 이제 아메트는 모든 초를 한 번에 불어서 꺼야 한다. 그가 해낸다. 그의 얼굴에 미소가 번진다.

"이제 네가 소원을 빌 차례야. 생일 초를 불어서 한 번에 다 끄면 소원을 빌 수 있어. 그 소원은 꼭 이루어진단다."

약간 망설인다. 그가 나의 격려에 응한다.

"나는… 백만장자가 되고 싶고… 아주아주 많은 돈을 가지고 싶고 그리고 성을 가지고 싶어요. 그런 다음에는 항상 혼자 성 안에 있고 싶어요. 그리고 절대로 다시 나오지 않을 거예요."

오스만은 이것을 매우 우습게 생각한다. 그가 큰소리로 비웃는다. 어머니는 내 접시에 케이크를 얹는다. 그리고 아메트는 자기 책을 봐 달라고 재촉한다.

"여기 좀 보세요! 이게 모든 것을, 정말 모든 것을 먹어 치웠던 공룡들이에요. 그러나 이들조차 살아남지 못했어요."

그가 불안하게 책을 이리저리 뒤적인다.

나는 그가 작은 기관차를 갖고 있지 않은 것이 의아하다. 그러나 그것에 대해서 묻지 않는다. 그가 그것을 왜 보여 주고 싶지 않은지 아마 알게 될 것이다. 이제 나는 이 예쁜 케이크를 누가 구웠는지 묻는다. 에미네였다. 그리고 열두 개의 초는 어머니와 아버지의 생일 선물일 것이다. 아마도 분명히 자신이 말할 수 있는 것보다 더 많을 것을 이해할 어머니가 양초들에 대해서 말한다.

"부인, 양초들, 기쁘실 거예요, 또한."

나는 이 작은 양초들이 아메트를 위한 생일 선물만이 아니라 또한 나를 기쁘게 하기 위한 것이라고 이해한다. 다른 말로 하면 이게 만약 선물이라면 절반만 아메트를 위한 것이다.

나는 아메트가 생일상을 받게 되는지 묻는다.

"아니죠. 그런 건 없었고, 그래서 선물도 없었어요."

그 대신 아버지는 세탁기를 구입한 것에 대해서 지적한다. 그리고 비난에 찬 눈으로 아메트를 바라본다. 오스만의 시선도 그다지 친절하지 않다. 그리고 아메트는 눈을 내려 깔고 아무거나 먹어 치우는 공룡이 나오는 책장을 넘기는 것 외에 더 나은 일이 없다는 것을 안다. 세탁기 구입은 내가 엄마인 펨베와 대화를 했을 때의 느낌과는 달리, 그렇게 문제가 없었던 것은 아닌 것 같다.

긴장이 팽배한 분위기 속에 아메트는 자신을 아주 작게 만들기 위해 몸을 웅크리고 있다.

이때 엄마 펨베가 아무 말도

없이 그녀의 팔꿈치를 오른쪽 식탁 위에 올려놓는다. 그래서 그녀의 상처 난 집게손가락의 커다란 붕대가 마치 주목하라는 신호같이 느껴졌고 그것이 식탁 주변의 공기를 지배한다. 아버지는 말을 하기 위해서 헛기침을 한다. 매우 당황스러운 빛이 역력하다. 그리고 그는 깊은 한숨을 쉰다. 마력이 나타나기 시작한다. 그는 말하고 또 말하고, 계속 말하며, 말을 멈추지 않는다. 생각이 떠오르는 대로 독일어와 터키어를 섞어 가면서 마구 이야기한다. 이때 그의 눈은 오직 나에게만 향해 있다.

그리고 그의 터키 친구들에게도 내가 모든 것을 이해한다는 것이 매우 중요해 보인다. 아버지 무스타파는 그의 모국어로 표현할 수 있었던 것을 다시 독일말로 반복하며 중얼거린다.

아버지가 내게 말하는 이야기는 매우 오래된 고통에 관한 것들이다. 이야기는 자기 아내의 셀 수 없이 많은 사고에 관한 것들로 시작된다. 그녀가 이번에 다시 빵 칼로 거의 손가락을 잘라 낼 뻔했다는 것 그리고 얼마 전에는 층계에서 굴러떨어졌다는 것, 한 번은 자동차에 부딪쳐서 병원에 누워 있었다는 것. 그녀의 불면증은 점점 더 심해지고… 편두통 때문에… 그리고 그 어떤 의사도 그녀를 도와줄 수 없을 것이라고… 짐멜 의사선생님 또한 그녀를 돕지 못하고 있다고.

그가 이야기를 하는 동안에 어머니 펨베의 얼굴이 식탁 위로 점점 더 기울어진다. 그러더니 그녀는 훌쩍이기 시작한다.

아버지는 두 눈을 질끈 감는다. 그의 수척한 뺨이 붉어진다. 절망스럽게 그는 자신을 통제하려 애쓴다. 그러고 나서 모든 사람에 대해 불평을 잔뜩 늘어놓기 시작한다. 그리고 모든 이야기를 끄집어낸다. 먼저 자신의 아내에 관한 것이다. 그녀는 이 모든 비참함의 시작이고, 책임이 있다. 그녀가 제일 먼저 터키를 떠났기 때문이다. 지독하게 가난했던 것이 이유다. 물론 그도 그것을 인정한다. 그러나 아내는 항상 시어머니와 다투었기 때문에 사실은 시어머니에게서 도망친 것도 터키를 떠난 이유일 것이다. 이제 그 시어머니는 돌아가셨지만, 대신 온 가족이 분열되었다. 부부는 다시 고향으로 돌아가고 싶다. 여기서는 자신들이 너무 고립되어 있고, 이해받지 못한다고 느끼니까. 여기서는 모든 것이 다르다. 문화, 사람, 언어 모두. 하물며 기도조차도 여기서는 터키와 다르다. 독일 사람과의 접촉은 전혀 가능하지 않다. …직장에서도 거의 가능하지 않은 것은 마찬가지다. 나는 수년 동안이 집에 방문을 한 첫 번째 독일인이다. 아메트와 오스만도 독일 사람과는 거의 접촉이 없는 것 같다. …에미네는 곧 결혼한다. …터키 청년과 한다. 그는 폭스바겐 자동차 회사에서 돈을 많이 번다. 그래서 이들은 터키로 다시 돌아가지는 않을 것이다. …아마도 아메트와 오스만도 가고 싶지 않을 것이다….

계속해서 비난이 반복된다. "가족은 이제 완전히 해체됐어."

그는 터키에 집을 한 채 짓기 위해 저축하는 것이 유일한 해결책이라고 본다. 터키에서는 모두가 더 잘살 수 있을 테니까. 그는 아이들이 너무 요구가 많다고 불평한다. 오스만은 지금 스쿠터를 갖고 싶어 한다. 독일 사내

아이들이 모두 가지고 있기 때문이다. 아메트는 단지 독일 남자아이들이 자전거를 가지고 있다는 사실 하나만으로 자기도 자전거가 갖고 싶다고 한다. 그런데 그 많은 돈이 세탁기에 들어가다니.

그는 확실히 흥분했다. 그는 벌떡 일어나더니 창가로 갔다. 그가 내게 창밖을 봐 줄 것을 요청한다. 모든 집들이 허물렸다. 이 집만 남아 있다. 이들은 여기서 얼마나 더 살 수 있을까? 나는 해당 관청과 협상할 때 도움을 주겠다고 제안한다. 그러자 그가 매우 밝아진 것 같다. 이제 서서히 자신과 가족에게 다시 편안한 마음이 된 것 같다.

작별을 해야 할 시간이 왔다. 아버지 무스타파는 내게 이스탄불에 있는 아름다운 아메트 줄탄 회교 사원의 엽서를 선물한다.

"우리가 다시 터키에 살게 될 때 부인*이 우리를 꼭 방문해 주세요. 우리가 당신에게 터키에 있는 아름다운 것들을 보여 줄 것입니다."

이때 모든 사람들이 머리를 끄덕인다. 어머니 펨베가 급히 몇 조각의 케이크를 재빨리 포장한다.

"부인을 위한 거예요.…아메트의 생일 케이크."

그녀가 말하면서 오랫동안 내 손을 잡는다.

아메트는 벌써 오래전에 이 방을 나간 듯하다. 아무에게도 눈에 띄지 않게. 그리고 나도 그에 대해서 묻지 않는다.

극도로 불을 아낀, 어둡고 차가운 계단을 내려갔

*역주: '부인'은 보통 이름 앞에 쓰이는 Miss와 Mrs와 같이 붙이는 호칭인데 일반적으로 이 부인이라는 말 뒤에 이름을 붙이지만, 이들이 말을 잘 못하기 때문에 단순하게 부인이라는 말을 사용하고 있다.

을 때 나는 출입문 앞 낡은 박스에 앉아 있다가 얼른 일어나는 그를 발견한다. 한동안 우리는 말이 없다. 결국 내가 이야기한다.

"여기서 너를 다시 보게 돼서 기쁘구나… 벌써 내가 너를 마음속으로 찾고 있었거든."

그는 아무 말도 없다. 자동차로 향하는 나를 따라온다. 얼음처럼 매서운 겨울밤이다.

"안녕, 아메트. 모레 금요일 3시에 보자."

그는 작별을 하기 위한 어떤 행동도 하지 않는다. 무엇을 해야 할지 전혀 모르는 것 같다… 그는 그냥 거기 있다… 겉으로 보기에도 그리고 내적으로도 경직된 채.

내가 자동차에 앉자 그가 더듬거리며 말한다.

"제가 지금 선생님을 따라갈 수 있나요?"

"아니, 아메트 지금은 춥고 어두워. 넌 집에 들어가야 해."

"전차를 타고 돌아올 수 있거든요… 제가 길을 알아요."

"그것도 안 돼, 아메트. 지금은 너무 늦었어."

"그냥 잠깐만 함께 타고 가고 싶어요."

"그것도 전혀 안 돼, 아메트. 지금은 춥고 너는 집에 돌아가야만 해. 우리는 돌아오는 금요일에 만날 거야."

그는 돌아간다. 그리고 출입문에 서서 나를 바라본다.

“그가 자기 몸을 위로 끌어올리고 있어요.”

12월 14일 금요일. 오늘은 치료의 첫 회기로 아메트가 오는 날이다. 30분이나 전에 도착해 그는 초인종을 누른다. 내가 그에게 아직 3시가 되지 않았음을 말한다. 그리고 기다릴 것을 제안한다. 그가 읽을 책들은 이미 준비돼 있다.

내가 3시에 대기실을 바라보았을 때 그곳은 텅 비어 있었다. 그는 아마 소리 없이 나갔을 것이다. 그가 20분 뒤에 출입문에 서 있다. 매우 빨리 달린 것처럼 숨을 헐떡거리면서.

“어떻게 된 거야, 아메트?”

불안하고 당황한 기색이 그의 얼굴에 어려 있다.

“제 시간이 이미 지나갔어요?”

“아니, 아메트. 우리 시간이 남았어… 무슨 일이 있었니?”

그가 얼룩이라도 지우려는 것처럼 손을 들어 이마를 훔친다.

"저는 집을 다시 찾을 수 없었어요… 길을 잘못 들었어요… 제가 어디에 있는지 몰랐어요."

"들어와, 아메트."

그가 신발을 벗기 위해 몸을 급히 구부린다.

"아메트, 신발을 신고 있어도 돼. 우리는 금방 놀이실로 갈 거야."

그는 방 한가운데에 뿌리라도 내린 듯 서 있다. 마치 내게서 사냥으로 내몰린 동물처럼 보인다. 모르는 사냥꾼에 의해서 내몰리고 있는 토끼처럼.

"저는 길을 따라 계속 걸었어요… 달리기도 했어요… 그러나 저는 선생님의 집을 더 이상 찾을 수 없었어요."

"길을 알려 줄 사람이 아무도 없었니?"

"저는 그 어떤 것도 기억해 낼 수 없었어요… 선생님의 이름도, 거리의 이름도 알지 못했어요… 모든 것이, 정말 모든 것이 제 머리에서 사라졌어요… 걷고 또 걸었어요. 그런데 갑자기 제가 선생님 집 문 앞에 서 있는 거예요."

잠깐, 아주 잠깐 동안 그의 얼굴에 해방된 미소가 스쳐 지나간다.

"그런데 아메트, 왜 네가 여기서 나갔는지 그 이유를 알고 있니?"

그가 머뭇거리며 나쁜 일을 한 것처럼 땅바닥을 내려다 본다.

"방에 혼자 남게 되었을 때 전 불안해졌어요… 그래서 저는 도망쳐야 했어요."

"집에서도 종종 그러니?"

그가 나를 바라본다.

"네, 그래요. 제가 아무도 없는 집에 혼자 남아 있을 때… 그때도 불안해져요… 그래서 저는 어딘가로 도망쳐야 해요." 나는 그를 더 이상 추궁하지 않는다. 그는 뼛속까지 얼어붙은 것처럼 창백하고 비참해 보인다. 또 너무 얇은 옷을 입고 있다. 아무것도 걸치지 않은 발목이 짧은 바지 아래 드러나 있고, 꽁꽁 얼어 아주 빨개진 얼음 같은 손이 천으로 된 낡은 재킷 소매 아래에 드러난다. 그는 장갑도, 머리를 싸매는 그 어떤 것도 걸치고 있지 않다. 영하 15도의 날씨에.

"이 방 안에서는 네가 있고 싶은 대로 있을 수 있어. 네 마음이 느끼는 대로 있을 수 있어. 예를 들어서 배고프다면 넌 배고프다고 말할 수 있지. 아니면 네가 요리 코너에서 음식을 직접 만들 수도 있고, 내게 요리해 달라고 부탁할 수도 있어." 그는 침묵한다. 한참 후에 아주 조심스럽게 그네에 몸을 싣는다. 그네는 앞뒤로 아주 부드럽게 움직인다. 내가 다시 그에게 그의 시간에는 모든 소원과 감정들을 자유롭게 이야기할 수 있고 만끽할 수 있다고 말한다. 그리고 그가 여기 있는 모든 장난감들을 가지고 놀 수 있다는 것, 혼자 혹은 나와 함께 그가 원하는 대로 가지고 놀 수 있다는 것도 말해 준다.

"그러면 선생님이 제게 소시지 빵을 만들어 줄 수 있어요?"

"네가 원한다면, 아메트."

내가 냉장고로 걸어간다. 그리고 간 소시지가 들어간 한 조각의 빵을 만든다. 그가 그 빵을 먹는다. 그리고 두 번째 것을 먹는다… 이어서 카바(차 종류)가 든 한 잔의 우유까지.

"이게 내가 가장 좋아하는 음식이에요. 우유와 카바와 간 소시지가 들어간 빵 말이죠."

"그게 너에게 맛있다니 기쁘구나."

그가 나를 바라본다.

"선생님은 왜 저를 위해 이렇게 하는 거죠?"

나는 대답을 하기 전에 약간 망설인다. 이 순간 그의 질문은 뜻밖의 놀라운 것이었기 때문이다.

"지금 너는 내게 와 있어. 내가 너를 도울 수 있게 말이야, 아메트. 그리고 방금 나는 네가 배고프지 않도록 너를 도울 수 있었구나."

그의 시선이 방 안을 배회한다.

"이렇게 많은 장난감들이 있군요… 이 모든 것들을 선생님이 저를 위해 사신 건가요?"

"무슨 뜻이야, 아메트?"

"제 말은 선생님이 이 모든 것들을 저를 위해서 구입하셨냐는 거예요."

"여기 있는 모든 것들은 아이들을 위해 샀지. 여기에 놀이를 하러 오는 아이들을 위해 산 거야. 그리고 이제 네가 그 아이들 중에 한 명이란다."

그가 집요하게 나온다.

"하지만 이제 이 장난감들이 모두 제 것이라는 것이죠?"

"네 말은 이게 다 너의 것이냐고?"

그가 고개를 끄덕인다.

"아니야, 아메트. 이 장난감들은 네 것은 아니야. 이것들은 이 방에 속하는 거야. 모든 아이들이 이것들을 가지고 놀 수 있지."

그가 더 이상 질문하지 않는다. 한동안 우리는 침묵을 지키고 있다. 그러다 그는 별 흥미가 없는 듯이 방 안을 빙빙 돌아다닌다. 그런 다음 그림 그리기 코너에 있는 작은 의자에 앉는다. 그는 그 자신과 세상과 그 무엇도 시작할 수 없는 것 같다. 고개를 푹 숙이고 어깨를 늘어뜨린 채 더 이상 말을 하지 않는다. 나도 더 이상 말을 하지 않는다.

한참 후에 그가 말하기 시작한다.

"집에서는… 지루해서 저는 괴로워요… 집에서 저는 소파 위에 자주, 오랫동안 앉아 있어요. 그냥 일어설 수가 없어요."

"그것은 매우 안 좋은 기분이겠구나. 아메트 네 말은 네가 그 이상은 움직일 수 없다는 말이구나. 그러니?"

그가 머리를 끄덕인다.

그리고 불안한 듯 소심하게 검은색 물감을 잡는다. 잠깐 머뭇거리며 도화지 위에 대량의 물감을 쏟아붓는다. 도화지를 한 장씩 차례대로 검은색으로 덧칠한다. 그리고 연필을 하나 들어서 아주 두텁고 검은 물감 주위에 개 한 마리의 윤곽을 그려 낸다. 거의 자기에게 혼자하는 말처럼 중얼거린다.

"개 앞에서는 항상 두려워요."

"개 앞에서라고?"

"네. 개 앞에 서 있으면 개가 바로 나한테 달려들어 나를 물어뜯을까 봐 항상 불안해요."

"그런데 그런 일이 일어난 적 있니, 아메트?"

그가 고개를 흔든다.

"아니요. 일어난 적은 전혀 없어요."

말이 없다. 그러다 마침내 그가 말한다.

"선생님은 생각이 나세요? 제가 처음으로 왔을 때 그때 선생님이 저한테 나무를 그리라고 했었죠?"

"그래, 아메트. 나는 아직 기억하고 있지. 너는 딱따구리가 계속 쪼아대는 나무를 그렸었지."

그가 미소 짓는다. 자신이 그렸던 나무를 내가 기억하고 있다는 것이 흡족한 것 같다.

"아, 선생님이 아직 기억하고 있군요."

이제 그는 다시 거대한 가지들을 가진 나무를 그린다. 모든 가지들은 힘

없이 땅으로 축 늘어져 있다. 그가 내게 그림을 건넨다. 그리고 나는 그 그림을 한참 동안 바라본다.

"그래, 이런 나무들을 자주 본 적이 있단다. 이건 수양버들일거야… 네가 이 나무들을 진짜처럼 그렸구나."

자기에게 관심을 가져 주는 사람을 위해 그림을 그렸다는 것이 그에게 기분 좋은 일인 것 같다. 그는 이제 빨간색 물감을 집는다. 그리고 왼쪽으로 향해 있는 아주 위력적인 기관차 하나를 그린다.*

"이것은 엄청난 힘과 에너지를 가진 기관차구나. 내 마음에 드는 걸, 아메트."

내가 가능한 오랫동안 그 그림을 보는 것이 그에게 큰 기쁨이라는 것이 느껴진다. 그러고 나서 그가 내게 설명한다.

"이 기관차는 멈춰 있어요."

그의 설명이 나를 당황스럽게 한다. 왜냐하면 그 말은 내가 생각했던 것보다 훨씬 의식의 수면에 있고, 훨씬 명백히 그의 마음을 드러내는 것이기 때문이다. 그리고 내가 되묻는다.

"멈춰 있다고?"

그가 고개를 끄덕이며 반복한다.

"그래요. 이것은 멈춰 있어요… 이건 더 이상 달릴 수가 없어요."

"하지만 이건 매우 많은 힘과 에너지를 가지고

* 나의 책 『놀이치료로 행복을 되찾은 아이, 베티』(학지사, 2005)를 참조하세요. (역주: 왼쪽을 향하는 것의 의미를 살펴보라는 뜻)

있잖아? 이렇게 위력적인 기관차인데… 이 기관차한테는 정말 나쁜 일이겠다."

"아마도 언젠가 폭발할 거예요."

그가 그렇게 말하고 일어서서 아주 불안하게 방을 가로지르며 걷는다.

이때 초대형 성냥개비 상자가 그의 관심을 끈다. 그는 망설이면서 그것을 열고 성냥개비에 불을 붙일 수 있는지 그리고 불을 붙여도 되는지 묻는다. 힘찬 몸짓으로 그가 긴 성냥개비에 불을 붙인다. 그리고 계속해서 아래로 타들어 가 결국 꺼지는 그 불을 바라본다. 몇 번을 반복한다. 그러다 시선이 내가 미리 열어 놓고 준비한 연출상자*에 머문다. 다양한 인형들, 동물들, 나무들 등등 여러 도구들이 아메트의 흥미를 끈다. 먼저 소방차를 집는다. 그리고 화재에 대해 이야기한다… 때때로 큰 화재가 일어나고 불을 끄기 위해서는 많은 소방차가 필요하다고.

"네가 큰 화재를 경험한 적이 있었니?"

"아니요."

그가 악어 한 마리를 손에 쥔다. 그리고 말한다.

"오호!"

그리고 그것을 다시 내려놓는다. 변기는 보다 오랫동안 그의 관심을 끈다. 그런 다음 연출 장면 오른쪽 아래 구석에 그것을 놓는다. 그리고 한 소년과 원숭이를 바꿔 가며 그 위에 앉힌다. 그런 다음

* 역주: 연출상자에는 작은 도구들이 많이 들어 있다. 가구, 살림살이들, 예를 들어 변기, 요강, 접시들, 젖병들, 나무와 꽃들, 그리고 야생동물들과 작은 소를 포함한 가축들과 구부릴 수 있는 아기 인형 등. 이것 외에도 아이들이 상황을 구성할 수 있도록 더 많은 것들이 있다. 그래서 이것들을 사용해서 어떤 장면을 만들어 내는지. 그 방식을 통해서 우리는 그의 환경과 망가진 관계, 특히 부모와 형제들과의 무의식적인 정서의 한 단면을 얻을 수 있다. 이 모든 전체를 '장면검사' 라고 부른다.

원숭이 손에 변기 솔을 꽉 눌러 쥐어 준다.

"아하! 변기 솔을 든 원숭이군!"

나의 지적에 그에게 옅은 미소가 스친다. 그리고 연출상자를 계속 뒤적이다 한 의자를 꺼내서 연출 장면 위 모서리에 그것을 놓는다. 그 위에 두 명의 여자인형들을 앉힌다.

"이게 어떤 엄마예요. 이건 어떤 할머니예요."

"그래?"

그 옆에 그는 한 개의 낮은 의자를 세우고 한 작은 남자 아이를 위해 놓는다.

"아하!"

내가 말했다.

"한 작은 꼬마가 엄마와 할머니 사이에 앉아 있구나."

급히 그가 낮은 의자를 흔들의자로 바꾼다.

"작은 꼬마에게는 흔들거리는 의자가 더 나을 거야."

"아~, 그래. 때때로 흔들거리는 것도 좋겠군."

어떤 방식으로든 자신을 표현할 수 있는 용기를 갖도록. 그리고 나에게 이야기할 수 있도록 내가 그의 희망과 감정을 지지해 준다.

"사람들이 이 아이에게

동화를 들려주죠."

그가 그렇게 말한다.

"그리고 이 아이는 그걸 아주 좋아해."

"오~, 그래. 그게 아이에게 즐겁겠구나."

다음에 그는 연출 장면 가운데에 식탁을 놓고, 식탁보를 깔고 접시와 그릇, 나이프와 포크를 놓는다. 그리고 그 위에 케이크를 하나 얹는다. 그런 다음 하얀 앞치마를 두른 소녀를 들어서 그녀의 팔을 아주 넓게 벌린다. 그 사이에 쟁반을 놓을 수 있을 만큼.

"그녀가 뭘 하고 있지?"

"이 여자는 서빙하는 사람이에요. 모든 사람에게 먹고 마실 수 있는 뭔가 좋은 걸 가지고 오죠."

"사람들에게 대체 뭘 가지고 오는 거지?"

"아~! 케이크, 초콜릿, 우유 그리고 과일들이죠."

이야기하면서 그는 쟁반 위에 소형 놀이 과일들을 얹는다.

그리고 탁자 왼쪽에 한 작은 통을 세운다.

"통을?… 그 안에 뭐가 들었지?"

"맥주."

바로 대답이 나온다.

"많은, 아주 많은 맥주예요. 여기 있는 모든 사람들이 심하게 목이 말라서 아주 많이 마시고 싶어 하거든요!"

"아, 그래. 그들이 그렇게 심하게 목이 마르면 아마도 마셔야 하겠지."

그가 구석 오른쪽에 세워 둔 침대의자(누워 쉬는 의자)에 한 할아버지 인형을 놓는다.

"이 사람이 쉬고 있어요."

이제 그는 다시 장난감 재료들 중 무언가를 오랫동안 찾는다. 그런 다음 작은 화초를 꺼낸다. 그리고 그것을 가장 바깥쪽의 가장자리에 세우고, 그 화분 모서리에 작은 새를 앉힌다.

"어떤 새일까?"

"딱따구리죠."

그가 주저 없이 대답한다.

"이 새는 노래하지 못해요. 하지만 여기서 안전하고 편안하게 앉아 있을 수 있죠."

"아, 그래. 모든 사람들에게서 그렇게 멀리 떨어져서… 화초 아래에 있구나… 그러나 때때로 그것이 멋질 수 있겠다."

이제 그가 연출상자 양끝에 자신의 두 팔을 올리더니 힘없이 느슨하게 손을 아래로 떨어뜨린다. 내가 다시 한 번 연출상자의 장면에서 볼 수 있는 것들을 이야기한다.

"할아버지는 편안하게 침대의자에 누워 있고, 여기 작은 소년은 흔들의자에 앉아 사람들이 동화를 읽어 주기를 기다리고 있네. 다른 사람들은 서빙하는 사람이 아주 멋진 것을 가져오길 기다리고 있구나."

여기에 대해 아메트는 침묵한다.

나는 딱따구리가 구석에 편안하고 안전한 자리를 찾았다고 말하면서 다시 작은 딱따구리에 대해서 이야기한다.

"모든 사람들이 쉬고 있구나."

갑자기 아메트가 움직여서 장면 구성을 계속한다. 그가 한 장난감을 들어서 그것이 운동기구라고 설명한다. 그리고 그것을 장면의 아래쪽 가장자리 중간 정도에 세운다. 그리고 한 소년을 그 위에 매단다.

"그가 뭘 하고 있지?"

점점 더 작은 목소리로 그리고 점점 더 분명하지 않은 목소리로 아메트가 말한다.

"그가 자기 몸을 위로 끌어올리고 있어요."

"아, 그래. 그가 철봉에서 몸을 위로 끌어올리고 있구나. 모든 사람들이 휴식하고, 그들에게 뭔가 맛있는 것이 오기를 기다리는 동안에 말이지?"

여기에 대해서 그는 아무 말도 하지 않는다. 이제 장면에 대한 관심이 꺼진 것처럼 보인다.

어차피 시간은 끝났다. 밖은 벌써 어두워졌다. 나는 짧은 구간의 전차를 타고 가는 아메트를 배웅한다.

"내가 언제 다시 올 수 있죠?"

"돌아오는 화요일 3시가 바로 너의 시간이야, 아메트."

그의 망각성 때문에 나는 다음 치료의 날짜와 시간, 주소와 내 전화번호를 메모지에 적어 준다. 나는 그의 망각이 반복될 경우 이 메모가 그에게 도움을 주기를 바란다. 나는 그에게 언제라도 또 나에게 전화해도 좋다고 말한다.

그는 기계적으로 메모지를 바지 주머니에 쑤셔 넣는다. 그가 이것을 다시 기억해 낼 수 있을까? 나는 점점 더 상승하는 두려움과 불안감으로 인해 그가 멀리 떠밀려 갔다는 인상을 받는다.

일분도 채 기다리지 않았는데 벌써 전차가 왔다. 아메트는 나에게 작별의 그 어떤 작은 신호도 주지 않고 그곳을 떠난다. 나는 아메트와의 첫 치료회기를 기록하고 그 연출상자를 통한 장면 검사를 평가하기 위해서 바로 집으로 돌아온다. 대체 이 검사가 지금 말하는 것이 무엇인가?

관심받는 것에 대한 소망이 표현되고 있다. 그것도 모든 영역에서… 동화 들려주기, 흔들의자에서 흔들리기, 특별히 수동성이 강조된 먹고 마시기 등. 접촉이 망가진 아이들은 장면에서 그들이 방치되었다는 것과 고립, 무력감을 표현하기 위해서 동물들을 등장시킨다. 아메트는 화초 아래의 딱따구리에 대해 말했다.

"노래할 수 없어요. 하지만 그는 편안하고 안전한 자리를 가지고 있어요."

변기는 아메트에게 자신의 신체적 증상, 즉 야뇨에 대한 아주 중요한 상징이다. 유아기 초기에 할머니로부터 받은 배변훈련을 무의식적으로 이야기한 것이다. 그가 오랫동안 망설이다가 세운 한 소년이 자신의 몸을 위로 끌어당기고 있는 그 철봉은 매우 의미가 있다. 왜냐하면 이것이 바로 자신의 수동성을 극복하기 위해 무의식적으로 작용하는 힘이 있다는 것을 나타내는 유일한 표시이기 때문이다.

"지루해서 너무 괴로워요."

다음날 점심, 전화벨이 울린다. 아메트다. 그가 흥분해서 더듬거린다.

"으, 으 저는 단지 '안녕하세요.'라고 말하려고 했어요."

"친절하구나, 아메트."

그가 잠깐 쉬었다가 계속해서 말한다. "저, 저, 제 생각에 제가 아프면… 어떻게 되는 거죠?"

"그건 무엇을 말하는 거니, 아메트?"

"그러면 제가 선생님에게 갈 수 없잖아요. 그러면 어떻게 되는 거죠?"

"아메트, 먼저 네가 어디에서 전화하는지 말해 주겠니?"

"길가에 있는 전화박스예요." 그가 곧바로 대답한다.

"그게 너희 집 가까이에 있어?"

아파트 근처에 전화박스가 있다고 한다. 그리고 어제 저녁에도 내게 전화했었는데 아무도 전화를 받지 않았다고 알린다.

"어제도 아플까 봐 걱정했었니?"

대답을 회피한다.

"무엇을 해야 할지 모르겠어요… 지루해서 너무 괴로워요."

"그러면 네가 일주일에 두 번 대신 세 번을 내게 오겠니?"

그가 지체 없이 묻는다.

"네. 그러면 제가 언제 선생님에게 갈 수 있죠?"

"너는 월요일, 수요일, 금요일 항상 같은 시간인 오후 3시에 오면 되지."

그가 잠깐 생각한다.

"그러면 제가 선생님한테 갈 수 없는 날은 그 사이에 딱 하루씩만 있는 거죠?"

"그런 거지, 아메트. 너는 벌써 모레에 오게 되는 거야."

그가 다급해서 서둘러 말한다. "그러면 제가 미리 전차를 타 볼게요. 그래서 제가 정확한 시간에 갈 수 있도록 할게요."

나는 날짜와 시간을 다시 반복한다. 그리고 부모님이 집에 있는지 물어본다.

"엄마가 집에 있어요."

그가 표정없는 음성으로 대답한다.

"네가 나에게 세 번 오는 것이 부모님에게도 괜찮을까?"

"네, 확실해요. 부모님은 제가 뭘 하든 다 상관없으니까."

내가 먼저 작별의 말을 한다. "그러면 월요일 3시에 보자. 아메트 널 보게 되는 것이 벌써 기쁘구나!"

수화기를 놓기 전에 그가 다시 한 번 말한다. "제가 정확한 시간에 갈게요."

"아메트, 메트 메트 메트(얼래리 꼴래리)…
너는 모하메트의 아들이구나."

그러나 그는 정확한 시간에 오지 못했다. 20분이 지난 후에 숨을 헐떡이며 들어온다. 그가 아주 흥분해서 말한다.

"처음에는 모든 것이 완벽했어요…. 그런데 제가 내리는 것을 잊어버렸어요…."

"전차에서 내리는 것을 잊어버렸다고, 아메트?" 매우 빠른 손동작으로 그가 이마를 훔친다.

"네. 제가 차에서 내리는 것을 아예 그냥 잊어버렸어요. 그래서 제가 그만큼 아주 많이 되돌아와야 했어요. …시간이 얼마나 남은 거죠? 아까 제가 되돌아와야 했어요…."

"우리에게 아직 40분이 남았어, 아메트."

"40분밖에 안 남았다고요? …제가 놀이를 서둘러야만 하겠네요!"

놀이실에 들어가자마자 아메트는 쉴 새 없이 방안을 돌아다닌다. 마침내 그가 인형극 무대 뒤로 돌아간다. 악어인형을 손에 쥔다. 크게 입을 벌리고서 소리치게 한다.

"나는 배가 고프다… 나는 배가 고프다… 나는 배가 고프다고! …아, 만약 피에로라도 온다면! 그는 틀림없이 내게 뭔가를 줄 거야!"

그러나 악마가 나타난다. …악어가 악마를 물어뜯는다.

"다음에 경찰이 나타나지. 그리고 소리 지르지. '날마다 강도가 한 명씩 생기는구나.'"

이제 피에로가 온다.

"뭐라고 날마다 강도가 한 명씩 생긴다고? 내가 이제 현상수배지를 하나 내걸게. 그리고 강도를 찾는 사람에게 1000마르크(역주: 1마르크는 1유로의 절반 가치 정도 된다)를 줄 거야!"

아메트는 잠시 말을 멈춘다. 그리고 다시 피에로가 소리치게 한다.

"아이들아, 감자 팬케이크가 나온다!"

이 소리에 허기진 악어가 대답한다.

"오! 나도 거기로 갈게!"

피에로는 "그래. 감자 팬케이크는 누구나 함께 먹고 싶을 거야. 감자 팬케이크를 두 접시 더 만들자."

그리고 나서 그는 갑자기 그의 비약적인 인형극을 중단한다. 말없이 인형극 무대 뒤에 앉아 있다.

"매우 흥미진진한 인형극이구나…. 허기진 악어가 등장하는…" 마침내 내가 말한다.

아메트는 공룡 책을 가져오지 않았다는 것을 깨닫는다. 그는 내가 그 책을 한 번 봐야 할 만큼 스릴 있는 것이라고 말한다.

"공룡이야기는 여기서 다시 말할 수 있어, 아메트. …우리는 더 많은 악어를 가지고 있어."

여기에 대해서는 그가 말을 섞지 않는다. 다시 목적 없이 방안을 돌아다닌다. 그가 점점 더 커지는 불안감과 함께 싸우고 있는 것이 느껴진다.

나는 그에게 문장 완성검사를 하려고 했다. 그의 억압된 그리고 무의식적인 불안과 소망에 대해서 좀 더 들여다보기 위해서. 나는 그에게 내가 문장을 시작하고 그가 문장을 끝내는 문장 만들기를 하고 싶은지 묻는다. 그가 준비되었다.

내가 먼저 그에게 문장을 읽어주기 시작한다.

"결혼한다는 것은…."

그가 문장을 완성한다. "멋지다. 그러면 혼자 있지 않아도 되니까."

"어둠 속에서는…."

"…나는 두렵다."

"밤에 나는 꿈을 꾼다…."

"…내가 아주 많은 장난감을 가지고 있는 것을."

"만약 내가…."

아메트는 “나 혼자만의 방이 있다면.”

그는 아버지와 형과 함께 한 방에서 같이 잔다고 설명한다. 그리고 특별히 형 오스만은 자신을 아주 많이 화나게 한다고 말한다.

“세상은 아름답다, 만약….”

“부모님이 더 욕설을 퍼붓지 않는다면!”

나는 그가 여기에 대해 계속해서 말할 기회를 더 주기 위해 보다 오래 침묵한다. 그러나 그는 그렇게 하지 않는다.

“나는 논다….”

“즐겁게 기차를 가지고.”

“나는 하려고 했다….”

“장난감 기차 하나를 가지려고 했다.”

“나는 소망한다….”

“…꿈속에서라도 내가 장난감을 갖는 것을.”

“내가 혼자일 때는….”

“나는 무엇을 해야 할지 모른다.”

“멋지다….”

“…내게 장난감이 있다면.”

“때때로 나는 생각했다….”

“…내게 아주 많은 장난감이 다면 얼마나 좋을까?”

나는 그에게 이 놀이실에 그를 위한 장난감이 많이 준비되어 있다고 말한다. 또한 우리가 놀이할 수 있는 기차가 있다고. 거기에 대해서 그는 아무런 말도 하지 않는다. 내가 계속 질문을 한다.

"내가 어렸을 때는…."

"…나는 화장실에 가지 않으려 했다."

"아메트, 아직도 그것을 기억할 수 있니?"

"아니에요. 엄마가 항상 그렇게 말해요."

"나는 놀란다…."

"…어두울 때. …한 남자 앞에서."

그가 특별히 술취한 남자 앞에서 두렵다고 덧붙인다. 왜 그런지는 그도 모른다.

"나는 즐겁다…."

"…내게 좋은 친구가 있다면, 그 친구 이름은 토머스다."

나는 놀랐다.

"토머스는 네 생일에 오지 않았구나. 그 아이가 올 수 없었던 거니?"

"아니에요. 그는 아주 멀리 살아요. 뉘른베르크에 살죠…. 그러나 우리는 때때로 엽서를 주고받아요."

"아하, 그렇구나…. 그를 언제 마지막으로 보았니?"

그가 한참 동안 생각한다.

"잘 모르겠어요…. 아마 몇 년 전에… 내가 엄마랑 누나랑 뉘른베르크에 있었을 때."

"안됐구나. 네 친구 토머스가 그렇게 멀리 살다니. 너희 반에는 친구할 수 있는 아이가 없니, 아메트?"

그가 불안으로 인한 고통으로 빨개진 눈을 질끈 감는다.

"모든 아이들이 너무 작아요."

그가 손을 들어 어깨 아래를 가리킨다.

"우리 반 아이들은 여기까지밖에 닿지 않아요."

"왜?"

"걔들은 저보다 두세 살 어려요…. 제가 8살(만 나이)에 독일에서 학교에 갔으니까요. 그리고 저는 독일 말을 잘할 수 없기 때문에 작은 아이들 반에 갔어야 했어요."

"6살 아이들한테?"

그가 고개를 끄덕인다. 그리고 망설이면서 덧붙인다.

"저는 독일 말을 빨리 배울 수 없었기 때문에 2년 동안이나 1학년에 유급되어 있었어요."

"아, 그래. 이제야 이해가 되는구나. 네가 그만큼 나이가 많고, 너희 반 아이들보다 더 크구나. 그 속에서 어떤 느낌이 들지?"

그가 어깨를 들어올린다.

"에~, 그건 나한테는 상관없어요."

내가 그에게 시간을 좀 준다.

"그래, 그렇지. 때때로 그 어떤 것도 내가 방어할 수 없다고 느낄 때 모든 게 상관없는 일이 될거야. 이해할 수 있겠다!"

그가 팔꿈치를 탁자 위에 올리고 손끝으로 그의 양 옆머리를 누른다. 그리고 거의 알아들을 수 없는 목소리로 말한다.

"제가 교실로 가면 아이들이 항상 이렇게 불러요. 아메트… 메트 메트 메트…, 네가 모하메트의 아들이구나!"

그가 등을 구부린 자세로 멈춰 있다. 방어하지 못한 채, 그는 자신에게 모든 일이 일어나도록 놔두는 것 같다. 저항의 그 어떤 표시도 없이 주먹을 쥐지도 못한 채… 잠깐 침묵한 다음 내가 말한다.

"아이들이 항상 네게 그렇게 말한다는 거지?" 그의 얼굴에 깊은 슬픔이 서려 있다. 그가 반복한다.

"아흐, 그건 내게 정말 상관없어…."

내가 거기에 대해 아무 말도 하지 않는다. 그러나 그가 나를 바라볼 때, 또 다시 좀 더 오래 바라볼 때 그리고 나의 시선에 머무는 바로 그때 내가 지적한다.

"너한테는 아무런 상관이 없다고 네 머리가 말하고 있구나. 그러나 여기 아래, 완전히 깊은 곳에서는 무언가 다른 게 느껴지고 있지."

그가 약간 입술을 움직인다. 그리고 지체 없이 말한다.

"선생님은 지금도 간 소시지가 있어요?"

그가 첫 번째 빵 조각을 먹은 다음 묻는다. "선생님은 또 카바가 든 우유가 있어요?"

시간이 다 됐다. 그가 돌아가기 위해 몸을 돌리며 말한다.

"오늘 뭐가 가장 멋졌는지 아세요?"

"글쎄, 아메트?"

"그것은 오늘도 선생님이 간 소시지를 가지고 있었다는 거예요."

“불장난을 하는 사람은 요에 오줌을 싼다.”

아메트가 그의 세 번째 치료회기에 왔다. 말없이 놀이실로 들어간다. 그리고 바로 요리 코너에 있는 작은 의자 위에 앉는다. 계속해서 말이 없다.

“아메트, 너는 원하는 모든 놀이를 할 수 있어. 네가 하고 싶은 어떤 놀이든지.”

내가 그를 격려하려고 한다. 그래도 아주 축 늘어진 태도로 그곳에 앉아 있다. 아마도 분명히 그 어떤 것도 하고 싶지 않은 것처럼…. 오늘은 그의 옷이 완전히 더렵혀져 있다. 스웨터와 바지에는 구멍 위에 구멍이 또 나 있다. 그리고 다시 마늘 냄새가 매우 심하게 난다.

“이건 선생님 거예요….”

마침내 그가 말한다. 그리고 내게 작은 광고용 달력을 내민다. 그리고 이것으로 충분하지 않은 듯 재빨리 주머니 속에 있던 우표 한 장을 또 건넨다.

"그리고 이것도요…."

내가 달력과 우표를 손에 쥔다. 그리고 말한다. "너는 벌써 우표 한 개를 선물했었어, 아메트."

그가 나를 바라본다. "제가 선생님에게 처음으로 왔었을 때죠."

그가 더 이상 아무 말도 하지 않자 내가 말한다.

"어떤 말로도 더 이상 표현할 수 없을 때, 아주 작은 선물로 그것을 말할 수 있다는 것은 때때로 좋은 거지."

거기에 대해서도 반응이 없다.

그런 다음 우리의 침묵이 너무 오래 지속되자, 그가 억지로 몸을 일으키고 방안을 느릿느릿 돌아다닌다. 이것을 한 번 만지고, 저것을 한 번 만지다 그네 위에 앉는다. 그리고 몸을 실은 그네를 왔다갔다 움직인다.

그런 다음 그가 기다란 성냥개비를 기억해 낸다. 물어보지도 않고 불을 붙인다. 두 번째 것도, 세 번째 것도. 그리고 좀 더 많은 성냥개비를 묶는다. 한 번에 더 많은 성냥개비에 불을 붙이기 위해서. 그것을 한동안 반복한다. 아주 커다래진 눈으로 그 불을 바라본다.

"터키에서는 사람들이 불장난을 한 사람은 요에 오줌을 싼다고 말하죠."

무엇을 말하고 싶은 것일까?

바로 이때 사전에 큰 극기가 필요했던 것 같은 질문이 나온다.

"선생님은 제가 나아지도록 어떻게 하실 건가요? …제 말은… 제가 더 이상 침대에 오줌을 싸지 않도록…"

이렇게 질문을 할 수밖에 없는 것에서 해방되면서 분명히 마음이 편안해진 듯 그가 나를 올려다본다. 그리고 기대에 찬 눈으로 내 얼굴을 바라본다.

"아메트. 네가 물어봐 줘서 좋구나…."

약간 망설인 다음 내가 계속해서 이야기 한다.

"그건 설명하기가 좀 어렵단다…. 아마도 네 질문에 대한 대답을 예를 통해서 들려줄 수 있을 거야. 네가 손가락을 베여서 깊은 상처가 생겼을 때, 너나 나나 그 어떤 사람도 우리의 의지로 치료할 수는 없을 거야. 하지만 며칠이 지나면 너는 이 상처가 저절로 낫게 된다는 것을 보게 되지. 네 안의 천성이 네가 특별한 것을 하지 않아도 너를 낫게 할 거야."

그가 고개를 끄덕인다.

"그러나 이 상처가 더러워지고 이 때문에 고름이 생긴다면 상처는 낫지 않을 거야. 그래서 사람들은 오염과 고름이 상처에서 흘러나오도록 보살펴야만 하지. 그게 이해가 되니?"

그가 고개를 끄덕이고, 내가 계속해서 말한다.

"여기서는 네가 있고 싶은 대로 있을 수 있다고, 네가 느끼는 대로 너의 감정이 기쁘든지 슬프든지 그대로 나오도록 네 느낌대로 있을 수 있다고 말했었지…. 더러움과 고름이 상처에서 흘러나오는 것처럼…. 그리고 네가 용기가 있다면, 때때로 두려움이 생기니까 여기에는 많은 용기가 필요하거든, 네 안에 있는 너의 내면이 바로 상처가 하는 것처럼 똑같이 할거야. 그러니까 너나 아니면 나나 우리의 의지로는 그 어떤 것도 할 수 없었던 것을 상처가 스스로 낫듯이 너의 내면이 똑같은 일을 한단다. 그리고 이와 비슷하게 어느 날 침대를 적시는 일이 끝나게 될 거야."

나는 오랫동안 이야기할 수 있었다. 우리 둘 사이의 접촉이 끊어지지 않는다는 것을 느꼈기 때문이다. 내가 표현하고자 했던 그 비교를 그는 이해했다. 아마도 어렴풋하게 감지한 것 같지만…. 그러나 그것도 괜찮다. 이성이 완전히 이해하지 못하더라도 무의식 속에서 둔감하게나마 감지된 진실은 결코 효과를 잃지 않을 테니까.

그는 다시 재미를 느끼지 못하고 방안을 돌아다닌다. 그 어떤 장난감도 특별히 그의 마음을 끌지는 못하는 것 같다. 다시 성냥개비에 불을 붙이는 이전의 놀이를 시작한다. 그의 의도는 되도록 오랫동안 불꽃이 살아 있게 하려는 것 같다…. 그다음 그는 불꽃을 아주 작은 것부터 아주 큰 것까지 조절할 수 있는 라이터를 집어 든다. 아무 말없이 한참 동안 그것에 몰두한다. 그리고 나는 그의 표정이 점점 이완되는 것을 본다.

"아흐, 제가 선생님에게 뭔가를 말하려고 했어요…. 그러나 또 그게 무엇인지 잊어버렸어요."

그가 다시 불꽃을 가지고 논다….

한동안 침묵이 흐른 뒤에 그가 스스로를 자제시킨다.

"이제 제가 선생님에게 그것이 무엇인지 말해야겠어요."

"아메트, 그래?"

그가 망설인다.

"아메트, 그래서?"

"저희 부모님이 어떤 사람을 알아요. 요에 오줌을 싸는 아이에게는 매우 무섭게 해야 한다고…. 엄청나게 무섭게 해야 한다고 그렇게 말하는 사람이에요, 그러면 그게 사라진대요."

"아메트, 누가 그 이야기를 했지?"

"한 터키 사람이에요…. 우리 집에 함께 사는."

"아메트, 내게 모든 것을 말해 줘."

더듬거리면서 그가 계속 말한다. "이 남자가 부모님께 말했어요…. 내가 그걸 들었죠…. 내가 방안에 함께 있었어요."

"사람들이 너를 두렵게 만들어야 한다고 그렇게 말했니?"

이제 그에게서 말이 터져 나온다. "그가 말했죠. 요에 오줌을 싸는 아이에게는 불에 달궈진 못을 허벅지에 깊이 쑤셔 넣어야 한다고…. 그럼 그것이 사라진대요."

나는 경악했다! 아주 잠깐 동안 우리의 시선이 부딪쳤다. 그의 어깨가 점점 더 올라갔다. 그의 머리라도 그 안에 감추려하듯이. 깊은 고통이 그의 얼굴에 서려 있다. …그가 더 이상 움직이지 않는다.

"그리고 너는 뭐라고 말했니, 아메트?"

그가 망설인다. 그리고 나선 거의 알아들을 수 없는 목소리로 말한다.

"내가 말했죠. 꺼져!"

"네가 '꺼져'라고 말했다고?"

그가 나를 바라본다.…"단지 속으로 말했어요. 아세요? 단지 제가 속으로만 말했다고요."

"아, 그래. 네가 속으로만 그렇게 말했구나. 여기서는 밖으로 그에게 내뱉어 말할 수 있단다. 자, 말해 봐…. 그에게 모든 것을 말해, 아메트."

그가 어떤 표정도 보이지 않는다. 그의 표정은 마스크를 쓴 듯 굳어 있다. 점점 더 크게 신체 왜곡이 나타난다. 그리고 그 긴장이 그를 와해시키려고 위협할 때, 그는 벌떡 일어나서 방을 가로질러 몇 걸음을 걷는다. 그리고 두터운 양탄자가 깔려 있는 구석진 한쪽 바닥에 몸을 던진다. 그의 온몸이 떨리기 시작한다. …그의 얼굴은 양탄자 위에서 양탄자를 짓누르고 있다…. 그가 신음하고, 끙끙대고 그리고 마침내 가장 깊은 내면으로부터 터져 나오는 울음을 시작한다. 갇히고 억압되었던 정서. 그 속박의 옷이 풀어졌다. 그의 삶의 비참함, 그의 궁핍함과 상처가 터져 나온다. 그는 거침없이 울면서 자신을 해방시킨다. 말없이 때때로 주먹을 불끈 쥐고 바닥을 치면서. 나는 아주 조용히 있다. 그가 지금 자기 자신을 완전히 치유할 수 있도록 혼자 두기 위해서. 그가 현재의 고통을 느끼고 울어 낼 수 있도록.

족히 십 분 넘게 내가 그의 옆에 앉아 있다. …완전히 고요하게. 십 분은 사람이 지금의 아메트처럼 그렇게 깊이 울 경우 긴 시간이다.

울음은 점차 잦아든다. 아메트는 이제 양탄자 위에 앉아 있다. 두 팔로 감싸 안은 무릎 속으로 머리를 구겨 넣은 채 말없이…. 그렇게 한참이 지난 뒤에 내가 말한다.

"네 상처에서 엄청난 양의 고름이 흘러나왔구나. 그것은 좋은 거야, 아메트."

이 말에 그는 침묵한다. 잠깐 후에 그가 머리를 들고 묻는다.

"선생님은 지금도 간 소시지가 있어요?"

"그래, 아메트. 아직도 있지…. 내가 간 소시지가 든 빵을 만들어 주길 바라는 거니?"

그가 고개를 끄덕인다.

"그리고 혹시 선생님이 그것을 작게 잘라 줄 수 있어요?"

확실히 즐겁게 그가 작게 자른 빵을 한 조각, 두 조각 그리고 세 조각을 먹는다. 그리고 카바가 든 우유와 함께…. 먹는 동안 그가 나를 바라본다. 그리고 말한다.

"어떻게 된 걸까요? 저한테 이렇게 맛있을 수 있다니. 간 소시지 때문일까요? 아님 빵 때문일까요?"

"아마 작게 잘랐기 때문은 아닐까, 아메트?"

그는 약간 당황한 듯 미소 짓는다.

"누군가 너에게 작게 빵을 잘라 준 적이 있었니?

"에미네(역주: 누나-독일에서는 손윗 형제도 호칭없이 이름을 부른다)요. 제가 아팠을 때죠."

"그래, 그게 필요할 때가 있지. 그리고 에미네 외에 또 다른 누군가도 빵을 작게 잘라 준 적이 있니?"

내가 지나가는 말처럼 묻는다.

그는 그저 머리를 흔든다. 그리고 서둘러 일어나 아주 불안스럽게 방안을 가로지른다.

그리고 항상 똑같은 질문을 한다. "시간이 얼마나 남은 거죠?"

내가 시계를 가리킨다. "…보이지, 아메트. 시간이 끝났구나."

그가 공포로 반응한다. 작별의 한마디도 없이 그는 도망치듯 공간을 떠나려고 한다.

"기다려, 아메트. 내가 너의 부모님께 뭔가 드릴 게 있구나."

내가 그에게 봉투가 열려 있는 편지를 건넨다.

"내가 이 편지를 너의 부모님께 썼지. 우선 너희 집은 철거되지 않는단다. 내가 문의를 했는데 너희 가족이 2년 동안은 확실히 그 집에서 살 수 있다는 결과를 들었구나. …네가 이 편지를 너희 부모님께 번역해 주려무나."

이 소식에 그는 즐거워하며 편지를 주머니에 조심스럽게 넣는다.

"정말 최고예요. …오늘 저녁 우리 집 분위기가 아주 좋겠군요!"

그는 내가 외투를 입는 것을 알아차린다.

"선생님이 저와 함께 전차 타는 곳까지 가실 거예요?"

"내 개를 산책시켜야 해…."

그가 내 말을 받는다. "오, 제가 함께 가도 되나요?"

"그래. 그렇게 할 수 있지, 아메트…. 하지만 네가 집에 좀 늦게 갈 수 있다고 소식을 전해야만 하지 않을까?"

그가 머리를 흔든다. "제가 언제 집에 오는지 그들에게는 아무 상관이 없어요."

우리는 개를 데려오기 위해서 방을 떠난다.

"개가 얼마나 크죠?" 그가 약간 자신 없이 묻는다. 내가 그를 바라본다.

"어떤 개였으면 좋겠니? 아주 커다란? 아주 작은?"

그가 자기 방어를 한다.

"아흐, 다 똑같아요."

"내 생각에는 너한테 다 똑같지는 않을 것 같은데, 아메트. 너는 네가 무엇을 생각하고 느끼는지 모든 걸 솔직하게 이야기할 수 있다는 것을 알잖니."

"네, 그렇죠. 선생님이 그렇게 묻는다면…. 아주 작은 개였으면 더 좋겠어요. …저는 개 앞에서 두렵거든요."

"아메트, 왜 그런지 말할 수 있니?"

그가 더듬거린다. "길가에 있는 개 앞에서는 항상 두렵죠. 그가 저한테 달려들어 물 것 같아서요."

"내가 첫 회기에 개가 너를 문 적이 있느냐고 물었었지. 너는 아니라고 했지, 그렇지?"

그가 머리를 끄덕인다.

"줄에 묶인 개 앞에서도 두렵니?"

"네. 저는 개가 항상 줄을 끊고 바로 내게 달려들 거라고 생각해요."

"그러니까 너는 개만 보면 네가 위험하다고 느끼는구나?"

"네. 저는 길을 갈 때는 항상 조심하죠. …그리고 개를 발견하면 다른 길로 가요."

"그러면 오늘은 어떻게 하지? 나의 개는 아주 작은 복슬 강아지란다. 이름은 뛰케야."

그가 약간 웃는다.

"아, 그렇군요. 뛰케라면 그렇게 나쁘지 않을 거예요."

내가 개를 데려온다. …뛰케가 아이들을 보면 항상 그렇듯이 별로 즐거워하지 않는다. 뛰케는 꼬리를 잡아당겨 내리고 방 한가운데 서 있다.

"넌 얻어맞기라도 한 것처럼 매우 슬퍼 보이는구나."

나는 그가 고통 속에 있는 자신을 느끼도록 …일부러 아무 말도 하지 않는다. 그러나 그가 나의 침묵을 긍정으로 해석하고 있음이 분명하다. 그의 얼굴에는 다시 절망이 나타난다. 그는 입술을 꽉 다물

고 오직 개에게만 시선을 집중시키고 있다. 그런 다음, 엄습하는 동정심으로 몸을 구부리고 개의 머리를 조용히 쓰다듬는다. 이 순간에는 공포감이 설 자리가 없고 동정심이 훨씬 더 강하다. 그가 천천히 반복해서 개의 머리를 쓰다듬을 때 내가 말한다.

"너는 개에게 말할 수도 있어, 아메트. 개는 이해할 수 있거든. 개에게 네가 말하고 싶은 것을 말하렴." 그가 쓰다듬어 주는 것이 뮈케의 마음에 든다. 서글퍼 보이는 개의 시선이 아메트의 동정심이 가득한 영혼을 건드렸다.

그가 다시 울기 시작한다. 그가 사실은 자신 때문에 울고 있다는 것을 알지도 못한 채. …분명히 그는 많이 얻어맞았을 것이다. 종종 보기 괴로울 정도로 복종적인 그의 자세가 그것을 드러낸다.

"아메트, 뮈케가 얻어맞았기 때문에 슬퍼 보인다고 생각하니? …하지만 뮈케는 단 한 번도 얻어맞은 적이 없단다."

"아직 한 번도요?"

"아직 한 번도 그런 적이 없지, 아메트."

"하지만 선생님이 말했어요. 선생님이 직접 말했어요, 직접 말했다고요."

"아니, 아메트. 나는 그렇게 말하지 않았어. 나는 다만 너의 질문에 침묵했을 뿐이란다."

그가 커다란 눈으로 나를 바라본다.

“아마도 뮈케의 시선에서 뮈케가 얻어맞았을 것이라고 느끼게 한 것은 네 안의 어떤 감정일 거야.”

빠른 동작으로 그는 눈을 비빈다. 그다음 여러 질문이 줄지어 나온다.

“그런데 선생님은 역시 아이들을 때리지 않으실 건가요?”

“그래, 아메트. 나는 아이들을 절대 때리지 않을 거야.”

“그렇군요…. 하지만 아이들이 뭔가 나쁜 짓을 했을 때도 선생님은 때리지 않을 건가요?”

“그럴 때도 안 때릴 거야. 아이들이 뭔가 나쁜 짓을 했을 때, 아이들도 마음이 좋지 않아. 그리고 아이들을 때린다고 그들이 나아지지는 않아.”

그에게 지금 그가 나를 처음 방문했을 때와 똑같이 평화로운 표정이 나타난다. 곧 그가 ‘원하는 만큼 물을 많이 마실 수 있다.’ 고 내가 말했던 그 방문에서처럼…. 잠깐 동안 그에게 세상은 괜찮은 것인 모양이다. 그러나 그건 아주, 아주 잠깐 동안이다. 우리는 어둠 속으로 나간다. 고통스러울 만큼 춥다. 아메트는 뮈케를 줄에 묶어 데려가기를 원한다. 그는 뮈케가 서 있기 원할 때 서 있고, 달리기 원할 때 달린다. 산책이 끝날 때 아메트가 말한다.

“나도 이런 개를 하나 가졌으면 좋겠어요…. 그러면 내가 집에서 더 이상 외롭지 않을 텐데.”

나는 어차피 시내까지 드라이브해야 했다. 그래서 그에게 내 차를 타고 함께 갈 것을 제안했다. 그는 그것을 아주 대단한 일이라고 생각한다. 우리는 함께 차에 탔다.

"지금 제가 무엇을 원하는지 아세요?"

"아니, 모르지. 아메트."

"지금 우리 반의 모든 남자애들이 나를 볼 수 있다면…." 그가 다리를 길게 뻗는다. 그리고 편안하고 의기양양해서 머리를 뒤로 젖혀 기댄다.

"그들이 지금 나를 보기라도 한다면…. 내가 이렇게 자동차를 타고 달리는 것을…. 그리고 바로 독일 사람과 함께."

"곧 선생님이 우리 교실에 한 번 와 주세요. 제발, 제발, 제발 그렇게 해 주세요!"

"그것이 너에게 왜 그렇게 중요하지, 아메트?"

"그냥 그래요." 그가 방어적으로 말한다.

"이제 말해 봐. 그것이 너한테 왜 그렇게 중요하니?"

그가 근거를 대기 위해 자신과 싸운다. "제 엄마는 물론 오지 않잖아요. 물론 아빠도 역시 오지 않아요. 그들은 독일 말을 하지 못하죠…. 그리고 어차피 언제나…."

'그리고 어차피 언제나…'라는 이 말에 절대적인 무망감이 표현된다. 나는 그에게 곧 학교를 방문하겠다고 약속한다.

"우리 선생님은 피크맨이에요."

"피크맨?"

또 다시 그의 조용한 유머가 터진다. "우리는 그를 니켈 피크맨이라고 불러요. …왜냐하면 그가 우스꽝스러운 니켈 안경을 끼고 있거든요."

"아, 그래?"

그가 이제 활기를 띠고 말을 계속한다. "선생님이 교장 선생님에게도 '안녕하세요.' 라고 말한다면 참 좋겠어요…. 제가 그를 좋아하거든요. …그가 내게 종종 말을 걸어요."

"그런데 교장 선생님의 성함은 뭐지?"

"코이네 선생님이에요."

그가 자기 주머니에서 볼펜을 하나 꺼낸다. 그리고 내게 오늘 선물했던 것과 똑같은 달력의 한 장을 뜯어낸다. 다음에 말한다.

"내가 여기에 두 사람 이름을 적을게요. 선생님이 잊어버리지 않도록."

그리고 그는 그 볼펜을 전면 유리 밑에 놓는다.

"이것을 제가 여기 놓을게요. 그리고 만약 제가 시내에 있을 때 이 자동차를 보게 될 경우 안을 들여다보고 만약 볼펜이 있으면 바로 선생님이 있다는 것을 알 거예요."

목적지에 도착했다. 나는 수요일 오전에 아메트의 학교를 방문하기로 결정했다. 내가 계획을 말하자 그는 한없이 좋아한다.

"최고예요…."

그가 생각에 잠긴다.

"그래, 아메트 뭔가 더 설명할 게 있니?"

"네. 그게 좀 어려워요. …선생님이 저의 교실에 오면… 선생님은 저의 뭐가 되는 거죠? 선생님은 아이들에게 제가 왜 선생님에게 가고 있는지 말할 수 없겠지요."

우리 둘은 잠깐 동안 생각한다. 그리고 그가 결정한 듯 말한다.

"아흐, 내가 그들에게 그냥 간단히 말할 거예요. 선생님이 저의 친구라고."

그가 의향을 묻듯이 나를 바라본다.

"호~. 아메트, 그것이 네게 알맞은 표현일까?"

"네. 중요한 것은 선생님이 제가 왜 선생님에게 가고 있는지를 말하지 않아야 한다는 거죠."

"거기에 대해서는 걱정할 필요 없어."

아메트의 학교에서

그러니까 이분이 피크맨 씨다. 내가 미리 전화를 해 둔 아메트의 학급 담임선생님이다. 나는 아메트의 보육인으로 나를 소개했다. 그리고 학급 수업을 한 번 참관할 수 있도록 부탁했다. 참관일은 바로 오늘 아침이었다. 학급으로 가는 길에 피크맨 선생님이 말을 건넸다.

"그러니까, 당신이 아메트 사바를 돌보는군요? 그게 참 좋아요…. 그게 참 필요했거든요…. 돌봄이 아주 급히 필요한 아이예요. 머리가 나쁜 아이는 아닌데…. 매우 탁월하게 독일 말을 잘하죠… 그러나 그밖에는 아주 게을러요…. 너무 더럽고, 항상 지각해서 수업을 방해하죠."

나는 아메트가 험한 과거 경험 때문에 내적으로 와해돼 있고 불행하며 따라서 많은 그의 행동방식들은 다 이유가 있음을 알아차린다. 그러나 그의 담임선생님은 그에 대해서 이렇게만 말한다. "저희 반에서는… 당신은 보시게 될 거예요…. 모든 게 항상 여유롭고 즐겁죠…. 슬퍼할 일은 하나도 없지요."

그러고 나서 우리는 말없이 함께 걸어간다.

문은 거의 닫혀 있다. 그때 아이들이 자기 자리에서 벌떡 일어나서 열창한다.

"안녕하세요. 피크맨 선생님!"

나는 교실 뒤쪽에 무력하게 앉아 있는 아메트를 본다. 그는 어깨를 축 늘어뜨린 채, 다른 아이들 머리 위로 불쑥 솟아 있다. 내가 그를 보자 그는 인사하기 위해서 자리에서 벌떡 일어나 나온다. 그러나 더 이상은 하지 못한다. 피크맨 선생님이 그에게 제자리로 가라고 했으니까. 아메트는 저항 없이 순종한다. 그가 조용히 돌아간다. 급우들의 악의적인 시선이 그의 뒤를 쫓는다.

"이분이 우데 여사입니다."

피그맨 선생님이 말한다. 그가 헛기침을 한다….

"자, 여러분?!"

"안녕하세요! 우데 여사님."

합창이 울린다. 그리고 피크맨 선생님은 만족해 한다.

모든 것이 시계바늘의 정확성처럼 진행된다. 가장 먼저 세 곡의 '흥겨운 노래들'을 부른다. 노래 3번, 노래 4번, 노래 6번…. 피크맨 선생님의 엄격히 통제된 지시가 아이들에게는 충분한 모양이다. 반 아이들은 그들이 무엇을 불러야 할지 알고 있다.

이어서 피크맨 선생님이 말한다.

"우데 여사님은 우리 학급의 일정들이 어떻게 진행되는지 한 번 보고 싶어 합니다. …선생님은 아메트를 돌보고 있어요. …자, 여러분 이야기해 보세요. …아메트가 어떻게 지내죠?"

그러나 그는 대답을 기다리지는 않는다.

"아메트는 많은 것들을 좀 더 개선시켜야 해요."

그의 손가락이 탁자를 탁탁 친다.

"더 부지런하고… 더 정확하고… 더 깨끗해지고…"

교실 안에 약간의 동요가 생기자 그가 손을 들어 올린다.

"조용히!"

그가 아메트에게 앞으로 나오라는 신호를 한다.

"우리한테 뭔가를 공연해 주겠니? 아메트… 너는 벌써 알고 있지…."

선생님은 내게 돌아서서 "이 아이가 특별히 잘하는 게 있어요."라고 말한다.

그리고는 내 눈앞에 경악할 장면이 벌어진다. 이 커다란 소년이 익숙해 보이는 복종적인 자세로 급우들 앞에서 당나귀에 앉은 한 터키 사람이 갈증에 목말라 하며 사막을 건너는 것을 연기한다. 그때 그는 애타는 목소리로 부른다.

"물, 물을 다오! …목이 마르다. …내가 목이 마르다…!"

그리고 그는 바닥 위로 쓰러진다. 당나귀가 그를 내던진 듯한 모양새에 교실 안에는 히죽히죽 비웃는 소리가 나온다. 그러나 피크맨 씨는 이 연출된 코미디의 잔혹함 속에서 아무것도 느끼는 것이 없다.

“터키 사람들이 어떻게 기도하는지 우리에게 보여 줘, 아메트.”

이제 아메트는 회교도의 기도를 연기하기 위해서 무릎을 꿇고 앉는다. 그는 두 손을 맞잡고 뭔가 알아들을 수 없는 소리로 단조롭게 웅얼거린다. 그러면서 그는 계속 반복하여 몸을 구부리고 머리를 바닥에 댄다.

학급친구들은 계속해서 히죽거린다. 아메트의 절망은 계속 커진다. 그러나 아무도 그것을 보지 못한다. 이 참을 수 없음으로부터 달아나기 위해서 그는 새로운 연기를 시도한다.

“나의 엄마가 노래를 하나 가르쳐 줬어요.”

그가 분명하지 않은 소리로 말하며 바닥을 바라본다. 그리고 노래하기 시작한다.

“아빠, 아빠가 엄마에게 돈을 보내요…. 그녀 또한 독일로 오고 싶어요…. 왜냐하면 그곳이 아름다우니까…. 그래요…. 독일은 다 아름다워요…. 독일은 다 아름다워요!”

아메트는 급우들 앞에서 “독일은 다 아름다워요!”라고 노래하며 자신의 인생에서 가장 큰 거짓말로 연기하기를 강요당하고 있다. 그가 거부할 수 없는 힘을 상대로 무력하게. 끝없이 무력하게 그는 자리에 뿌리를 내린 것처럼 서 있다.

그의 발표는 전부 동정심에 대한 복종적이고 절망적인 간청이었다. 그러나 그의 급우들 누구 하나도 이 고통스러운 연기에 악의적인 비웃음 외에 그 어떤 것도 주지 않았다. 피크맨 선생님 또한 어떤 것도 느끼지 못한다.

"이제 네 자리로 돌아가라."

그가 아메트에게 즐거운 목소리로 말한다. 그리고 망설이며 한마디 덧붙인다.

"네가 아주 멋지게 해냈구나!"

교실에는 적대적인 고요가 차 있다.

아메트는 그 자리에서 움직이지 않는다.

"이제 어서 돌아가." 피크맨 선생님이 말한다.

마침내 아메트는 고개를 숙이고 교실 가운데를 통해서 자기 자리로 돌아간다. 그는 오른쪽도 왼쪽도 보지 않는다.

내가 피크맨 씨를 바라본다. "제가 반 아이들에게 뭔가를 물어도 되겠어요?"

"당연하죠. 우데 여사님!"

"누군가… 여러분 중에서…." 나는 그를 비웃은 사람까지도 모두 주목할 수 있도록 뜸을 들여 기다린다. "여러분 중 누군가 외국에 있어 본 사람이 있나요?"

곧바로 모든 국가 명들이 불린다. 핀란드에서부터 아프리카까지.

내가 말한다.

"그래, 여러분은 외국에서는 모든 것들이 여기 독일과 다르다는 것도 체험했겠네요. 예를 들어서 외국에서는 무엇이 우리와 다를까?"

아이들이 대답한다.

"사람들이 달라요!"

"말들이 달라요!"

"날씨가 달라요!"

"음식이 다르죠!"

아메트의 짝은 자신이 그리스에 있었을 때 너무 지독하게 배가 아팠었다고 말하기 위해 손을 든다. 그의 엄마는 그리스의 음식은 너무 많은 기름을 쓰기 때문이라고 생각했다고 한다. 다른 소년은 스페인에 있었을 때 맹독이 퍼져 병원에 입원했었다고 이야기한다. 나는 그에게 병원에 있었을 때 어떻게 느꼈는지 좀 더 상세하게 말해 줄 수 있겠느냐고 묻는다.

"저는 그때 매우 슬펐어요…. 왜냐하면 그때는 혼자였고 아무도 저를 이해할 수 없었으니까요…. 그들은 모두 스페인어로 말했으니까요."

"이제 모두들 연필을 하나 꺼내세요. 그리고 손에 종이를 한 장 드세요. 다음 내가 여러분에게 들려주는 이야기가 끝났을 때 내가 묻는 질문에 대한 답으로 딱 한 단어를 쓰세요. 딱 한 단어만 생각해 내야 해요."

소년들은 어떤 이야기가 나올지 매우 긴장돼 있다.

"나는…." 내가 계속한다.

"여러분 모두가 이런 걸 상상해 보았으면 해요. 여러분은 부모님과 함께 휴가를 보내기 위해 외국에 차를 타고 갔어요. 그런데 14일 후에 아버지가 어떤 이유 때문에 독일로 다시 돌아갈 수 없다는 소식을 가져왔어요. 이제 사랑하는 모든 것들 그리고 귀중한 것들… 친구들, 고향, 소중품, 강아지…. 이런 것들을 더 이상 볼 수 없어요."

여기에 대해서 벌써 반항적 반응이 나타난다. 그리고 비평이 일어난다.

"그 누구도 우리가 집으로 돌아갈 수 없도록 금지할 수는 없죠!" 또는 "그런 건 도대체 말이 안 돼요! 우리가 우리나라로 돌아갈 수 없다는 것은 있을 수 없는 일이에요!"

"나는 여러분에게 한 번 상상해 보라고 말한 거예요. 뭔가 더 큰 힘이 예를 들어 전쟁이라든가, 이런 것이 여러분이 독일로 귀환하는 것을 방해하는 거예요."

이 말이 그들로 하여금 곰곰이 생각하도록 만든 것 같다. 몇몇은 출구를 찾는다. "보트를 하나 만들 수 있을 거예요. 그리고 바다를 통해 다시 돌아올 수 있죠…. 아니면 자전거를 타고… 아니면 걸어서라도 갈 수 있죠!"

"내가 여러분들에게 말하지만 내 이야기에서는 잘되는 일이 없어요. 모든 국경이 차단되었고 고향으로 돌아갈 수 있는 길은 거의 없어요."

"이제 곧…." 내가 이야기를 계속한다.

"여러분이 가지고 있던 돈도 다 떨어졌어요. 그리고 아빠는 어딘가에서 일을 찾아야만 하고. 여러분이 살아야 하니까…. 어느 날 여러분은 또한 낯선 학교에 가야만 할 거예요. 거기서 여러분을 소개하지요. 여러분은 선생님도 학생들도, 환경도 모든 것이 낯선 어떤 학급에 서 있게 돼요. 나는 여러분이 이제 생각한 것만이 아니고 이럴 때 어떤 기분이 들지 알고 싶어요."

잠깐 쉰 다음 내가 아이들에게 요구한다.

"자, 이제 종이 위에 한 단어, 꼭 한 단어만 써 보세요! 여러분이 그런 상황에서 급히 필요한 것이 무엇일까?" 묵직한 고요가 교실을 감싼다. 잠깐 망설인 다음 소년들이 내가 부탁한 일을 한다. 처음 몇 명이 손을 들기까지 오래 걸리지는 않는다.

"아마도 동정해 주는 것이 필요해요."

한 아이는 그렇게 생각했고, 다른 한 아이는 "이해해 주는 것이 필요해요."라고 하였다.

그러나 많은 이들은 '도움' 이라고 썼다.

"아마 그게 맞는 말일 거예요. 여러분은 옳은 것을 느꼈어요. 도움이 가장 급하게 필요하겠지."

이것으로 나는 학급에 작별인사를 한다. 그리고 피크맨 선생님에게도. 피크맨 선생님은 지나칠 정도로 눈을 비벼댄다. 마치 현실로 다시 돌아오기라도 하려는 것처럼.

나는 나를 지체 없이 반겨 주는 코이네 교장 선생님께 말을 건넨다.

아메트의 말이 옳았다. 교장 선생님은 학생을 위한 시간과 공감력을 가진 사람이다. 그는 아메트가 처한 공경에 대해서 매우 개방적으로 생각하고 있다는 것을 대화에서 느낀다. 물론 그도 이 어려운 경우에 대한 해결책을 가지고 있지는 않다. 아메트가 눈에 띄게 불편하게 하는 점은 그가 정도 이상으로 교사들에게 접촉 욕구를 보이는 것이다. 그는 모든 사람에게 달려와서 아주 가까이, 매우 밀접하게 접근한다.

"그는 나를 보면 내 앞에 쓰러질 정도로 복종적인 자세를 보이죠. 마치 가능하다면 내 구두라도 닦으려는 것처럼." 교장 선생님의 관찰이 분명히 딱 맞을 것이었다. 접촉에 큰 어려움이 있는 아이들은 고립되거나 또는 끊임없이 많은 접촉을 구하게 되니까.

아메트는 이런 복종적인 자세 때문에 학급아이들로부터 거부된다. 더 거부적인 반응을 얻는 것은 더러운 옷과 코를 찌르는 듯한 마늘 냄새를 풍기는 그의 외양이다.

교장 선생님은 급우들이 두 살 혹은 그보다 더 어린 것도 또 다른 큰 문제라고 생각한다.

아메트 역시 이것을 문제로 보았었다.

우리가 작별하고자 할 때 코이네 교장 선생님은 내게 당부한다.

"이 소년이 이런 식으로 계속 도움을 받는다면 아마 방치되어 망가지지는 않겠죠. 그것으로 이미 그에게는 큰 도움이 된 겁니다!"

"네. 아마도 그것으로 만족해야만 하겠지요…."

그러나 내 마음 속에서는 나의 치료의 목표를 그렇게 멀리 둘 수 있을지. 그것이 아직 준비되지 않았다.

"이제 자살하게 될 거예요!"

아메트의 학교를 방문한 오늘이 바로 아메트의 치료회기였다. 그는 30분 더 일찍 왔다.

"저는 벌써 오래전부터 와 있었어요…. 그리고 지금까지 선생님 집 주변을 돌고 돌았어요…. 제가 집에서 무엇을 해야 할지 몰랐거든요."

그의 팔 밑에 책이 한 권 끼워져 있다.

"이건 공룡에 관한 제 책이에요…. 제가 선생님께 언젠가 한 번 보여 주려고 했던 거죠!"

"그래, 좋아. 나중에 같이 한 번 보자. 지금은 좀 더 기다려야만 해. 30분 후에 내가 다시 올게. 30분이 너무 길거나 그림 그리고 싶은 생각이 들면 여기 선반에 필요한 모든 게 있으니 사용해도 좋아."

그를 다시 데리러 왔을 때, 나는 아무것도 하고 있지 않은 그를 발견한다. 무감정한 자세로 그저 의자에 앉아 있다. 그 앞에 놓은 탁자 위에는 잔뜩 글씨가 쓰인 메모지가 산처럼 쌓여 있다.

"아메트 사바스…."

검은색의 큰 알파벳으로 '아메트 사바스'라고 써 있는 것 외에는 그 어떤 것도 없다. 족히 100번은 될 듯. 위에서 아래로, 옆으로 그리고 그 위에 다시 겹쳐서 검은색으로 커다랗게 쓴 '아메트 사바스' 라는 단어 외에는 그 어떤 것도 없다. 나약한 자기를 지탱하기 위한 절망적인 시도다. 놀이실에서 그가 팔 밑에 껴두었던 공룡 책을 한쪽에 치워 놓는다. 마치 그것이 이 순간에는 관심이 없는 듯…. 그는 불안하게 왔다갔다 한다. 그리고 때때로 정신이 나간 듯이 몇 개의 물건들에 손을 댄다. 그리고 희망이 사라진 절망의 몸짓으로 손을 들어 올렸다가 다시 떨어뜨린다. 때때로 내게서 도망치는 듯 빠른 시선이 부딪친다. 그는 한숨을 쉬고 입술을 깨물고 자신 안에 갇혀서 침묵한다.

이제 그를 사로잡은 것 같은 물건이 그의 시선 안에 있다. 그가 그것을 손에 쥔다. 그리고 마치 자기 자신에게 말하듯이 묻는다.

"장전이 되었나?"

그가 화약 판을 안에 집어넣는다. 거울 앞으로 몇 걸음 걸어간다. 그리고 좀 더 오래 침묵하면서 일그러진 얼굴로 자신을 바라본다.

"이제 자살하게 될 거예요!"

마침내 그가 말하면서 거울 속의 자신에게 사격을 한다.

이것은 놀이가 아니다! 그가 방 한가운데 똑바로 선 채 굳어 있다. 양손은 불안하게 서로 뒤엉켜서 경직되어 있다. 나는 침묵하면서 기다린다. 이 상황에서는 그 어떤 충고나 훈계도 그에게 전달되지 않을 것이다. 그 어떤 것을 위해서도 급할 필요는 없다.

한참 뒤에 그가 말한다. "나는 정말 다시 한 번 총을 쏘고 싶어요. 하지만 선생님은 아마도 두통이 있으시겠죠?"

"내가 두통이 있다는 말이니?" "네." 그가 말한다.

"선생님에게 두통이 있는 것 같은 느낌이 들어요."

"아메트, 너는 두통이 있는 누군가를 알고 있니?"

"제 어머니요." 그가 즉시 대답한다. "제 엄마는 항상 매우 지독한 두통이 있어요. 그래서 그럴 때 우리는 아주 조용히 있어야 해요."

"아, 그래."

"그런데 때로 제가 아주 시끄럽게 할 때, 엄마는 신발로 제 머리를 때려요."

"신발로?"

"신발 뒷굽으로요." 그가 훨씬 더 힘 있는 음성으로 보충 설명을 한다. 그러면서 동시에 약간의 미소를 지으며 그 전체의 말을 다시 한 번 반복한다.

"신발 뒷굽을 가지고 엄마가 너의 머리를 친다고?"

그가 어깨를 들어 올린다. 그리고 침묵한다.

"하지만 나는 두통이 없단다, 아메트. 지난 회기와 비슷하게 진행되는구나. 네가 뮈케가 얻어맞았다고 생각했던 지난 번 그 시간하고 비슷한 일이다."

"우습군요." 그가 그러면서 머리를 만진다.

"제가 그냥 단순히 선생님이 두통이 있다고 생각하니 우스워요!"

"글쎄 그것은 우스운 것이 아니라 이해할 만한 것이지. 네 어머니가 그렇게 자주 두통을 앓기 때문에 너는 다른 사람들도 그런 고통을 가지고 있다고 생각하는 거지."

그가 생각에 잠긴다. 얼마큼의 긴 침묵이 흐른 뒤 그가 말한다.

"독일에서는 사람들이 동물을 때리지 않는 것이 마음에 들어요." 그가 입술을 깨문다.

"터키 사람들은 동물들을 때리죠…." 그런 다음 그의 마음속에서 한 소리가 터져 나온다 ."나는 터키 사람이 싫어요."

'터키 사람만이 아니지.' 나는 홀로 생각한다.

'그게 아니라 그는 전 세계를 싫어하는 것처럼 보인다. 물론 그 자신마저도!'

그가 완전히 지쳐서 의욕을 잃고 몇 분 동안 방 가운데에서 침묵을 유지하고 있다. 그런 다음 그의 공룡 책을 기억해 낸다.

"나는 이제 우리가 무엇을 해야 할지 알아요. 선생님은 제게 아마도 간 소시지 빵과 따뜻하고 달콤한 우유를 만들어 주고요, 그러고 나서 우리는 벤치에 앉아 제가 선생님에게 공룡에 대해서 이야기할 거예요."

그가 꿀꺽거리며 우유를 마시고 이야기를 시작한다.

"이걸 한 번 보세요. 이 공룡은 이천 개의 이빨이 있어요…. 이천 개의 이빨을 가지고 있어요…."

"아주 놀랍구나, 아메트!"

"네, 이천 개의 이빨들이 있어요. 이것은 지구상에서 가장 거대한 약탈자였죠. …이것은 그의 앞을 가로막는 모든 것을 먹어 치웠어요."

"그 공룡이 그렇게 많이 먹어 치웠다는 말이니?" 내가 놀라서 묻는다.

음식을 입안 가득이 담고 그가 계속해서 말한다.

"종국에는 자신의 알까지 먹어 치웠어요. 자기 자신들의 알까지…. 한 번 상상해 보세요!"

그 사이 그는 이미 두 번째 빵조각을 먹었다. 그의 표정이 이제 얼마나 생기 있는지.

내가 다시 반복한다.

"걔들이 자기 알까지 먹어 치울 만큼 폭식을 했구나?"

그가 고개를 끄덕인다. "그렇죠. 공룡들이 얼마나 폭식을 했었는지 생각해 보세요. 그럼에도 불구하고 그들은 생존하지 못했어요. 그들이 그렇게 크고, 그렇게 강했는데도 생존하지 못했어요. …이해하세요? …그들은 사실 약했어요."

그가 좀 더 길게 생각에 잠긴다.

"단지 강한 자만이 살아남죠?"

"그럴 수 있겠지, 아메트."

그가 계속해서 곰곰이 생각한다. 그리고 공룡들로부터 빠져나오지 못한다.

"공룡들은 원래 약했어요. 자기 주변에 있는 것들을 먹어 치웠는데도 불구하고… 그것이 아무 소용 없었어요. …그들은 약했던 거죠."

"그래, 그것들로는 충족되지 못할 그런 허기가 있었구나."

이제 그는 공룡에 빗댄 자신의 이야기를 계속하기 위해 좀 여유를 둔다. 나는 그가 손톱을 물어뜯는 것을 본다. 그러다 그는 자신의 손을 무릎 위에 조용히 내려놓는다. 그리고 머리를 등받이에 기댄 채 말한다.

"공룡들은 아주 나쁜 꿈과 같아요."

"무슨 말이니?"

그가 대답을 망설인다.

"그래요." 그가 마침내 말한다. "제가 종종 아주 나쁜 꿈을 꿔요."

"그래?"

"꿈속에서 저는 아주 많이 작아요. 그러다 무시무시할 정도로 점점 더 커져요. 왜냐하면 제가 뭔가에 접근해야만 하기 때문에."

"무엇에 네가 접근해야 한다는 거지?"

"그렇지 않고서는 얻을 수 없는 그 뭔가에 말이죠."

"네가 그 꿈속에서 그렇지 않고서는 얻을 수 없는 뭔가에 접근해야만 할 때 어떤 감정을 느끼니?"

"무시무시한 감정이에요! …저는 공포를 느껴요. 절 그렇게 부풀려야 할 때 저는 공포를 느껴요. …그런데도 저는 해야만 해요. 제가 갖고 싶은 것에 접근하지 못할 수 있다는 엄청난 공포 때문에 저는 그렇게 해야만 하죠."

"너는 꿈속에서 그런 감정을 갖는구나. 점점 더 커지기 위해 너를 부풀려야 한다는 것, 그래서 네가 갖고 싶은 것에 접근할 수 있도록 말이지, 그렇지?"

"네." 그가 말한다. "네. 모든 것이 엄청난 공포예요."

"꿈속에서 네가 갖고자 하는 것이 무엇인지 알고 있니?"

"아니요. 저는 절대로 알지 못해요. 하지만 계속해서 그렇게 무시무시한 꿈들이 나타나요."

상당히 오랫동안 그가 침묵하자, 나는 첫 회기에도 그가 꿈 이야기를 한 적이 있다는 것을 언급한다. 그것을 그는 더 이상 기억해 내지 못한다.

"그러니까 네가 말했었지. 꿈속에서 종종 아주 많은 장난감을 원한다고."

"아, 그래요." 그가 즉시 대답한다.

"그것은 멋진 꿈이죠. 그리고 때때로 나는 아주아주 많은 장난감들을 받는 꿈을 꾸어요."

"그럼 낮에는 어떠니, 아메트? 낮에도 사람들은 꿈을 꾸고 뭔가를 소망할 수 있지!"

그가 약간 웃는다. "낮에도 저는 종종 꿈을 꾸어요. 백만장자가 된다면… 아주아주 많은 돈을 가지고 있다면, 그리고 성이 하나 있다면…. 저는 이 성 안에 그 누구도 데려다 놓지 않을 거예요. …많은 돈을 가지고 모든 것을 살 거예요. 그 어떤 것들보다도 저 자신이 가장 중요시될 수 있다면."

"내가 기억해 아메트! 그것이 너의 생일 소원이었지. 네가 단 한 번 만에 촛불을 불어서 끄고 뭔가를 소망할 수 있었을 때 가졌던 꿈."

거기에 대해서 그는 다만 고개를 끄덕이고 말이 없다. 좀 더 긴 침묵 뒤에 그가 갑자기 큰 불안감을 나타내며 벌떡 일어난다.

"시간이 얼마나 남은 거지요?"

내가 시계를 가리킨다. "네가 보는 것처럼 15분이 남았구나, 아메트."

"단지 15분이라고요? 그러면 더 이상 아무것도 할 수 없겠군요. …좀 더 오래 있을 수 있나요? …내일 다시 올 수 있나요?"

"너의 다음 회기는 모레란다, 아메트. 너는 일주일에 세 번 올 수 있다는 것을 알고 있지. 월요일, 수요일 그리고 금요일마다."

그가 방안을 다시 유령처럼 어슬렁거리기 시작한다. 갑자기 질문이 일어난다.

"선생님은 아직도 간 소시지가 있나요?"

"그래, 당연히 내가 가지고 있지, 아메트. 네가 직접 빵을 바르고 싶니?

아니면 내가 해 줄까?" "아, 역시 선생님이 하는 게 좋겠어요!"

내가 빵을 만드는 동안에 그가 권투 글러브를 바라본다. 그리고 손에 끼워 본 다음 재빨리 다시 옆으로 치운다. 그런 다음 서둘러 닫혀 있는 상자를 집는다. 그리고 다음에 묻는다.

"제가 이것을 다시 집으로 가져가도 되나요?"

"그 안에 무엇이 들어 있는지 알고 있니?"

그가 머리를 흔든다.

"너는 그 안에 뭐가 들었는지도 모르지만, 뭔가를 집에 가지고 가고 싶은 거니?"

그가 그 상자를 다시 옆으로 내려놓는다. 그리고 성급하게 다른 닫혀 있는 장난감 상자를 집는다.

"아니면 이것을 가져가도 되나요?"

"너는 무엇에 쓰는지 모르는 뭔가를 집에 가지고 가고 싶은 거니?"

그가 어깨를 한 번 들어 올린다. "아, 뭐 그냥 그래요."

그가 음미하며 간 소시지를 먹는 동안에 내가 그 첫 번째 상자에는 미카도 놀이가 들어 있다고 말한다.

"그 놀이를 아니?"

"미카도? 아니요, 모르는데요."

나는 상자에서 막대들을 끄집어내서 한 더미 쌓으면서 설명한다. "이 위에 차곡차곡 쌓여 있는 이 막대들을 흔들지 않으면서 가장 많이 막대들을 가져가는 사람이 놀이에서 이기는 거야."

"아, 그래요? 저 한번 해 보고 싶어요."

그는 시간이 끝날 때까지 놀이에 사로잡혀 있다. 그가 대부분 승자가 된다. 매번 막대들을 세면서 그가 말한다. "선생님이 제게 놀이를 보여 주고 그리고 제가 선생님하고 놀고 나니까 이것이 참 멋지군요. 그 전에는 '난 그냥 이런 것은 안 좋아해.' 이렇게 말했죠."

"그래, 사람은 처음 한 번은 모두 배워야만 해."

이제 그가 다시 미카도 놀이를 오늘 집에 가져가도 되냐고 묻는다.

"그래. 그렇게 할 수 있어, 아메트. 다만 네가 이것을 모레에 다시 가지고 온다면."

"아, 그것은 믿어도 돼요."

그런 다음 그가 깊은 한숨을 쉰다. "오늘 밤에 집안에 분란이 일어날 거예요."

"분란이라니, 왜 아메트?"

"오스만이 제게 저녁 때 계속 말할 거예요. '막대들은 흔들렸어.'라고."

"너는 오스만이 막대가 흔들렸다고 말할 것을 두려워하고 있구나, 아메트?"

"그는 계속 말할 거예요! …그는 항상 나를 화나게 하려 해요!"

그가 깊게 한숨을 쉰다. 침묵한다. 그런 다음 재킷을 입고 미카도 놀이를 팔 밑에 끼우며 말한다. 공룡 책에 시선을 던지면서….

“이것은 여기에 둘게요. …선생님은 외국인이 아니기 때문에 제가 그렇게 할 수 있어요.”

그가 나간다. …그러나 겨우 몇 분 후 다시 한 번 초인종이 울린다.

“왜, 아메트?”

“벌써 많이 어두워졌어요.” 그리고 기어들어가는 아주 작은 목소리로, “…나는 두려워요.”라고 말한다.

“내가 너를 전차 타는 곳까지 데려다 줬으면 좋겠구나, 아메트?”

“권투 글러브를 낄 수 있다면 그것으로 충분할 거예요. 그렇다면 저는 더 이상 두렵지 않을 것 같아요.”

우리는 권투 글러브를 낄 수 있는 놀이실로 돌아간다. 그가 거기서 양손에 권투 글러브를 낀다. 그가 환하게 미소 짓는다.

“이제 아무도 내게 접근하지 못할 거예요.”

“자신이 강하다고 느끼면 이미 많은 것을 이긴 거야.”

그가 출입문을 지날 때 그는 이미 “그럼, 모레 봐요.” 라고 말하는 사람이 되어 있었다.

“네가 왔던 곳으로 사라져! 너는 우리와 다르잖아!”

그러나 아메트는 모레까지 기다릴 수 없었다. 벌써 다음날 전화벨이 울린다. 아메트가 더듬거린다.

“저, 저, 저, 저는 그냥 좋은 아침이라고 말하려고 전화했어요!”

“아메트 친절하구나, 너도 좋은 아침이 되길 바란다.”

그리고 오랜 정적이 흐른다. 긴 침묵 후에 내가 덧붙인다. “나와 전화 통화가 쉽게 되다니 네가 오늘 운이 좋은 거야.”

“제가 벌써 여러 번 시도했었죠. 하지만 선생님이 받지 않았어요.”

“아메트, 우리 놀이실에 전화가 없다는 것을 당연히 알고 있지?”

“아, 그렇군요. …네 …선생님한테 오늘 다른 아이들이 와 있었어요? …그 애들은 남자애들이에요? 아니면 여자애들이에요?”

“둘 다야, 아메트. 남자애들도 있고, 여자애들도 있어.”

"아, 그렇군요. …오늘 선생님이 만났던 아이들은 대체 몇 살이죠?"

"한 남자애는 16살이고, 한 여자애는 15살이란다."

"아, 그래요. 그러면 제가 선생님께 오는 아이들 중에서는 가장 어린 거죠?"

"그래, 아메트. 네가 가장 어릴 거야."

다시 한동안 수화기에서 아무것도 들리지 않는다.

"자, 아메트?"

"제가 오, 오, 오늘 선생님에게 갈 수 있어요? 저는 항상 아주 혼자예요."

"네가 혼자니, 아메트? 아님 혼자라고 느끼니?"

"여기 뒤뜰에서 독일 애들이 축구를 하고 있어요."

침묵이 흐른다.

"그런데 아메트?"

"저, 저, 저는 기꺼이 함께 놀고 싶어요. …그, 그, 그, 그런데… 그게 안 돼요."

"그게 안 된다고?"

계속해서 얘기하는 것이 그에게 어려워 보인다.

"왜 그게 안 된다는 거니, 아메트?"

"그들이 말했어요. 꺼져, 제발 꺼져줘! 네가 왔던 곳으로 제발 꺼져! 너는 우리와 다르잖아."

충격으로 나는 처음에 말을 잃었다.

“여보세요? 선생님 아직 거기 계세요?”

“당연하지, 아메트. 나는 네가 낙심한 것을 이야기하기 위해 전화로 나를 찾았다는 것이 아주 기쁘구나.”

“이제 됐어요.” 그가 짧게 말한다. 그의 톤이 내가 함께 얘기해 주는 것 하나만으로도 벌써 그의 고통이 어느 정도 경감됨을 일러 준다.

“선생님 아파요?” 그가 뜬금없이 묻는다.

“왜 그런 생각을 하지, 아메트?”

“선생님이 아파 보인다고 생각해요.”

“그런데 아메트, 너는 나와 전화하고 있잖아. 너는 나를 전혀 볼 수 없는데?”

“그런데 내게는 선생님이 아프기라도 한 것 같아요.”

“아니야. 나는 아프지 않아, 아메트. 그리고 나는 벌써 내일 너를 만나는 그 시간을 기쁘게 기다리고 있어.”

“내일이 되어야 제가 선생님께 갈 수 있군요?”

그가 조용히 되묻는다.

“그래, 아메트. 내일이…. 너는 일주일에 세 번 내게 오는 거지.”

“제, 제… 제가 내일 선생님이 주었던 모든 것을 다 가지고 갈게요. …그것들에게 아무 일도 일어나지 않았어요.”

“잘 됐다. 아메트.”

내가 먼저 작별인사를 한다.

"…그리고 갑자기 제가 일어날 수 있었어요."

다음날 아메트가 나타나지도 않은 채, 치료시간이 이미 30분 지나있었다.

그때 전화벨이 울린다.

"아메트예요."

"그래, 아메트."

항상 그가 흥분했을 때 그랬던 것처럼 그의 음성은 더듬거리기 시작한다.

"어, 어, 어, 얼… 얼… 얼마만큼 시간이 남은 거죠?"

"나는 벌써 30분이나 너를 기다리고 있었어."

"제, 제, 제가 당장 갈게요. …저는 지금 공중전화에 있어요. …서, 선, 선생님이 저를 기다릴 거죠?"

“그래, 아메트. 널 기다릴게…. 그리고 여기서 우리가 모든 것을 얘기할 수 있을 거야.”

나는 이미 잘 알기에, 아메트의 치료시간 후에는 매번 한 시간을 남겨두고 었었다. 그래서 내가 시간에 쫓길 필요가 없도록.

25분 후, 아메트는 매우 우스꽝스러운 옷차림을 하고 허둥대며 출입문 앞에 서 있다.

우린 곧바로 놀이실에 들어간다. 내가 그를 바라보자, 그가 자기 아래쪽을 훑어본다. 그리고 당황스러운 미소와 함께 말한다.

“이게 제 잠옷이에요.”

그가 외출바지 아래로 삐져나온, 닳아서 해지고 얇은 알록달록한 바지에 대해 말한다.

“아, 그래. 이게 너의 잠옷이구나.”

내가 그의 말을 반영하기 위해서 말한다.

그가 그네에 앉는다.

“선생님이 정말로 저를 기다리고 있었군요!”

이 문장에는 그 어떤 질문도 들어 있지 않다. 단지 확인과 같은 것이다.

“그래, 아메트. 내가 통화할 때 너에게 말했었지.”

점차 그가 망설이면서 말하기 시작한다.

“저는 원래 오늘은 오지 않으려고 했어요. …아세요? …제 마음속에서는 오려고 했는데, 겉으로는….”

내가 그런 상황을 이해했다는 표시로 머리를 끄덕인다.

그는 자신이 원래는 오려고 했지만, 그저 기운을 낼 수 없었다는 표현을 하려고 했다.

"아세요? …제 내면이 이겼다는 것이 저는 아주 기뻐요."

"그러니까 네가 여기 있다는 것이 매우 즐겁구나, 아메트."

"네."

그가 더 이상 말하지 않자 내가 그의 잠옷을 가리키면서 묻는다. "통화하기 전에 침대에 누워 있었니?"

"제가 아주 심하게 기분이 좋지 않았어요. …병이 난거라고 생각했죠. …그리고 침대에 누웠어요. …그런데 아세요? …그러고 나서 제가 진짜로 안 좋아졌다는 것을요…. 저는 다시 일어나지 못했어요."

"네 말은 아메트, 네가 일어나고 싶었는데 그렇게 할 수 없었다는 거구나, 그렇지?"

"네. 그래요." 그가 무관심한 표정으로 왔다갔다 그네를 탄다. 힘이 없다.

"그런데도 네가 여기에 오기 위한 힘은 아직 갖고 있었구나."

점차 그의 얼굴에 약간의 생기가 생긴다.

"아세요? …그때 제가 간 소시지 냄새를 맡았어요. …그리고 제가 선생님을 생각했죠. …그리고 그 순간 제가 일어날 수 있었어요."

"아, 간 소시지에 대한 기억이 네가 일어나는 것을 도왔구나. 그리고 네가 재빨리 잠옷 위에 바지를 입고 티셔츠를 걸치고 공중전화로 달려갔구

나. 그렇지, 아메트?"

그가 확인하듯이 머리를 끄덕인다.

"그래서 선생님이 저를 기다리도록 말이죠."

"흠…. 네가 너 스스로를 돕는 방법을 알고 있구나! 그건 좋은 일이다!"

무언가 결심이 선 듯 그가 그네를 떠나서, 가져온 비닐 가방에서 권투 글러브와 미카도 놀이를 꺼낸다.

그리고 그는 그것들을 탁자 위에 놓는다.

"하나도 빠뜨리지 않았어요. 우리는 이것들을 가지고 전혀 놀 수 없었어요. 우리는 조용히 있었어야만 했거든요. …우리 엄마 때문에."

"엄마 때문이라고?"

"네. 엄마에게 다시 아주 지독한 두통이 생겼어요."

"아, 그래? …그러면 너희들은 다른 방에서 놀이할 수 없었을까?"

"다른 방에서는 아버지가 앉아 있고, 텔레비전을 보려고 하셨어요."

"아, 그래?"

비닐 가방에서 그는 다른 꾸러미를 꺼내 내게 건넨다. 내가 그것을 풀자 그가 말을 계속한다.

"어제 저녁에 저는 하고 싶은 일이 무엇인지 깨달았어요. 제가 이것을 선생님을 위해 만들었어요."

"한 개의 초구나, 아메트!"

"초는 제가 만들지 않았어요. …그 위에 그림을 그린 것이죠. …한 번 들여다보세요. …그 초에는 두 가지 모습이 있죠. …한쪽에는 태양이 그려져 있어요. 그리고 한쪽에는 아주 기분이 나쁜 소년의 얼굴이 있죠.”

“아하?”

그가 이제 촛대를 가져온다.

“우리가 여기에 초를 세워요. 그리고 바로 초를 돌리기만 하면 되죠. 그러면 선생님은 항상 제가 어떤 상태인지 바로 알게 돼요.”

“자신의 진짜 기분을 보여 주는 건 때때로 힘들단다, 아메트. 그런데 이 초가 너에게 큰 도움이 되겠구나.”

그가 거기에 대해서 대답하지 않는다.

망설이다가 초를 가리키며 내가 계속한다. “지금은 초가 어떤 쪽을 가리켜야 하지?”

그가 입꼬리를 약간 올린다. …그러나 그 이상 아무것도 하지 않는다. 그는 나를 외면하고 도망치듯 불안하게 방안을 가로질러 간다. 장난감을 들었다 놓았다 하다가 관심 없다는 듯이 옆으로 치운다.

마침내 그가 플라스틱 수련 한 송이를 발견한다. 다른 장난감들보다도 손에 그것을 좀 더 오랫동안 들고 있다.

“한 송이 수련이군요. …이것은 아주 아름다워요. …하지만 위험하죠. …이게 사람을 잡아당겨요!”

“아세요?” 그가 계속해서 말한다. 그리고 활짝 핀 수련을 보여 준다.

“이게 위쪽은 물 위에 떠 있죠. …하지만 깊은 물속에 있는 아랫쪽에는 올가미 같은 줄기를 가지고 있어요. 그것이 사람을 아래로 끌어당길 수 있죠. 이건 아주 위험해요."

"그래."

내가 그에게 확인해 준다. "물속에서 올가미는 위험할 수 있지. …하지만 …사람이 거기에 걸려 계속해서 헤엄칠 수 없다면… 그럴 때 유일한 방법은 더 아래로 헤엄쳐 가는 거야. 그리고 거기서 자기를 해방시키는 거지!"

그가 내 눈을 빤히 바라본다. 그리고 다시 한 번 반복한다.

"그건 위험해질 수 있어요…."

내가 잠시 뜸을 들인다. 그리고 내가 먼저 말을 계속한다. "그럴 수 있지. 그러나 사람들이 올가미에서 자기를 자유롭게 하기 위해서 아무것도 하지 않는다면 그 또한 매우 위험해질 수 있어."

수련은 분명히 아메트가 장애의 근원 앞에서 느끼는 두려움의 상징인 것 같다.

그가 수련을 옆으로 내려놓는다. 그리고 마음을 정하지 못하고 공간을 배회한다.

마침내 그가 칠판 앞에 선다. 약간 머뭇거리며 분필을 잡는다. 그러고 나서 매우 빠른 터치로 커다란 그림을 그린다. 넓게 가지를 늘어뜨린 한 커다란 나무 아래 벤치 하나가 있

다. 거기에 한 여인이 앉아 있다. 그녀의 손은 옆에 있는 유모차 위에 놓여 있다. 그 벤치 위에 '사과'라는 글자가 쓰인 바구니를 그린다. 바구니 끝에는 새 한 마리가 앉아 있다.

내가 거기에 대해서 아무 말도 하지 않은 채 흥미에 차서 그림을 바라본다. 분명히 아메트는 영아의 평안함에 대한 자신의 동경을 표현했다.

"아름다운 그림이구나." 내가 인정해 준다. "나무 아래에 엄마가 유모차와 함께 앉아 있구나."

"엄마가 왔다갔다 유모차를 밀고 있어요." 그가 덧붙인다. "그리고 새들이 노래를 부르고 있죠."

"아기가 아주 잘 잘 수 있도록." 내가 추가한다.

점차 그의 돌처럼 굳어진 안면근육이 펴지는 것 같다.

"네. 그래요." 그가 시작한다.

"제가 선생님에게 거기에 대해서 말하려고 했죠…."

"그러니 아메트?"

"저, 저, 저는 항상 잠들기가 지독하게 힘들어요. …그런데 아버지는 항상 아주 빨리 잠들죠. …그러면 저는 정말 혼자라고 느껴요! 그러면 때때로 저는 기도도 해요. …그러면 제가 좀 더 잠이 잘 들 수 있죠."

"얼마나 좋은 일이니, 아메트. 네가 슬픈 마음에서 너를 해방시키는 방법을 알고 있다는 게."

그가 계속해서 그림을 그린다. 나무의 한 가지는 바로 유모차 위로 늘어진다. 이 가지 위에 그는 두 번째 새를 앉힌다.

나는 그의 그림에서 볼 수 있는 것에 대해 관심을 보인다.

"그렇죠." 그가 말한다. "새 한 마리가 날아가고 나면 이 새가 아기를 위해서 노래할 수 있지요."

"아기를 위해서 얼마나 좋은 일이니, 그러면 아기는 절대 혼자라고 느끼지 않을 거야."

이제 그가 분필을 내려놓는다. 그리고 벤치 위에 앉는다.

"제가, 제가 무엇을 소망하는지 알아맞혀 보세요."

그가 ㄱ자를 읊는다.

"간 소시지(역주: 간 소시지 첫 글자는 L자임)?"

거기에 덧붙여 말한다. "그리고 카바가 들어간 달콤한 우유도요!"

그가 확연히 크게 즐거워하며 간 소시지 빵을 먹을 때 그의 얼굴에는 해방된 미소가 번져간다.

"저는 지금 다시 좋은 기분을 느껴요. 제 내면을 이겼다는 게 얼마나 좋은 일인지."

"네가 오늘 점심 때 그렇게 병이 든 것처럼 느꼈을 때, 넌 집에 오직 혼자 있었니?"

"네. 완전히 혼자요. 엄마는 새벽 조예요. …엄마가 새벽에 일하러 가시는 건 아주 나빠요."

"그게 왜 나쁘지?"

"그러면 저는 항상 매우 나쁜 느낌을 가지게 돼요."

내가 곧바로 대답하지 않자 그가 말을 계속한다.

"에미네(누나)가 그녀가 곧 결혼하게 될 거라고 말했어요. 그래서 다른 아파트로 이사를 가게 된다고… 그때 저는 아주 큰 두려움을 느꼈어요. …제가 울었죠, 그리고 말했죠. 에미네는 항상 우리와 함께 있어야 한다고. 그러자 모두가 웃었어요."

그런 다음 그는 침묵한다. 한참 후에 내가 그의 혼자되는 것에 대한 공포의 원인을 알고자 시도한다.

"그러니까 너는 혼자일 때 항상 아주 나쁜 느낌을 갖게 되는구나. 아니면 에미네처럼 누군가 너를 떠나려 할 때?"

그가 어깨를 들어 올린다.

"제가 어떻게 된 건지 저는 도대체 모르겠어요."

"그러니까 네가 5살이 됐을 때 너의 엄마는 터키를 떠났었지. 이곳 독일에서 일을 찾기 위해서. 그게 너에게는 어땠지? 네가 그때 아주 버려졌다고 느꼈니?"

그가 머리를 흔든다.

"저는 그것들 모두를 전혀 기억하지 못해요!"

"네가 독일에 왔을 때 6살 반이었지. 너는 그 전의 일을 기억할 수 있니?"

그가 오랫동안 생각한다. 그런 다음 고통스럽게 그의 이마를 문지른다.

"짐멜 선생님도 벌써 제게 몇 번이나 물었어요. 하지만 제 머리에서 그 모든 게 사라졌어요. …그 때문에 저는 항상 제가 손을 쓸 수 없는 두통이 생겨요."

다시 그가 말할 때까지 한참의 시간이 흐른다.

"짐멜 선생님이 제게 말했죠. 우리는 뇌에 여러 개의 서랍을 가지고 있어서 전혀 걱정할 필요 없다고…. 그 서랍 안에 모든 것이 들어있을 거라고…. 그리고 다만 서랍들이 삐걱거리기 때문에 제가 많은 서랍을 한꺼번에 잡아당길 수 없는 것이라고. 제게 너무 많은 일이 생기면 제 머릿속은 텅 비어 버린 듯한 생각이 들어요. 그러면 저는 더 이상 아무것도 기억하지 못해요. …그건 너무 좋지 않은 일이에요."

"아마도 그렇겠구나. 처음으로 네가 내게 왔을 때, 네가 우리 집을 지나쳐 멀리 갔을 때를 아직 기억하고 있니? 그때 너는 나의 이름을 그리고 거리명을 더 이상 생각해 내지 못했지. 그때 너는 네가 완전히 길을 잃었다고 느꼈겠지."

그가 이제 깊이 숨을 들이쉰다.

"어떻게 그 모든 것을 이해하실 수 있으세요? …물론 그런 것은 독일 사람만 그렇게 잘 할 수 있어요."

"독일 사람만 그렇다고?"

내가 의심스럽게 묻는다.

그가 반응하지 않는다. 다만, 재빨리 질문을 시작한다.

"다른 터키 아이도 선생님에게 오나요?"

"아니, 아메트 네가 유일한 터키 아이야."

그가 한참 동안 곰곰이 생각한다.

"선생님은 그러니까 친구가 전혀 없군요. 그렇죠? 제 말은 터키 사람 말이죠. 터키 사람들은 선생님의 친구가 아니죠?"

나는 이스탄불에 대한 책을 한 권 가지고 있다. 그것은 내 남편의 터키 동료가 우리의 친절한 초대에 감사하다며 헌정한 선물이다. 나는 놀이실에 그 책을 미리 준비해 놓았다. 그래서 그 책이 적절한 기회에 아메트의 손에 닿을 수 있도록. 이제 내가 그에게 그것을 건넨다.

"터키 친구가 우리에게 이 책을 선물했어."

아메트는 아주 놀라워한다. 그리고 곧바로 책을 열어서 헌정사를 읽는다.

"안넬리제와 에두아르에게 우정과 감사 속에서, 베키르 울루칸."

그는 터키 사람이 우리와 친구일 수 있다는 것을 이해하기가 쉽지 않다.

"이 사람이 독일에 살아요? 이, 이, 이, 이 사람도 우리처럼 이주 노동자예요?"

내가 그에게 '이 사람은 여기서 대학 교수로 일하고 있어.' 라고 말했을 때 그가 세기의 기적이라도 일어난 듯이 입을 벌리고 놀라워한다.

"여기 독일에 터키 교수가 있다는 거예요?"

"네가 그를 만나고 싶다면 만날 수도 있어."

그의 태도가 번개처럼 순식간에 두려움으로 바뀐다.

"아니에요. 터키 사람은 안 돼요. 터키 사람은 안 되죠. …저는 터키라는 말만 들어도 질려요!"

그가 나를 외면하고 날카로운 투척화살을 집어서 능숙하게 표적판을 향해 던진다. 그리고 아주 정확하게 중앙을 적중시킨다.

"보셨어요? 제가 정확하게 중앙을 맞췄죠?"

"그래서 아메트?"

"제가 맞히려고 했기 때문이죠."

그가 스타카토로 모든 단어를 강조하듯 말한다. 지금은 유모차와 엄마를 그렸던 몇 분 전과는 완전히 다른 감정이 그를 지배하고 있다. 그가 서둘러서 놀이실을 가로질러 간다. 그리고 선반에서 불꽃을 마음대로 조절할 수 있는 라이터를 가져온다.

"정말 아주 커다란 불꽃을 만들고 싶어요!"

그가 갑작스럽게 커다란 불꽃을 피웠다가 천천히 끄기 위해서 라이터의 레버를 누른다.

"네가 원한다면 우리가 정원에서 그렇게 할 수 있어."

그가 방어한다.

"아, 이제 됐어요. …시간이 얼마나 남은 거죠?"

"시간이 다 되었구나, 아메트."

그의 불안이 상승한다.

"제가 오늘 다시 장난감을 가지고 가, 갈, 갈 수 있어요?"

그가 완전히 분별없이 지금까지 한 번도 가지고 놀지도 않았던 장난감들을 집어 든다. 그리고 바로 그때 그가 상점(역주: 장난감) 앞에 서 있기 때문에 그는 작은 저울을 집어 든다.

"제가 이걸 가져갈 수 있나요? 제발. 아무것도 일어나지 않을 거예요…. 제가 이 모든 것을 다시 가져올게요. 아니면 이 항아리는…?"

그가 당구놀이를 집어 든다.

"아니면 이것. 제가 이걸 들고 갈 수 있을 거예요. 아니면 흔들 목마라도…. 아니면 인형극의 인형들?"

나의 수동적인 행동이 그가 그것들 중 그 어떤 것도 가져가서는 안 된다는 것을 느끼게 한다. 그의 절망이 마침내 깊은 체념으로 바뀐다.

나는 충족될 수 없는 허기를 가졌던 공룡을 그가 기억하게 한다.

"내가 너에게 지금 네가 갖고 싶은 이 모든 것들을 가져가게 한다고 해도 그건 너를 조금도 낫게 하지 않아."

이제 그가 한 조각의 분필을 쥐고서 자신 안에 깊이 잠겨 벤치 위에 앉는다. 와인병의 코르크 오프너처럼 그의 다리가 서로 꼬여 있다. 그의 외양이 그의 내적 상태를 반영하고 있다.

그다음 그가 보호벽처럼 자신의 머리를 감싼 팔을 내려놓는다. 그리고 몸을 탁자 위까지 완전히 구부린다. 그러나 잠시 후… 아주 잠시 잠깐 후…갑자기 주먹으로 탁자를 천둥 치듯 세게 때린다.

"난 하지 않을 거야! …나는 하지 않을 거야! …나는 하지 않을 거야!"

그가 첫 번째 회기에 그렸던 기관차처럼 폭발한다. 그때 그는 말했었다.

"이것은 멈춰 서 있어요…. 아마도 언젠가 폭발할 거예요."

한참 후 그가 지쳐서 행동을 중단한다.

"흔들면 안 되는 막대를 가지고 다시 한 번 놀고 싶어요."

내가 탁자 위에 막대들을 놓는 동안에 그는 당황해서 그의 손을 바라본다.

"아, 손이 아주 더러워요…. 먼저 씻어야만 하겠어요."

그가 손의 물기를 닦으려다가 수건을 사용하지 못한다.

"이것은 제게 너무 깨끗해요."

그는 그의 바탕 정서인 우울에 다시 떨어졌다. 우리는 함께 놀이 하나를 한다. …이제 그가 좀 편안해진 듯 보인다.

아메트의 치료가 진행되는 동안에 폭설이 내렸다. 집을 떠나기 전에 우리는 길을 쓸어야만 했다. 우리는 말없이 나란히 걷는다. 그러고 나서 전차역으로 가는 중간쯤에 아메트가 마침내 말한다.

"안됐어요. …눈이 좀 더 많이 내렸어야 했는데, 참 안됐어요."

"왜 그렇지?"

"그러면 집이 완전히 눈 속에 파묻힐 텐데. 문이랑 출입문이랑 창문, 지붕까지…. 그러면 우리가 나갈 필요가 없을 텐데… 우리가 눈에 폭 싸인

집안에 머물러야만 하겠죠."

"그건 거의 동화처럼 들리는구나, 아메트. 우리가 어떤 소원도 빌 수 있는 동화. 눈 속에 파묻힌 집안에서 너는 무엇을 가장 하고 싶니?"

생각하지도 않고 그가 대답한다.

"우리가 감자 팬케이크를 구울 수 있죠."

"네가 좋다면 다음번 시간에 우리가 그것을 할 수 있지, 아메트. 모레 감자 팬케이크를 구울 수 있어. 다음번에 하고 싶은 것이 또 있니?"

"네. 뮈케를 다시 한 번 보고 싶어요. 뮈케가 함께 있어야 돼요!"

"뮈케가 다음 시간에 우리와 함께 놀이실에 머물게 될거야. 우리는 함께 감자 팬케이크를 구울 수 있지. 그리고 세 번째 소원이 있다면 무엇이니? 알다시피 모든 좋은 일에는 숫자 3이 있잖아."

그가 곰곰이 생각한다. …그런 다음 고개를 흔든다.

그의 슬픔이 완전히 사라진 것은 아니다. 그러나 그가 전차로 뛰어오를 때는 작별인사로 손을 흔들기까지 한다.

이번 회기를 정리해 본다. 나는 지나간 시간은 매우 의미 있는 시간이었다고 생각한다. 아메트에게는 이번 회기가 특별히 힘들었다. 분별없이 모든 것을 집에 가져가고자 하는 행동으로 그는 그가 가진 것이라고는 공룡 책밖에 없는 그에게 사물로부터 분리되는 것에 대한 공포가 얼마나 극심히 엄습해 오는지 그리고 소유하는 것이 그에게 얼마나 필수적인 것인지 분명히 해 주었다. 심히 다양한 형태의 증상을 나타내며 두려움은 그를 항상 따라다닌다. 두려움은 그를 무력하게 만들고 그에게 고통스러운 공포를 주었다. 침대로 도망쳐야 했을 만큼… 그런데 그가 갑자기 간 소시지의 냄새를 맡았다. 환각인가? 누가 알까? 어쨌든 그는 그것과 연결된 긍정적인 체험을 기억함으로써 생기를 찾았고 공중전화로 달렸으며 그리고 내게 전화했다. 그래서 침대 속으로 파묻히는 것(모성적 평안)을 이겨 낼 수 있었다. 아메트의 정신적 장애의 뿌리는 어디에 놓여 있을까? 발달장애의 시작이 언제일까?

분명히 아주 초기 영아기일 것이다. 그런데 엄마는 2년이나 그에게 젖을 물렸다고 하지 않았던가. 그것은 어떤 정신적인 장애도 나타나지 않을 거라는 보장과도 같은 것은 아닐까? 아니다. 젖을 물리는 것만으로는 충분하지 않다. 결정적인 것은 '어떻게'다. 왜냐하면 영아에게 항상 어떤 상냥함의 정서도 전달하지 않는 슬프고 우울한 어머니의 정서 상태(곧, 적절할 때 애무하지 않고, 팔에 올려 흔들어 주지 않고, 미소 지어 주지 않고, 말하지 않고, 어떤 노래도 불러 주지 않는)는 아주 어린 꽃잎 위에 퍼지는 곰팡이처럼 내려앉는다. 아메트 또한 그렇게 우울한 어머니를 가졌다. 어머니 펨베가 첫 번째 부모 상담에서 그녀가 2년 동안 위안을 얻고자, 즉 자신의 우울함을 견디기 위해 젖을 물렸다고 말했었던 것을 기억한다.

내게는 그림형제의 동화가 생각난다. 두꺼비 이야기다. 동화는 아이에게 단지 음식을 먹이기만 할 뿐 절대로 아이와 대화하지 않는 한 어머니에 대한 이야기다. 대신 아주 착한 집두꺼비가 날마다 벽 틈에서 나와 아이와 함께 먹고 마시고 이야기한다. 그래서 아이는 잘 자란다. 그런데 어느 날 어머니가 아이가 누군가와 이야기하는 것을 듣고는 두꺼비를 발견한다. 그리고 두꺼비를 때려 죽인다. 동화는 다음과 같이 마무리된다.

*『아동과 가정을 위한 동화』(그림형제, 1966). 뮌헨. p. 513.

"그때부터 아이에게 변화가 일어난다. 그렇다. 두꺼비가 그와 함께 먹고 이야기했을 때 아이는 크고 강하게 자랐다. 그러나 이제 그의 아름답고 붉은 뺨은 사라지고 그는 완전히 말라버렸다. 그리고 오래가지 않는다. 밤에는 죽음의 새가 소리쳐 울고 작은 부리울새가 죽은 자의 면류관을 만들기 위해 잔가지들과 나뭇잎들을 모으기 시작한다. 그리고 얼마 지나지 않아서 아이가 들것 위에 실린다."*

동화는 지혜로 가득 차 있다. 사람들은 그 깊이를 이해해야 한다. 그것은 자유놀이나 꿈에서처럼 정확하게 해석해야 할 상징의 언어로만 표현된다. 동화에는 그렇게 무의식의 아주 깊숙한 층에서 나오는 상징이 풍부하다. 이 동화는 오직 다음과 같은 것 외에 다른 것은 진술하지 않는다. 영아와 유아는 사랑이 깃든 행위 없이는 잘 자랄 수 없다는 것을… 아메트의 어머니는 이러한 사랑을 어린 아메트에게 줄 수 없었다. 그녀는 어린 나이에 고아가 됐다. 그리고 항상 매우 큰 궁핍 속에 시달렸다. 그녀의 세 아이는 아주 어린 나이에 죽었다. 게다가 엄격한 시어머니와의 공동생활이 있었다. 이것이 그녀가 터키를 떠나야만 했던 이유가 된 것이다. 이 때문에 아메트는 사랑이 빈 영아기와 애정적 궁핍 외에도 종종 육체적이고 정신적인 벌을 받곤 했던 유아기에 5살의 나이로 오랫동안 어머니와의 단절을 받아들여야만 했다. 이 시기에 대해서 그는 기억하지 못한다. 기억상실이란 자연의 선한 오묘함이다. 영혼에 닥쳐 온 고통을 의식으로부터 억압하기 위한(지우기 위한), 그래서 표면적으로는 그에게 어떤 것도 작용하지 않게 하는 자연의 선한 오묘함이다. 어린 시절에 겪은 고통이 기억상실의 방식으로 무의식에 억압될 경우에 시간이 진행되는 동안 피할 수 없는 왜곡된 파생물들이 나타나게 된다. 예를 들어서 정신적인 고통과는 그 연관성을 전혀 알아낼 수 없는(아메트의 야뇨처럼) 질병의 증상들이나, 주변 사람들에 대한 이해할 수 없는 공포 등이 나타나게 된다.

억압된 고통이 치료자의 도움을 받아 의식 속에 단계적으로 끌어올려질 때, 경험했던 고통이 부활하고 다시 인식되면서 그리고 종국에는 대화를 통해서 고통을 완전히 처리할 수 있게 되면서 환자는 치유의 길로 인도된다.

아메트처럼 삶의 뿌리가 어디에도 없고, 외적 또는 내적 위기가 매우 압도적이고 강한 억압으로 일어났었을 경우에 우리는 덜 불안한 존재로 나아가기 위한 먼 여정을 아주 작고 조심스러운 발걸음으로 떠나야 한다는 것을 감안해야 한다. 그는 아직 그가 첫 번째 회기에 그렸던 상징적인 그림 속의 뿌리가 없는 나무와 같은 상태에 머물러 있다. 게다가 딱따구리가 항상 나무를 쪼아대는 상태에….

"…그들이 제 의자에 압정을 올려놓았어요."

아메트는 다음 수요일까지 기다릴 수 없었다. 그는 다음날 점심시간에 바로 출입문 앞에 서 있었다.

"무슨 일이야, 아메트?"

그가 오랫동안 매우 빨리 달린 것처럼 숨을 헐떡거린다.

"놀이실로 들어와, 아메트!"

그는 마치 꽁꽁 얼어붙은 것처럼 완전히 절망한 모습으로 그곳에 서 있는다.

그가 죄인처럼 줄곧 나의 시선을 피한다. 그의 재킷은 열려 있고 단추들이 하나도 없다. 그리고 위부터 아래까지 온통 얼룩으로 덧칠되어 있다. 그러나 그는 그 모든 것을 전혀 눈치채지 못하는 것 같다. 또 그에게 매우 심하게 마늘 냄새가 나는 것도 모르는 것 같다. 사실 그곳에 서 있는 것마저도 그에게는 큰 노력일 것이다. 내적인 고통 때문에 그의 귀가 멀어 버린 것 같다.

"네가 여기서는 정신을 똑바로 차리고 있을 필요가 없어, 아메트. 네가 느끼는 대로 행동하렴!"

그가 두 손으로 관자놀이를 누른다. 그러고 나서 말이 터진다. "저는 더 이상 견디지 못하겠어요…!"

그가 바닥에 몸을 던진다. 그리고 다리를 끌어올리고 이쪽저쪽으로 구른다. 멈추지 않고 신음을 낸다.

"저는 더 이상 견디지 못하겠어요! …저는 더 이상 견딜 수 없어요…!"

좀 조용해졌을 때 내가 묻는다.

"네가 무엇을 더 이상 견디지 못하겠다는 거니?"

"우리 반의 남자 놈들을 더 이상 견디지 못하겠어요. 그들이 말했어요. '너는 우리와 어울리지 않아.' …그들이 계속해서 소리를 질렀어요. '아메트, 아메트, 아메트, 메트, 메트, 너는 모하메트의 아들이구나.' '…겁쟁이토끼, 겁쟁이토끼' 라고 내게 욕한 다음 그들이 내 의자에 압정을 올려 놓았어요…. 그것도 모르고 저는 그 의자에 앉았죠. 그들 모두가 웃어댔어요. 그래서 저는 도망쳐 나왔어요."

그가 그의 얼굴을 두 손으로 감싼다. 마치 내 앞에서 그의 위기를 감추기라도 하려는 것처럼.

그의 손이 떨어졌을 때 나는 완전히 위안을 잃은 체념의 얼굴을 본다.

내가 그에게 조심스럽게 권투 글러브를 밀어 준다. 그리고 샌드백을 가리킨다.

"그들에게 네가 무엇을 생각하고 무엇을 느끼는지 말할 수 있을 거야."

주저하면서 그가 권투 글러브 안에 손을 끼운다. 불안하고 힘없는 그의 첫 번째 펀치가 샌드백을 향해 날아간다. 샌드백이 점점 더 강하게, 점점 더 빨리 그에게 되돌아온다. 그는 강하고 점점 더 날카롭게 샌드백을 내리친다. …그것은 이미 더 이상 샌드백이 아니다. 그의 감정이 분출한다. 아마 그에게는 그가 항상 사람들에게서 무력하게 받아들여야 했던 것을 되돌려 주는 시간일 것이다.

지금까지 억눌러야 했던 공격성을 표출하지 않으면 치료가 진행될 수 없다. 우리는 아이에게 수용될 수 있는 모든 파괴의 가능성을 열어 주어야만 한다. 분명히 이것은 치료과정 중에 가장 어려운 단계일 것이다. 그리고 그 단계를 아메트가 시작한 것처럼 보인다.

점차 그의 펀치에 힘이 빠진다. …그는 권투 글러브를 벗는다. 몸을 벽에 기대고 팔로 땀을 닦는다. 그런 다음 나의 눈을 똑바로 바라본다.

"그래 아메트…. 내게는 네가 몇몇 아이들을 상대로 권투를 한 것으로 보이는구나. …마치 한 명의 완벽한 전사 같았다."

그가 약간 웃는다.

"오늘 아침에 너의 반에서 일어났던 것은 물통 위로 물이 넘친 유명한 이야기와 같은 것일 거야."

그가 궁금한 표정으로 바라본다.

"상상을 해 봐…. 끝까지 채워진 물통이 있어. 이 경우에 물통 밖으로 물이 넘치기 위해서는 단 한 개의 물방울이면 충분해. 이 한 개의 물방울이 바로 너희 학급아이들의 행동이야. 너의 물통에는 아주 많은 물방울들이 있지. 내 말은 너는 이제 좀 더 자주 샌드백이 필요할 거야. …아니면 무언가 네가 분노에 사로잡힐 때 후려칠 수 있는 어떤 대상이 필요하지."

그가 이해를 한 듯이 보인다. …알아들었다는 듯이 고개를 끄덕인다.

유감스럽게도 오늘은 내가 아메트를 위해 시간을 많이 내지 못한다. 그래도 10분 정도는 뮈케를 산보시켜야 해서 내가 그에게 우리와 함께 갈 것을 제안한다.

한 마리의 개는 치료시간에 아이들에게는 때때로 좋은 치료자다. 오늘이 바로 그렇다. 나는 뮈케를 줄에 묶지 않고 자유롭게 놔두었다. 뮈케가 기다란 막대를 물었다. 오래 지나지 않아서 매우 커다란 공격적인 셰퍼드가 다가왔다. 뮈케는 화가 나서 그의 목에 달려들기 위해 막대를 떨어뜨렸다. 셰퍼드가 뒤로 물러섰다. 그리고 뮈케가 승리감으로 다시 기다란 막대를 물고는 빨리 달렸다.

아메트는 이 공연을 흥분해서 지켜보았다.

"뮈케가 용기가 있구나."

"그래, 아메트. 뮈케는 용기가 있기 때문에 다른 개들로부터 쉽게 공격당하지 않아. …이게 바로 동물들의 세계야. 이곳에서는 항상 겁이 많은 동물들이 공격을 받는단다." 아메트는 생각에 잠겼다. 한참 후에 짧게 그리고 생각해서 말한다.

"기억하겠어요."

그 사이 우리는 전차 역에 도달했다. 아메트는 말이 없어졌다. 분명히 그에게 다시 용기가 사라졌다.

"제가 피크만 선생님께 뭐라고 말할까요? …제가 내기하건대 그는 저를 믿지 않을 거예요. 그는 항상 다른 아이들만 믿죠. 그리고 아주 안 좋을 일은… 제가 무작정 도망쳐 나왔다는 거예요!"

그가 두려워하며 전차가 오는 방향을 계속 바라본다. "내일은 어떻게 되죠?"라고 그가 질문했던 답을 듣기 이전에 전차가 너무 빨리 올 것을 두려워하기 때문이다.

"아메트, 너는 학교에 믿을 수 있는 누군가를 알고 있니?"

그가 곰곰이 생각한다.

"아마 코이네 선생님일 거예요. 우리 교장 선생님 말이지요. 그가 아마도 나를 이해할 수 있을 거예요. 그가 제게 이미 무엇을 말했는지 아세요?"

"글쎄?"

"내 친구 아메트라고 말했어요. …그리고 그가 나의 어깨 위에 손을 올렸죠. …그리고 …그것을 다른 애들이 다 보았어요. …그게 바로 선생님이 저희 학급에 왔었던 날이에요."

"알겠니, 아메트. 이제 네가 한 가지 방법을 아는구나. 너의 교장 선생님

코이네 씨를 믿어 보렴."

이제 그는 코이네 교장 선생님을 피크맨 선생님 시간이 시작되기 전에 먼저 찾는 것이 가장 안전할 것이라는 생각을 한다. 나는 그럴 것이라고 공감해 준다. 그의 시선에 다시 자신감이 찬다. 이제 내 눈에는 그의 더러워진 교복이 보다 분명하게 눈에 띈다. 그래서 그의 집 세탁기에 대해서 묻는다.

"그 세탁기 잘 쓰고 있니?"

"매우 좋아요." 그가 주저 없이 대답한다.

"매일 아침 제가 직접 빨래를 하죠."

그러고 나서 매우 작은 목소리로 말한다.

"그런데 엄마가 가루비누는 너무 비싸다고 말했어요. 그래서 지금은 제가 가루비누를 사용하지 않고 빨아요." "가루비누가 너무 비싸다고?"

"부모님은 터키에 집을 한 채 사기 위해서 저축을 해야 한다고 말해요."

그가 어깨를 약간 들어 올린다.

"누가 알겠어요? 아마 우리가 다시 독일을 떠나야만 할지도 몰라요. 그리고 비레칙(터키의 한 지역명)에 집을 한 채 갖는 것도 좋은 일일 거예요."

"그래, 미리 저축하는 것은 항상 좋은 일이지. 그러나 네가 가루비누로 세탁을 하고 싶을 경우에는… 내 말은 매일 아침 침대보는 지금처럼 그렇게 세탁을 하고…. 그러나 네가 입고 있는 것을 빨고 싶다면 치료시간에 내 세탁기에 빨 수 있을 거야. 다만, 그동안 네가 입고 있을 다른 옷을 가져

오면 되지.”

그는 오히려 그것에 대해 거부적이다. 나의 제안이 그의 고통을 터치했다는 듯이. 그가 재빨리 자기 몸을 바라본다. 그리고 내게서 몇 걸음 떨어진다. 명백히 그는 전차가 빨리 오기를 바란다. 그리고 전차가 왔을 때 아주 짧게 뮈케의 머리를 쓰다듬고는 그곳에서 사라진다.

그날 오후에 나는 코이네 교장 선생님과 오랫동안 전화통화를 했다. 무슨 일이 있어났는지, 아메트가 어떻게 견뎌냈는지 설명하고 그에게 개인적으로 피크맨 선생님과 수업 전에 한 번 이야기하시도록 했다.

코이네 교장 선생님이 아메트의 담임선생님과 이 사건에 대해서 말하기로 약속했다. 그러나 아메트가 스스로 자기 문제의 해결책을 찾는 것을 배워야 하기 때문에, 아메트가 그에게 직접 이야기하러 올 때까지 기다리시기로 했다. 그런데 나는 피크맨 선생님이 당뇨병이 있으시고, 그 때문에 무슨 일이든 어려운 상황들을 견뎌 내지 못한다는 것을 알게 되었다.

다음날 코이네 교장 선생님이 전화를 걸어 오셨다.

아메트는 학교에 다시 오지 않았단다.

"진짜 나쁜 것은 구타당하는 것이 가장 나쁜 게 아니라는 거예요."

아메트는 거의 정확하게 치료시간에 왔다. 오늘은 그가 지금까지의 방식과는 다른 방식으로 초인종을 누른 것이 눈에 띈다. 지금까지는 한 번만 아주 짧게 눌렀었는데, 오늘은 상당히 세게, 길게, 짧게, 다시 한 번 길게 눌렀다.

내가 문을 열자, 그가 바로 말한다.

"선생님이 없을까 봐 벌써 겁이 났어요."

"너의 치료시간에는 나는 항상 여기 있는 거야. 들어오렴…. 들어가는 길은 네가 아니까."

그가 재킷을 벗기도 전에 벌써 말하기 시작한다.

"제가 한 번은 거의 전차에 깔릴 뻔했어요! 벌써 시간이 좀 지난 일이에요. 그러나 그때 아무 일도 일어나지 않았죠. 다만 머리카락 한 개 정도 외에는!"

"네가 어떻게 그 일에 대해서 기억하게 되었니?"

그가 어깨를 들어 올린다.

"모르겠어요."

그의 손에는 작은 상자가 들려 있다.

"제가 선생님에게 선물하려고요."

그것은 포장하지 않은 한 개의 작은 상자다. 2마르크 20이라는 가격이 그 위에 붙어 있다.

"네가 그 2마르크 20을 나를 위해 지출했구나? 이건 아마도 너에게는 큰 돈일 텐데."

그의 표정이 방어적이다.

"글쎄 네가 용돈을 얼마나 받지?"

"저는 용돈을 받지 않아요. 정해진 게 없어요. …어떤 때는 일주일에 한 번 제가 묻죠. 그럴 때는 20페니히를 받기도 하고, 어쩔 때는 50페니히를 받기도, 어떤 때는 거기에 더해서 1마르크를 받기도 해요."

"그러면 여기 이 비스킷처럼 누군가에게 선물을 하기 위해서는 한참을 저축해야 되는구나."

그의 얼굴이 어두워진다.

"아~! 저축할 수 있는 것은 아니죠. …저는 그것으로 항상 공책 같은 걸 사야만 해요."

"아, 그래? 내 말은 네 또래의 소년들은 어느 정도 정해진 용돈을 받는다는 이야기란다. 어때, 우리가 한 번 너의 아빠나 엄마하고 거기에 대해서 이야기해볼까?"

갑자기 그의 눈이 두려움에 가득 찬다. 그리고 소리가 터져 나온다.

"절대로, 절대로, 부모님이 알아서는 안 돼요. 제가 비스킷을 샀다는 것을 절대로 그 누구에게도 말하지 마세요…. 제게 약속해 주세요."

"너에게 그게 그렇게 중요하다면 내가 약속할게, 아메트. 그런데 너는 왜 그렇게 두려워하지?"

그가 백묵처럼 창백하다. 머뭇거리며 보고를 한다. 오늘 아침에 그의 저금통을 가지고 은행에 갔었다고, 거기서 사람들이 저금통을 열어 주었고. 쏟아져 나온 돈에서 2마르크 50을 덜어 냈고 다음 남은 것은 그 안에 다시 집어넣었단다. 그리고 저금통을 원래 있었던 자리에 다시 놓았다고 한다.

그런 다음 그가 침묵한다. 나는 그가 계속해서 말할 수 있도록 한참을 기다린다. 그렇지만 그는 아마 더 이상은 말할 용기가 없는 것 같다.

"아메트, 아메트, 네가 무엇 때문에 스스로를 어렵게 만들었니? 왜 너는 그렇게 번거롭게 나를 위해 선물을 샀었지? …네가 선물을 가지고 내게 원래 말하려고 했었던 것이 무엇일까?"

그의 꽉 물린 입술에서는 아무 소리도 나오지 않는다.

"자~, 아메트?"

그가 머리를 흔든다. "오늘 아침에 무슨 일이 일어난 것인지…."

"아메트. 사람은 무슨 일이 일어났는지 그냥 알지 못할 때가 있을 수 있어."

"아, 그것을 선생님이 아세요? …네?…"

이제 뭔가 넘쳐 나오듯 재빨리 말한다.

"오늘 아침에 저는 학교에 갈 수 없었어요. 저는 그저 학교에 갈 수 없었어요! …아세요? …저는 두려웠었죠. …저는 할 수 없었어요. …그때 어떻게 그런 일이 일어났는지 모르겠어요. 저는 저금통을 집었고 그리고 시내로 걸어갔어요…."

그가 중단한다.

"계속 말해 봐, 아메트."

"그리고 나에게 돈이 생기자 저는 무작정 비스킷을 샀죠. 그리고 그때 생각했어요. 이것은 선생님이 가져야 할 것이라고."

"왜 나지, 아메트? 왜 네가 이것을 내가 가져야 한다고 생각했니?"

그는 그 사이 벤치 위에 주저앉았다. 그리고 앞으로 몸을 굽히고 빈 탁자 위를 응시한다.

"선물을 가지고 사람들은 무언가를 말하려고 하지, 아메트. 네가 여기 처음 왔을 때 너는 나에게 터키의 우표를 선물했었지. 그리고 너는 뭔가를 말하려고 했었어. 그러나 아마 그것을 할 수 없었을 거

야. 그리고 지지난 주에도 너는 내게 달력을 선물했었지. 그리고 오늘은 비스킷 상자를 선물했구나. 네가 내게 선물로 말하고자 했던 게 무엇일까?"

"저는 제가 선생님께 더 이상 오지 못하게 될까 봐 두려워요. 제 아빠가 어제 말했거든요. '우데 씨하고 놀이하는 것이 어차피 너에게 도움이 되지 않는구나.' 라고."

"아, 그래! 네가 바로 전화했었더라면, 그리고 내게 물어보았다면 내가 말했을 텐데. 너는 네가 원하는 만큼 오랫동안 내게 올 수 있다고 말이지. 나중을 위해서 이제 네가 그것을 알게 됐구나. 이 선물은 네게 돌려줄게. 아마도 선물을 보면 네가 다음번에 더 잘 기억할 수 있을 테니까. 항상 곧장 가는 길이 가장 좋은 길이야, 아메트. 돌아가는 길은 언제나 더 어렵단다. 그러나 오늘 아침, 그다음은 어떤 일이 있었는지 내게 말해 봐. 네가 시내에 있었을 때 그 뒤로 계속해서 일어난 일에 대해서 이야기해 봐. 넌 거기서 무엇을 했니?"

"저는 상점들을 따라 걸었어요."

"상점들을 따라서?"

"네. 저는 거기에 있던 모든 것들을 살펴보았어요."

"예를 들어서 무엇을?"

그가 머리를 흔든다.

"모르겠어요."

"네가 기억할 수 없구나. 네가 갖고 싶었던 것을 그리고 네가 돈이 충분했다면 살 수도 있었던 것을 기억할 수 없구나?"

"아니에요. …그게 너무 많았어요. …너, 너, 너, 너무 많았어요!"

"그런데 그 많은 것들 중에서 갖고 싶었던 것 한 가지라도 알고 있니?"

"아니요!"

"지난번 회기 때도 그런 일이 있었지. 너는 어디에 쓸 것인지 전혀 생각도 없이 모든 것을 가지고 가려고 했었어. 아직 기억하고 있니? …너는 모든 것을 먹어 치운 허기진 공룡 같았었지. 그런데 그게 너에게 전혀 도움이 되지 못했어."

잠시 침묵이 흘렀다.

나는 이제 그가 더 이상 산만하다고 느끼지 않는다. 그렇다. 그는 점점 더 심사숙고하고 있는 것 같다.

"자, 좀 더 자세하게 들어 봐. 나는 네가 진정 실제로 갖고 싶은 것이 무엇인지. 다음 시간에 잘 생각해 보았으면 좋겠어. 철저하게 잘 생각해야 되고 왜 그것이 갖고 싶은지 거기에 대해서 생각해야 돼. 그리고 네가 갖고 싶은 것을 아주 정확하게 말할 수 있다면 그것을 너에게 선물하는 게 내게는 아주 큰 기쁨일 거야."

"선생님이 제게 뭔가를 선물하겠다고요?"

"그래, 그러나 네가 곰곰이 생각해 낸 경우에. 무엇을 갖고 싶은지 그리고 왜 그것이 너에게 정말로 즐거움을 줄 것인지 생각했을 경우에만."

"그게 얼마짜리여야 하는 거죠?"

“그걸 아직 너에게 말할 수는 없구나. 먼저 네가 뭘 가지고 싶은지 생각해 봐. 그러면 아마 알 수 있을 거야.”

그러자 그가 아주 좋은 제안을 하나 한다.

“그러면 제가 선생님에게 서로 다른 가격대의 선물 세 가지를 생각해서 말할게요. 그러면 선생님이 얼마만큼의 돈을 지불할 수 있을지 생각해서 선물을 고를 수 있을 거예요.”

“그건 매우 좋은 제안이구나, 아메트.”

천천히 그가 일어난다. 몸을 약간 펴고 그리고 말한다. “그럼 제가 이제 아주 곰곰이 생각해 봐야 하는 군요….”

그가 공간을 어슬렁거리다가 내가 준비해 둔 감자를 발견한다.

“아, 그렇죠. 오늘 감자 팬케이크를 구우려고 했죠. 우리 아직 시간이 있나요?”

“우리에게는 아직 거의 30분이 남아 있어, 아메트. 그거면 충분하지.”

“그런데 뮈케는요?”

그가 기억해 낸다.

“뮈케도 역시 함께 있어야 되죠.”

“네가 원한다면 그를 데려올 수 있지.”

이제 우리는 셋이다. 아메트가 요리 코너에 있는 등받이 없는 간이 의자에 앉아 있는 동안 뮈케는 큰 간격을 두고 떨어져서 부드러운 양탄자에 자리를 잡았다.

"어떻게 감자 팬케이크를 만들까? 네가 감자 껍질을 벗기고 모든 걸 직접 만들겠니? 아니면 어떤 방법이 가장 좋을까?"

"아, 그가 약간 미소 지으며 말한다. 저는 뮈케를 제 무릎 위에 앉히고 선생님이 케이크를 굽는 걸 보는 것이 가장 좋겠어요."

"그래 좋아, 아메트."

아메트와 뮈케가 한 발자국씩 서로에게 다가가기도 전에 감자 팬케이크는 프라이팬에서 이미 지글지글 끓는다. 그런데 그가 그의 스웨터의 소매를 점점 더 잡아당기는 것이 눈에 띈다. 그의 손이 그 안으로 사라질 때까지….

그는 침묵한다.

"아메트, 네가 떨고 있구나. 무슨 일이야?" 그가 말이 없다.

"넌 여기서는 모든 것을 다 말할 수 있다는 것을 알고 있지. 모든 것을 말이야."

그는 시간이 필요하다. 아무런 움직임도 없이 등받이 없는 높은 의자에 앉아 있다.

"두려워요…. 다시 이렇게 무시무시한 공포가 느껴져요. 우데 선생님!"

"아메트, 무엇에 대한 공포지?"

"뮈케 앞에서 공포를 느껴요. 뮈케가 제게 달려들어서 저를 물어 버릴까 봐요!"

그는 큰 덩어리 불행처럼 보인다. 그리고 훌쩍거린다.

"제발, 제발 뮈케를 밖으로 쫓아내세요!"

내가 뮈케에게 다가간다. 이 졸음에 찬 작은 강아지를 내 팔 위에 얹는다.

"내가 이제 뮈케를 단단히 잡고 있을게…. 그래도 내가 뮈케를 밖으로 내보내야 할까? 아니면 이제 좀 진정이 되고 있니?"

"예. 조금 나아졌어요…."

그러고 나서 그가 말하기 시작한다.

"항상… 아주 갑자기… 저는 이런 공포를 느껴요… 길거리에서도… 개 한 마리가 다가올 때면 저는 그 개가 제 위로 덮쳐 버릴까 봐 갑작스러운 공포를 느껴요."

"그래, 방금 뮈케에게서는 어땠니? 우리가 뮈케를 데려왔을 때도 공포를 느꼈었니?"

"아니에요!"

그가 머리를 흔든다.

"아니에요. 처음에는 전혀 두려움을 느끼지 않았어요. 그러나 아주 천천히 공포가 일어나고 점점 더 나빠졌어요. 그리고 제가 어떤 것도 할 수 없게 됐죠. 한마디로 저는 무엇을 해야 할지 알지 못해요. 저는 두려워요. 뮈케가 달려들어서 제 손을 물어뜯지 않을까 해서요."

"그래서 소매 안으로 손을 당겼구나."

거기에 대해서 그가 아무것도 말하지 않는다. 아마도 그 행동에 대해서

의식이 전혀 없었던 것 같다.

"지금까지 개가 너의 손을 물은 적이 있었니?"

그가 다시 머리를 흔들 뿐이다.

"네가 아주 어렸을 때 터키에서 말이야."

"모르겠어요…. 터키에서 있었던 일은 저는 전혀 알지 못해요."

"아, 그렇지. 네가 터키 시절에 대해서는 전혀 아는 것이 없다고 벌써 말했었지." 내가 나의 손을 개의 머리 위에 올리자 바로 그때 그가 즉각적으로 말한다.

"여기서는 동물을 때리지 않는 것이 참 마음에 들어요…. 그런데 터키에서는 동물들을 때려요…!"

한참 후에 그가 계속한다.

"저는 터키 사람들을 견딜 수 없어요."

이제 억눌렀던 분노가 그의 얼굴에 나타난다.

한참 대화가 중단된 후에 나는 내 스스로에게 말하듯이 말한다.

"그렇게 자주 구타를 당하면 그 불쌍한 동물들은 어떤 생각을 할까?"

그가 어깨를 들어 올린다.

"그들이 무엇을 할 수 있겠어요?"

"그래. 그것들이 무엇을 할 수 있겠니, 아메트."

좀 더 길게 침묵으로 중단된 뒤 그가 계속한다.

"아세요? 진짜 나쁜 것은 구타당하는 것이 가장 나쁜 게 아니라는 거예요."

"무엇을 말하는 거니?"

"가장 나쁜 것은 구타를 당했던 동물들이 항상 공포를 느낀다는 거예요…. 구타를 당하지 않을 때라도 말이죠!"

"네 말은, 아메트. 그러면 동물들이 항상 나쁜 것을 예견한다는 말이니?"

그가 고통스러워 보인다. 그리고 당황한 생각들을 정리라도 하듯이 이마를 문지른다.

"그것은 매우 분명한 일이에요."

그가 이제 놀랄 만한 통찰력을 가지고 대답한다.

"동물이 아주 많은 구타를 당했을 때는… 그렇죠… 그렇게 되면 그 동물은 항상 공포를 느끼게 될 거예요…. 아세요? 그러면 항상 거기에 대해서 예견하게 되죠."

이제 내가 그에게 직접 말한다. "동물처럼 너도 비슷하구나. …너는 마음 깊숙한 곳에서부터 뭔가 일어날 일을 두려워하고 있어…. 예를 들어서 이렇게 작은 강아지가 너에게 달려들어 너를 물어 버릴까 봐."

지금 그에게 일어나는 생각들은 비약적이다. 그것은 그러나 그가 구타 전의 공포(이유)와 파국 전의 공포 또는 물어뜯는 개 앞에서의 공포들 사이의 연관을 알아차렸음을 나타낸다. 물론 분명히 아직은 이것들이 매우 막연하기는 하지만… "제 부모님은 이제 저를 더 이상 많이 때리지 않아요. 아빠가 선생님의 편지를 보고 매우 기뻐했어요. 선생님이 우리가 우리 집에서 얼마나 살 수 있는지 문의를 했고… 그리고… 선생님이 부모님께 때리는 것은 별로 도움이 되지 않는다고 말했잖아요….”

“그래, 아메트. 그렇단다. 네 스스로도 직접 말했지. 구타를 많이 당했던 동물은 항상 구타당할 것 같은 공포 속에 살게 된다고… 또 네게 뭔가 일어날 것만 같은 공포 속에 네가 살고 있다는 것을…. 예를 들어, 개가 너를 물어뜯을 수 있는 것과 같은 공포말이야….”

내가 그로부터 약간 떨어져 서 있다. 그리고 아직 뮈케를 팔 안에 안고 있다. 한참 후에 그가 뮈케를 자신의 무릎 위에 올려놓아 달라고 간청한다. 내가 그렇게 한다.

이제 그의 시선이 프라이팬으로 돌아간다.

“아이~, 지금은 감자 팬케이크가 아주 차가워졌겠죠?”

내가 다시 가스레인지에 불을 붙인다. 그러면서 아메트에게 차가운 한 조각 감자 팬케이크를 건넨다.

“뮈케에게 이것을 줘 보고 싶니? …하지만 네가 그것을 손바닥 위에 놓아서 주어야만 해.”

그가 그렇게 한다. 뮈케가 손바닥 위의 감자 팬케이크뿐만이 아니라 아주 강렬하게 손바닥을 핥아먹는 것에 대해서 그는 아주 행복해 한다.

“얘가 내 손까지 핥아먹었어요. 이제 전 뮈케 앞에서 전혀 두려움을 느끼지 않아요…. 차라리 제가 개를 한 마리 가졌으면 좋겠어요. 그러면 전 그 개와 어딘가로 숨을 거예요.”

그는 확실히 즐거움을 느끼면서 뜨거운 감자 팬케이크를 말없이 먹는다. 마지막 한 조각을 남겨 놓고 그가 말한다.

"아세요? 감자 팬케이크가 제가 가장 좋아하는 음식이에요… 전 그냥 언제나 감자 팬케이크만 먹는다면 최고로 좋겠어요. 그의 시간이 다 되었다. 그가 다시 한 번 놀이 공간을 둘러보면서 강아지와 비슷한 헝겊 동물을 발견한다. 손으로 그것을 집는다.

"이제 제가 원하는 것이 무엇인지 알아요."

"그래, 아메트?"

"이렇게 작은 개를 원해요. 그리고 제가 잠자러 갈 때 얘를 침대에 데려가면 아마 잠이 좀 더 잘 들 수 있을 거예요."

"네가 그것을 가져도 좋아, 아메트! 그것은 너의 개야."

내가 그를 문까지 배웅할 때 그가 세 마리의 강아지 인형을 더 끌어당긴다.

"내일 제가 교장 선생님과 얘기하러 갈 때도 얘를 데려가겠어요."

"좋아, 아메트… 친구와 함께 있다면 모든 것이 쉬워질 거야."

그가 떠나간다.

사바스 가족을 두 번째 방문한 뒤의 요약 기록

아버지 무스타파, 어머니 펨베 그리고 누나 에미네가 기다리고 있었다. 특별히 친절한 환영을 받았다.

어머니는 심한 두통 때문에 매우 조심스러워 했다. 아버지가 아파트 사정을 도와준 것에 대해서 감사해 한다. 아직도 2년을 더 살 수 있는 아파트의 기한 덕분에 전반적으로 안심을 하고 있다.

아버지와 형 오스만은 종전처럼 원래의 직장에서 일을 하고 있고 어머니도 마찬가지다.

이들은 고향에서 집을 건축하는 준비를 하기 위해 터키를 여행할 계획이다.

그러나 전체적인 정서는 매우 우울하다. 모두들 여기서 매우 고립되었다고 느낀다. 독일 사람과는 아무런 접촉이 없다. 미래에 대한 불확실성이 그들을 지배하고 있다. 얼마나 오랫동안 여기 있을 수 있는지…. 독일 사람들이 그들의 일자리를 빼앗아 갈까 봐 두려워한다. 그러면 돈을 벌 수 있는 가능성이 거의 없다.

그렇기 때문에 극도로 심하게 저축을 한다. 세탁기에 쓰는 가루비누는 너무 비싸다. 아이들은 항상 자신을 독일 아이들과 비교하며 너무 많은 것을 가지려 한다.

가족은 이미 분열을 체험했다. 부모는 터키에 돌아가려 하고 아이들은 이곳에 남고자 한다. 그러면 부모는 노후를 터키에 남아 보내게 될 것이다. 계획된 터키에서의 주택 건축은 안전 이상의 많은 것을 기대하게 한다. 부모와의 의사소통은 모두 에미네를 통해서 이루어졌다.

나는 아버지에게 치료에 대한 관점을 설명한다. 그리고 아마도 아메트가 놀이를 통해서 회복된다는 것을 상상하기 힘들 거라는 점을 시인한다. 그런데 아메트는 계속해서 내게 보내겠다고 한다. 독일 사람과의 접촉 때문일까?

아메트의 희망사항인 용돈과 보살핌 그리고 그밖의 것에 대해서는 접근하기가 어렵다. 무엇보다 아메트에 대한 그들의 불평은 아메트가 너무 게으르다는 것이다. 매우 근원적인 원인에 대한 설명은 실질적으로 불가능하다. 하지만 나는 곧 아메트의 집을 다시 방문하려 한다. 온 가족이 즐거워하기 때문이다. 이 사람들은 아무런 비판 없이 나를 받아들인다. 그래서 바라건대, 특별한 나(존중되는 인물?)이기 때문에 받아들여 질 수 있을 것이다.

예를 들면, 주당 2마르크라는 고정 용돈을 아메트에게 주라는 요구도.

아이들을 때리는 문제에 대해서는 상세하게 이야기하면서. 구타의 무의미성을 증명하기 위해서 노력했다.

또한 마늘 섭취는 아메트에게 학교에서 큰 부담이 된다는 것을 분명히 하려고 시도한다. 아메트가 겨울에는 좀 더 따뜻하게 입어야 한다는 것을 이해시키고자 노력한다. 또 깨끗한 옷을 입어야 하는 필요성을 지적한다. 나는 오랫동안 부모의 말을 들었고, 내게 모든 걱정거리를 이야기하게 했다. 그리고 내가 할 수 있는 방법으로 도움을 주겠다는 말을 건넸다.

이 긴 대화의 마지막에 아메트가 아직도 밤에 침대를 적신다는 불평이 일어났다. 그리고 결국은 내가 놀이를 통해서 도대체 아메트를 도울 수 있는 것인지의 질문을 받았다.

"…사람들이 오리에게 돌을 던져요!"

아메트가 오늘 놀이실로 들어왔을 때 그는 매우 말이 없고 기분이 아주 언짢아 보인다. 그의 표정은 멍하며, 거의 화가 나 있는 것 같다. 그러면서 목적 없이 방안을 돌아다닌다.

이제 갑자기 결심이 선 듯 칠판으로 다가간다. 매우 거대한 황소를 그린다. 코에서 진한 구름이 나오는 황소. 이 황소는 포효하는 군중들로 에워싸여 있다. 특히 황소가 틀림없이 머리로 공격하기 위해서 머리를 기울이고 있는 것을 그는 표현하고자 한다. 황소는 매우 크게 눈을 뜨고 있다. 아메트가 말하기를 황소는 무엇을 공격해야 하는지 전혀 모른다. 아직 투우사가 오지 않았기 때문에. 아메트의 그림에서 군중들은 완전히 둥그런 머리들로 표현돼 있다. 그리고 그들의 열린 입에서 화살 모양의 표시들이 나오고 있다. 아마도 동물에게 공포를 만들고 분노를 자극하려는 외침인 것 같다.

그림 그리기를 끝냈을 때 그는 단호하고 짧은 몸짓으로 분필을 상자 속에 넣는다. 이제 더 이상 추가할 것이 없다는 듯이. 그림에 대해 말하려는 나의 조심스러운 시도에 대해서 그는 관여하지 않는다. 바로 칠판을 떠나서 유령처럼 방을 돌아다닌다. 간간히 어린이 권총을 손에 집어 든다.

"탄약이 어디 있죠?"

그가 어린이 권총을 장전한다. 그리고 남은 탄약을 그의 호주머니에 넣는다. 미안하다는 듯 그가 말한다.

"분명히 이것은 매우 비쌀 거예요. 제가 이것을 아껴서 사용해야겠어요."

그가 허리에 인디언 허리띠를 맨다. 마지막으로 어린이 총대 멜빵을 어깨에 멘다. 그리고 한동안 결정을 못하고 서 있다. 그러더니 이제 그는 확실히 자신이 무엇을 해야 할지 안다.

"따라오세요. 우리가 안에 있을 필요가 없어요. 밖으로 나가요."

그가 앞서서 우리 집에서 곧바로 나 있는 좁고 울퉁불퉁한 오솔길로 달려 나간다. 입구에 아메트 나이 또래의 한 무리의 아이들이 서 있다. 그들은 모두 자전거를 가지고 있다.

"나도 자전거를 아주 잘 탈 수 있어요. 그런데 아버지가 사 주지 않아요."

우리가 공원에 다다르자, 그가 주머니에서 고무줄 총을 꺼낸다.

"이것을 보세요. 나의 무기예요… 남자 애들이 나를 때리려고 하면 저는 초콜릿 종이로 아주 작은 구슬들을 만들어요."

그리고 그가 멈춰 선다. 다음 내 앞에서 구슬들을 어떻게 쏘는지 보여준다.

"그러면 애들은 이것이 살에서 떨어질 때까지 오랫동안 살을 긁어내야 해요."

그가 고무줄 총을 다시 집어넣는다. 그리고 어린이 권총으로 다시 사격을 시작한다. …처음에는 절약해서 …그의 탄약을 아낀다. 그런데 결국 곧바로 광란에 휩싸인다.

"팽, 팽, 팽팽, 팽팽, 팽…!"

어린이 권총은 그의 상상 속에서 이제 기관총이 된다. 이제 그는 모든 것을 타불라라사(백지화, 무의 상태)로 만든다.

"여기 한 여자가 있군!… 나한테는 너무 뚱뚱해… 팽, 팽, 팽팽팽!… 그녀는 사라졌다… 여기 할머니가 한 사람 지나갔었군. 이게 그녀의 발이야. 여기 구두자국이 있어! …팽, 팽, 팽팽!"

그가 발자국 위에 사격을 가한다.

"그녀는 죽었어!… 할머니는 견딜 수가 없어… 팽, 팽, 팽!… 나는 할머니라는 소리만 들어도 벌써 질려!… 팽, 팽, 팽…!"

공원을 둘러싼 도랑의 꽁꽁 언 얼음판 위에서 활발하게 스케이트를 타는 사람들이 넘친다. 무릎으로 걸으면서 아메트는 팔을 뻗어 '매애'(염소, 양의 울음소리) 소리를 낸다.

"여기저기 또 여기저기…."

그의 앞에 나타나는 모든 것에 총을 쏴 댄다.

"자, 이들은 모두 죽었어. 팽, 팽, 팽, 팽!"

한 산보하는 사람이 화가 나 외치는 소리가 들린다. "여기까지는 총질이 오지 않는군…! 그리고 당신은 말이죠, (내게 독기 어린 시선을 하고선) 그 사내놈의 엉덩이를 좀 때려 줘야 하겠어요! 망할 놈의 총질!"

아메트는 넘어진다. 그는 나를 바라본다. …나는 완전히 상관없다는 듯서 있다. 아무 것에도 반응하지 않는다. 그 외치는 소리에도, 아메트의 시도에도, 그 어떤 것에도 반응하지 않는다. 나는 그저 아메트의 옆에 머문다. 그가 무의식적으로 느껴야만 한다.

"그녀는 완전히 내 편이구나."

침묵은 그렇게 오래가지 않는다. 그의 증오에 찬 광란은 계속된다. 벌써 아주 거친 표현들을 쏟아 낸다.

"멍청한 돼지 같으니라고…. 그 남자가 잠복한 곳을 찾아서 총으로 쏘아야 해! …자, 이제 그가 죽었어…!"

내게 몸을 돌리고서는 "오세요. 날 따라오세요!" 그가 공원을 가로질러 계속 구보를 한다.

"…."

그가 총을 내 목에 걸어 준다.

"이걸 가져가세요. …이 권총은 이제 나한테는 끝났어요!"

세 명의 남자가 우리를 향해서 걸어오고 있다.

"저 사람들은 분명히 터키 사람들이야. 나는 이렇게 먼 곳에서도 알 수 있어… 팽, 팽, 팽…!"

그 남자들이 우리에게 가까이 왔다. 그들은 터키인들이다. 그들이 웃는다. 그들은 산보하는 독일 사람들과는 다르게 매우 친절한 태도를 취한다.

"아메트, 이리 와. 그들에게 가서 '안녕하세요.'라고 말하자!"

그가 언짢은 듯 거부한다. "난 터키 사람들을 좋아하지 않아요!"

그들이 지나갔을 때 그는 그들 뒤에서 총을 쏜다.

"팽, 팽, 팽! …이제 그들도 다 죽었어!" 아마 족히 3m 정도 되어 보이는 높은 돌 조형물 앞에서 그가 멈춰 선다.

"여기를 보세요. 이 남자가 이 여자를 때리고 있어요. 팽, 팽, 팽…!"

그가 그 남자 위에 총을 쏜다….

"제가 전혀 피곤하지 않다는 것을 아세요? …보통 때는 저는 항상 피곤하거든요. 선생님은 아주 멋진 여자예요! 선생님같이 멋진 여자를 전에 본 적이 없어요!"

그리고서 그가 계속해서 달려간다.

"오세요. 따라오세요!"

탄약을 아끼는 것은 이미 오래전에 포기한 것 같다. 모든 움직이는 것에 가차 없이 그가 총질을 해댄다…. 항상 두터운 나무 뒤에 몸을 숨기고서.

상상의 폭발이 그를 광적으로 만들었다. 이제 마지막 총질이 일어났다. 탄약이 다 되었다.

"탄약이 다 되었어요. 우데 선생님. 선생님이 새로 살 거예요?"

"아직 충분히 있을 거야, 아메트."

그리고 불안한 질문이 나온다.

"얼마나 많은 시간이 우리한테 있어요? …제가 좀 더 오래 있을 수 있을까요? …저는 좀 더 놀이하고 싶어요. 우리의 놀이실에서 말이죠." '우리'라는 말이 내 마음에 든다. 우리는 1분 정도 말없이 나란히 걷는다. 그때 그가 갑자기 멈춰 선다.

"저기를 보세요! 저 곳을 보세요. …저 남자가 오리들에게 돌을 던지고 있어요!"

도랑의 제방에 많은 오리들이 빙빙 헤엄치고 있다. 우리로부터 거의 100m 정도 떨어져 있다. 한 남자가 그것들에게 높은 곳에서 뭔가를 던지고 있다. …그것은 빵 조각들이었다. 그가 오리들에게 모이를 주고 있다. 아메트의 고통이 또 다시 세상을 잘못 보게 만들었다. 도처에서 그는 자신을 향한 위협을 본다.

"가서 그에게 네가 무엇을 느끼는지 말해 봐라, 아메트. 가, 어서 가!"

그는 가지 않는다. 그는 그곳에 뿌리를 내린 것처럼 서 있다. 그가 권총으로 쏜다. 탄약도 없는 총소리가 애절하게 들린다.

"그에게 말해 봐, 아메트!"

그가 바닥을 바라본다. …그는 권총을 길 위에 내던진다.

"똥이야… 저런 똥을! …이 남자에게는! …총을 쏘아야 해!"

그가 나뭇가지를 잡는다. 그리고 화가 나서 그것을 꺾는다. 모든 것이 번개처럼 빨리 일어난다. 이제 아메트의 생각에 '폭력을 행사 중인' 그 남자는 우리에게서 불과 20미터 정도만 떨어져 있다.

"잘 봐라, 아메트. 이 남자가 무엇을 하고 있는지? 그가 하고 있는 건 무엇이지?"

그는 말이 없다….

"아…, 저 남자는 오리들에게 빵을 던지고 있네!"

"그래… 나는 그걸 금방 알아보았지."

"선생님이 그것을 보았다고요? 그런데 왜 선생님은 내게 그것을 말하지 않았죠?"

"왜냐하면 그것은 네 스스로가 발견해야만 하니까, 아메트."

침묵이 흐른다. 나는 그에게 그 남자에게 가서 함께 이야기해 보도록 제안한다. 아메트는 바로 거부한다.

"아메트. 다른 사람들이 정말로 어떠한지 알고자 한다면 그들에게 다가가서 이야기를 해야만 해. 그렇지 않으면 아마 눈 먼 채로 있게 되는 일이 일어날 수 있어."

"왜 눈 먼 채로 있어요?"

"그러니까. 사람들은 때때로 눈 먼 것과 같아. 왜냐하면 그들은 주변의 것들을 잘못 보니까. …나쁘게 …악의적으로 말이지. 사람들은 분노 때문에 눈이 멀 수 있지."

아메트는 말이 없는 채로 있다.

"아메트 이런 때 사람은 과감해야만 해. 모든 것이 진짜로 어떤 것인지 보기 위해서 가까이 바라보기 위한 용기를 가져야 해. 그렇게 하지 않으면 사람은 장님처럼 눈 먼 채로 있게 되는 거지."

아메트는 불안하다. 그가 앞으로 달려 나간다. 나의 말이 그에게 전혀 전달되지 않은 것을 느낀다. 아직 그에게는 이런 용기와 현실직시의 관련성을 느낄 수 있는 마음의 공간이 없다. 그의 우울한 정서가 그를 아주 많이 괴롭히고 있다.

우리는 다시 놀이실로 돌아왔다. 그가 다시 한 번 권총을 가지고 쏘아대기 시작한다. 그런 다음 바지 주머니에 집어넣는다.

"탄약이 다 되었어요. …제가 다음 시간에도 확실히 이 총을 갖고 놀 수 있나요?"

"믿어도 좋아."

그가 다시 서둘러서 공간을 돌아다닌다.

"얼마나… 얼마 만큼의 시간이 우리에게 있는 거죠?"

"저 큰 시계를 바라 봐, 아메트. 이 시계로 네가 항상 시간을 읽을 수 있지."

그러나 아메트는 벌써 다른 곳을 주목하고 있다. 무언가 다른 것이 그를 사로잡고 있다. 그는 커다란 초 한 개에 불을 붙인다. 그리고 그것을 모래 더미 위에 세운다. 다음에 손으로 부드러운 모래 줄기를 불꽃 위로 졸졸 흐르게 한다. 독특한 '쉬이' 소리가 일어나고 작은 불꽃들이 튀어 나간다. 그런 다음에 그는 다른 초에 불을 붙인다. 그리고 그것을 말없이 나란히 모래 위에 세운다. 마지막에 그가 용광로 모양으로 만들어진 아주 커다란 라이터를 집는다. 그 라이터는 불꽃을 30cm 높이 만큼 마음대로 조절할 수 있다.

그가 불을 가지고 불장난을 한다….

이제 그는 스스로 불꽃과 같아진다. 불타는 초는 추락하는 비행기가 된다. 그는 초를 하나씩 손에 쥔다. 그리고 팔을 멀리 뻗어서 아마도 그의 상상 속의 모래 위에 세워져 있는 집 위로 커다란 '쉬이' 소리를 내며 떨어뜨린다. 그는 벌떡 일어나서 공작 나무토막이 들어 있는 커다란 자루를 가져온다.

"이제 폭탄비가 내릴 거야!"

그의 상상의 도시 위로 나무 조각과 나무토막들을 계속해서 내던진다. 얼굴에는 분노와 완강함이 스며 있다.

"그리고 이제 폭발이 일어날 거예요!"

그가 팔을 높이 들고 모래상자 위에 자루를 통째로 들어 천둥치는 소리와 함께 나무 조각들을 쏟아붓는다.

놀이는 완전히 광란이 되었다! 둥글게 주먹을 뭉쳐 들고 그가 모래상자 앞에 서 있다. 그리고 소리친다.

"너희 갱들, 너희들 갱들 말이지! 나는 경찰이야, 도시 전체가 갱들로 가득 찼어. 그러나 여기는 아무도 못 와! …머어어엄춰!"

맨주먹으로 그가 샌드백을 거칠게 친다. 갱 한 사람이 달아났다. 그가 그를 다시 잡아와서 무자비하게 다시 내려친다.

"자, 이제 모든 갱들은 죽었어!" 모든 것을 다 쏟아낸 듯 그가 바닥에 자신을 내던진다. 팔과 다리는 길게 뻗어 있고 이마에는 굵은 땀방울이 흐른다.

몇 분 후에 그가 몸을 일으켰을 때 나는 그에게 시간이 다 됐음을 말해야만 했다. 놀이실 출입문에서 그가 다시 한 번 몸을 돌린다.

"제가 뭔가를 잊었어요?"

"그래, 아메트. 네 바지주머니에 아직 권총을 갖고 있어. …그걸 여기 놓아두는 게 낫겠다."

"아, 그렇죠." 그가 그것을 서랍 안에 넣는다.

"이것을 여기에 놓아두세요. 제가 다음에 바로 찾을 수 있도록 말이죠."

"좋아. 아메트!"

35시간의 치료시간 후

석 달보다 더 많은 시간이 흘렀다. 그리고 그 사이 5월이 되었다. 아메트는 보다 점점 더 정확하게 그의 치료시간에 나타난다. 한 번은 독감, 다른 한 번은 두통과 같은 아주 작은 예외적 경우를 제외하고는….

아메트가 내게 치료받으러 오게 된 원인이었던 신체적 증상들은 아무것도 달라지지 않았다. 종전과 마찬가지로 그는 매일 밤 침대를 적셨다. 그는 지금도 항상 두통에 시달리고 있다. 반복적으로 민감한 위 때문에 고통을 호소하고 있고 때때로 구토를 하기까지 한다. 그의 옷은 여전히 더럽고 전과 마찬가지로 코를 찌르는 냄새가 난다. 긍정적인 것은 그가 손톱을 물어뜯는 것을 포기할 수 있었다는 것뿐이다.

그렇다면 이 지나간 많은 치료시간 속에서 무엇이 일어났던 것일까? 무엇이 이루어진 것인가?

표면적으로는 오히려 모든 것이 나빠졌다고 말할 수 있을 것이다. 복종적이고, 온순하고, 박약한 아메트가 지금은 자신을 때리는 사내아이들에 대해서 심하게 공격적이다. 그리고 환경은 종전보다 아메트를 수용하기가 더 어려워졌다.

35시간의 긴 시간이 지나갔다. 이 시간 속에서 항상 똑같은 일이 일어났다. '총을 쏘는 것' '파괴하는 것' '죽이는 것' 그의 안에 쌓이고 쌓인 거대한 분노에 대한 배출구로서…

이것이 아직 놀이였을까? '내가 불러낸 유령으로부터 지금은 내가 해방될 수 없구나.' 마술 교본에 나온 이 문장이 내게 종종 어렵지 않게 의미를 준다.

때때로 난 천일야화의 '악마와 어부의 이야기'를 생각하게 된다. 이 이야기는 항아리에 갇혀 있었던 한 유령에 대해서 이야기한다. 유령은 포획된 기간이 길면 길수록 점점 더 독해지고 잔인해져서 결국 해방시켜 준 사람을 죽이려고 한다는 이야기다.

"내가 100m보다 더 깊은 곳에 누워 있었지. 그동안에 나는 내 마음속으로 항상 말했어. 누군가 나를 구출해 준다면 나는 그를 영원히 부자로 만들어 줄 거야. 그러나 100년이 지나도록 아무도 나를 해방시켜 주지 않았지. 그리고 200년을 향해 갈 때 내가 말했어. 누군가 나를 풀어 준다면 나는 이 지구상에 있는 모든 보물 상자를 그에게 열어 줄 거야. 그러나 또 다시 아무도 나를 해방시키지 않았어. 또 400년이 흘러갔지. 그리고 나는 말했어.

누군가 나를 풀어 준다면 나는 그에게 세 가지 소원을 들어 줄 거야. 그러나 아무도 나를 풀어 주지 않았지. 그때 나는 거대한 분노 속에 빠져들었고, 스스로에게 말했어. 누군가 지금 나를 풀어 주는 사람이 있다면 내가 그를 죽일 거야."

그렇게 아메트의 경우도 흘러갔다. 그의 쌓이고 쌓인 증오심은 그만큼이나 강했고 그가 그 분노를 놀이실에서만 체험할 수 있었던 건 아니었다. 그는 정신적 상처를 경험했던 바깥세상으로 떠밀린 듯 뛰쳐나갔다. 그가 저항할 수 없는 무시를 받아들여야만 했던 모든 사람들, 즉 부모, 형제, 할머니, 선생님 그리고 급우들과 같은 실제적 대체 인물이 있는 바깥세상으로.

놀랄 만큼 상동적인 태도로 그가 공원으로 달려가서 모든 것들을 쓰러뜨리기 위해 권총을 집든지, 아니면 내몰린 듯 정원으로 뛰어가서 매번 다시 아주 커다란 불꽃을 붙이곤 했다. 그리고 불꽃의 탐욕, 그가 스스로 표현한 것처럼 그 불꽃의 대식성에 취해 있었다. 대부분 그는 불꽃을 침묵하며 바라보았다. 그리고 환상 속에서 모든 것을 가로질러 쓰러뜨리는 거인이 되었다.

예상했던 것처럼, 그의 해방된 분노가 집과 학교에서 새로운 문제들을 만들어 냈다. 학교에서는 아주 사소한 장난에도 가차 없이 주먹질을 했다. 대부분은 그가 곧바로 전화를 했다. 그리고 말했다.

"제가 다시 한 사내놈을 입술이 터져 피가 날 만큼 때렸어요. 할 수만 있다면 제가 그를 때려 죽일 수 있으면 제일 좋았겠어요!"

나는 그에게 언제라도 내게 모든 것을 가능한 대로 매우 정확하게 이야기해줄 것을 요구했다. 잦은 놀림에 대항해 자신을 방어하기 위해서 아주 강하게 저항했던 초기에는 대부분 그가 옳았다. 그런데 점차 나는 그에게 다음처럼 말해야만 했다.

"너는 지금 분노 때문에 눈이 멀었어, 아메트. 그리고 네가 곧바로 주먹질을 하게 만드는 것은 너의 눈먼 분노야."

내가 말한 것이 진실이라는 것을 그가 무의식적으로 느끼는 것 같다. 그러나 그는 절망해서 말한다.

"그러면 제가 어떻게 언제 때려도 되고 언제는 안 되는지 알게 될까요?"

이제 보다 더 자주 코이네 교장 선생님과 상담할 필요가 있다. 부모와도 마찬가지다. 그들은 치료의 경과가 이렇게 될 것이라고는 생각하지 못했기 때문이다. 야뇨 증상 외에도 이제 변화된 존재 방식, 즉 거의 통제할 수 없는 분노까지 있으니 말이다.

아메트가 겁이 나서 전달해 준 몇 개의 메시지 때문에 나는 부모로 인해서 치료가 중단되는 것이 두려웠다. 지금 우리에게는 독일 사람의 방문을 그들이 크게 의미 있어 한다는 것이 상당히 도움이 된다. 그들은 그것을 통해서 자신들의 가치가 상승되었다고 느끼고 또 내가 그들을 위해서 관청에 문의해 도움을 주었던 것을 높이 평가했다.

무엇보다도 몇 주 전에 결혼해서 이사를 한 에미네와 그의 남편에게서 지원이 왔다. 그들과의 공동 대화에서 에미네는 아메트의 회기별 시간당 2마르크 50이라는 약속된 금액을 어머니가 더 이상 내지 않을 때 대신 내겠다고 약속을 했다. 그들과의 대화를 통해서 나는 아메트의 개인력을 알게 되었다.

에미네(아메트보다 12살이 더 많은 누나)는 그의 탄생에 대해 매우 잘 기억한다. 그가 영아기에 항상 많이 울었다는 것 그리고 때때로 아팠었다는 것을. 그러나 가난해서 의사한테 갈 수 없었다는 것을 기억한다. 여기에 대해서는 엄마도 첫 번째 면담에서 말한 적이 있었다. 에미네의 설명에 따르면 어머니 펨베는 매우 조용했다. 왜냐하면 그녀의 엄격한 시어머니가 집안을 지배했기 때문이다.

내가 에미네에게 또한 영아기에 아메트가 울었을 때 가족 중 누가 그에게 반응했는지를 묻는다.

"제가 때때로 남몰래 아메트에게 갔어요. 왜냐하면 할머니가 원하지 않았기 때문이에요. 할머니는 항상 울게 내버려 두라고 했어요."

엄마가 식구 중 첫 번째로 터키를 떠났을 때 에미네는 17살이었다. 그녀는 아메트가 몇 주 동안이나 엄마를 찾아 울었다는 것을 기억한다. 그러나 아무도 그를 달랠 수 없었고 그러다 결국 그는 조용해졌다. 그는 엄마를 향한 그리움에 가득 차서 항상 늦은 저녁까지 출입문 앞에 앉아 있었다.

그녀, 에미네는 아니었지만 오스만과 아메트는 특별히 할머니와 아버지한테 많이 맞았다. 여기에 대해서 에미네의 남편이 말한다.

"터키에서는 아버지가 일을 하지 않는 경우에 아이들이 아버지한테 밤마다 맞아요. 그렇게 아버지는 자신의 화를 풀어요. 이렇게 해서 도대체 아이들이 뭐가 되겠어요?"

대체 어떻게 아메트의 부모가 심리치료를 감당할 수 있느냐는 나의 질문에는 그가 대답한다. "그건 그들에게 아무 상관없어요."

그는 아메트의 증상과 이유에 대한 연관성을 이해하려는 노력을 많이 한다. 그렇지만 주의해야 할 것은 그조차도 아메트에 대한 진정한 이해는 부족하다는 것이다. 예를 들어, 그는 아메트의 야뇨와 그의 의지박약은 게으름 때문이라고 해석한다. 그가 밤에 일어나서 화장실에 간다면 침대를 적시지 않을 것이라고 생각하는 것이다. 모든 것이 다 게으름 때문이라고…. 그런데 놀랍게도 그는 아메트의 상태가 우울에서 분노로 전환된 것은 치료의 성공이라고 본다.

에미네는 긍정적이고 공감적인 사람같다. 그녀는 아메트가 몇 시간 동안이나 그렇게 무감각하게 소파에 앉아 있었던 것 그리고 전혀 미동도 하지 않은 것이 무시무시하게 끔찍하다고 생각했다. 어쨌든 그가 이제 매우 활달해졌다는 것 때문에 그녀는 이 치료가 아메트를 돕고 있다고 믿는다.

"내가 그래도 독일 사람이었다면 얼마나 좋을까!"

오늘은 아주 특별한 시간이었다.

아메트가 오자마자 권총을 잡지는 않는다. 그는 종전의 회기에서처럼 공원으로 뛰쳐나가지도 않는다. 물론 전처럼 불을 붙이기 위해 곧바로 거대한 성냥개비와 많은 초들에 대형 라이터를 사용한다. 그렇지만 오늘은 그에게 불 붙이는 것이 그렇게 특별한 의미를 갖는 것은 아니라는 인상을 준다. 그가 재빨리 이 놀이에서 자신을 분리시켰고 그리고 그의 관심은 선반 위의 다른 많은 것들로 옮겨졌기 때문이다. 그는 내가 미국에서 가지고 왔던 한 개의 커다란 조가비를 귀에 댄다. 쏴아, 쏴아 하는 소리를 듣기 위해서 그리고 경이로움에 차서 커다란 전나무 솔방울을 손에 집는다. 그것은 캘리포니아 사탕 전나무에서 온 것이다. 그리고 그는 마침내 용암석을 집는다.

"이건 어떤 돌이죠, 우데 선생님?"

"그건 화산에서 솟구쳐 나온 용암석이야."

이것이 명백히 그를 열광시킨다. 그가 화산에 대해서 알고 있는 모든 것을 말하기 시작한다. 용암은 폭발하기 전에 오랫동안 부글부글 끓는다는 것을, 그 다음에 작렬하는 뜨거운 용암류가 흘러나온다는 것을. 나는 작렬하는 뜨거운 용암류가 흘러나오는 화산이 담겨 있는 『우리가 살고 있는 세계』라는 책을 가져온다. 나는 그가 그 책들과 내용에 그렇게 큰 고요와 집중을 쏟아부을 수 있다는 것에 놀랐다.

다음에 그가 색연필과 스케치북을 집는다. 분명히 아직은 무엇을 그려야 할지 아무런 생각도 없이… 그는 특별할 것 없는 곡선들과 선들을 그려 놓기 시작한다. 그때 그는 완전히 이완된 인상을 준다.

갑자기 그가 한 개의 아주 거대한 브레첼(팔자 모양의 독일의 전형적인 빵)을 그린다! 그가 색연필을 옆으로 치운다. 활짝 편 손으로 머리를 감싸 쥔다. 그 다음 그 브레첼을 바라본다. …말없이, 움직임도 없이.

그는 왜 브레첼을 그렸을까? 그가 부글부글 끓는 용암류로부터 어떻게 브레첼에 도달하게 되었을까?

"브레첼에서 뭐가 생각나니?"

내가 이 질문을 하기 전에 그의 얼굴 표정이 분명히 달라져 있다. 무언가가 그의 안에서 일어났던 것으로 보인다. 한참 후에 그가 이야기하기 시작한다.

"아빠가 내게 브레첼을 사 주었어요. 아~주 맛있었어요."

그리고 그가 색연필을 다시 집는다. 그리고 브레첼을 한 장소 위에 그린다.

"이것이 빌레치크에 있는 한 장소예요. 그리고 여기에 아빠가 브레첼을 사 주었던 가게가 있었죠!"

그에게 완전히 생기가 돈다. 그리고 내게 매우 천천히 선을 그리는 단순한 스케치를 통해서 자기 고향에 대한 기억을 이야기하려고 시도한다. 다시 말을 중단한다.

"더 이상은 알지 못하겠어요."

"그렇지만 아메트. 네가 모든 것을 알고 있어! 좀 더 말해 봐! …그러니까 네가 너의 아빠와 함께 이 가게에 갔었구나. 그리고 그가 너에게 브레첼을 사 주었어."

아주 느린 걸음으로 그가 과거와의 연결을 이루어 낸다.

"여기는 크리스마스 시장과 같은 거예요. 여기 많은 가게들이 있었죠…. 네… 그리고 여기… 여기가 바로 아빠가 내게 브레첼을 사 주었던 가게예요…."

"너는 아빠가 너에게 왜 브레첼을 사 주었는지 알고 있지?"

그가 기억해 내려고 생각에 잠긴다.

"안네 게네 겔, …제가 항상 그렇게 말했어요. …그리고 아주 많이 울었죠. …그리고 그때 아빠가 제게 브레첼 한 개를 사 주었고 그래서 더 이상 울지 않았어요. 그리고 그것은 정말로 아~주 많이 맛있었어요!"

"아, 네가 거기에 대해서 기억하는구나. 아메트?"

"네. 이제 제가 그것을 기억해요."

"그런데 대체 안네 게네 겔은 무엇을 의미하니?"

"엄마가 다시 온다. 그 말이에요… 나의 엄마… 이제 제가 그것을 아주 정확히 기억할 수 있어요… 엄마가 사라졌어요… 독일로요… 그래서 저는 너무 슬펐어요."

그가 멈춘다. 나는 재생의 실마리가 끊어질까 봐 두렵다. 그래서 내가 계속 압박한다. "그리고 그 때문에 아빠가 너에게 이 브레첼을 사 주었구나?"

"네. 바로 그랬던 거예요."

그가 계속해서 스케치한다. "그리고 여기… 바로 이 자리에… 많은 자동차들이 세워져 있었어요. …그리고 여기서 부자가 크리스마스를 위해서 도축되었던 양고기들을 가난한 사람에게 나누어 주었어요. …여기에 아주 아름다운 샘이 하나 있었어요. 제가 특별히 그곳을 정말 좋아했지요. …여기 아래가 바로 버스정류장이에요. 바로 여기에 나의 삼촌과 숙모가 살았어요. 그리고 여기가 바로 우리의 아파트였죠."

그는 완전히 흥분했다. 그리고 펼친 손으로 그의 이마를 두드린다.

"제가 이제 모든 것을 기억할 수 있어요. 우데 선생님! 이것을 짐멜 박사님에게 이야기해야겠어요. 이제 내 뇌에 있는 서랍들이 삐걱거리면서 걸려 있지는 않다고, 여길 보세요!"

그가 스케치를 계속한다.

"여기에 아주 가파른 높은 산이 있었어요… 이 위에 성 한 채가 서 있었지요. 이 위로 제가 항상 기어올랐어요. 그리고 다시 재빨리 뛰어 내렸지요. …그건 정말로 재미있었어요."

그가 성에서 보았던 아주 아름다운 전망을 기억해 낸다. 그리고 모든 것을 그려 낸다.

그러고 나서 우리 둘은 오랫동안 스케치를 바라본다.

이 거대한 브레첼은 중심에 서 있다. 마치 아메트의 고향 도시인 빌레치크의 심장처럼.

내가 그의 상상을 계속해서 자극하려고 시도한다. 우리는 함께 손가락을 가지고 스케치 위의 빌레치크를 유랑한다. 맨 먼저 특별히 그가 좋아했던 샘물가로 간다.

"매우 더운 날에는 여기 항상 시원한 물이 있었어요…. 많은 아이들이 샘물가에 앉아 있었죠. 때때로 우리가 상대방이 아주 흠뻑 젖을 만큼 물을 뿌렸어요. 그리고 아주 가까이에 멜론 농장이 있었어요…."

그가 음흉하게 미소 짓는다. "때때로 우리가 멜론을 훔쳤거든요. 그리고 여기 샘물가에서 먹었어요…."

그리고 우리가 스케치 위 버스정류장으로 이동했을 때, 아메트는 아빠가 항상 직장에서 돌아올 때 그 정류장에 도착했다는 것을 떠올렸다. 그 일명 숙모의 카페는 커피를 제공하고 신문과 과자를 팔았던 편의점이라는 것이 이제 드러난다.

"때때로 숙모가 제게 사탕을 선물해 주었어요."

내가 그에게 학교에 대해서 말을 건다.

"너는 네 학교를 그리는 것은 잊었구나, 아메트?"

"아, 그렇죠."

그가 곧바로 대답한다.

"학교는 여기 있었어요. 우리 집에서 멀지 않은 곳, 성으로 가는 도중에요."

그의 얼굴 표정이 이상해진다.

"저는 학교에서는 항상 겁이 났어요. 아세요? 터키에서는 선생님들이 아이들을 때려요. 교장 선생님은 특별히 엄하시죠. 그는 아이들을 자기 방으로 불러서 문을 잠가요. 그러고 나서 잣대로 때려요…항상 손바닥 위를요."

그런 다음 그에게서 솟구치는 말이 있다.

"저는 교장 선생님이 죽어버린다면 하고 바랐어요."

그가 벌떡 일어나서 투척 화살을 가져온다. 그리고 그것을 온 힘을 다해 표적판에 던진다.

"죽어라! …죽어라! …죽어라!"

그가 거침없이 증오의 언어를 쏟아 낸다.

"나는 터키 사람을 증오해!"

점차 그는 다시 고요해진다. 내 옆에 앉아서 마침내 습관이 되어 버린 간 소시지 빵을 카바가 든 우유와 함께 먹는다. 그때 그의 시선이 내 손에 닿는다.

"선생님 같은 이런 피부를 가졌으면 좋겠어요. …저도 선생님처럼 밝은 피부를 가졌다면 좋았을 텐데. 그러면 모든 것이 나을 텐데."

"왜 그렇지, 아메트?"

그가 자신과 치열하게 싸우고 있다.

"제가 독일 사람이었다면 정말 얼마나 좋을까요!"

"그것은 무엇을 말하지, 아메트?"

아주 작은 소리로 그의 대답이 나온다.

"그러면 모든 것이 더 나을 텐데."

"무엇이 대체 더 낫다는 말이니?"

"모든 것이 더 낫다는 거예요…!"

"아메트, 모든 것이란 무엇을 말하니?"

"그러면 그들이 더 이상 소리치지 않을 거예요. '네가 모하메트의 아들이구나.'라고요"

그의 절망이 더 커진다. 그가 반복한다.

"내가 독일 사람이라면 얼마나 좋을까? …마, 마, 만약 선생님이 내 엄마라면 얼마나 좋을까."

그런 다음 오랜 침묵이 흐른다.

"네가 터키 사람이 아니기를 바라는구나. 너의 부모가 내일 아침 중국에 간다면… 아니면 러시아 또는 북극의 그린란드 아니면 아프리카에 간다면, 너는 네가 어디에 사느냐에 따라서 중국인, 러시아인, 에스키모인 아니면 흑인이 되었으면 좋겠니?"

아니다. 그것은 그가 원하지 않는다. 이렇게 계속되는 비교가 아메트에게 자신의 희망이 얼마나 비합리적인가를 보여 준다. 게다가 그는 이제 이런 이야기에도 웃을 수 있다.

내가 손을 그의 어깨에 올린다.

"너는 터키 사람으로서 너의 문제를 해결하게 될 거야, 아메트."

그때 그에게 한 생각이 떠오른다. "코이네 교장 선생님도 그렇게 말씀하셨죠. 저는 제 문제를 스스로 해결하게 될 거라고요."

"터키 사람으로서 너의 문제를 해결해야만 해. 바로 그거지. 그리고 너는 또한… 이 시간에 바다 밑바닥으로부터 매우 중요한 보물들을 물 위로 찾아온 아주 용감한 잠수부 같았어. 네가 다시 기억할 수 있었잖아."

그가 그의 머리를 탁탁 때린다.

"여기 이 서랍들(머리를 말한다)이 더 이상 삐걱대며 걸려 있지 않아요. 선생님이 이걸 말하고 있죠?"

"정확히 그걸 말하고 있는 거야, 아메트. 그러나 너의 시간이 다 끝났구나."

그가 약간 신음한다.

"하, 제가 원래 무언가를 물어보려 했어요. 하지만 그게 뭔지 모르겠어요."

"그래?"

"선생님이 제 생일에 제게 기관차를 사 주셨죠. 그 작고 까만 기관차 말이죠… 제가 그것을 한 번 제대로 달리게 할 수 있다면 얼마나 좋을까… 레일 위에서… 하지만 저는 그걸 가지고 있지 않아요. 아, 아, 아마도 제가 선생님의 기차놀이함의 레일을 가져갈 수 있다면 제가 제 기관차를 그 위에서 달리게 할 수 있을 텐데."

"그렇게 할 수 있어, 아메트. 다만 네가 그것을 모두 다시 가져올 수 있다면 말이야."

우리가 그 레일을 찾아냈을 때 그가 말한다.

"이것들은 매우 멋져요. 제가 이것들을 모두 가져갈 수 있다면… 모든 레일과 구간, 차 전부와 그리고 이 기관차까지. 그러면 제가 제대로 한 번 기차놀이를 할 수 있을 텐데… 저는 이건 어디에 세워야 할지를 알고 있어요."

"무엇을 어디에서 어떻게 놀이하려고 하는지 네가 정확하게 알고 있으니까 오늘 이 기차놀이를 전부 집에 가져갈 수 있지."

"정말 멋진 일이에요! …선생님은 저를 믿어도 좋아요."

이제 그가 아주 세심하게 상자의 겉면을 관찰한다.

"여기 가격이 쓰여 있지 않네요? 아니면 제가 선생님하고 가격을 결정할 수 있죠. 아세요? 우리 엄마는 가격표를 보고 항상 '이건 너무 비싸.' 이렇게 말하죠."

그가 자기 엄마의 목소리가 표현되는 방식과 소리 울림을 아주 우스꽝스러운 방법으로 흉내 낸다.

"오스만이 뭐라고 말하게 될지… 그는 제가 이 기차를 가지고 놀이할 때 화가 날 거예요!"

그는 아주 기분이 좋아져서 그곳을 떠난다. 기차 상자를 팔 밑에 꼭 끼고서. 어떤 실망감이 그를 기다리고 있는지 예상하지 못한다.

내가 기록을 한다. 이 시간은 아메트가 처음으로 터키에서의 그의 초기 어린 시절에 대해서 기억할 수 있었기 때문에 특별히 의미 있는 시간이었다. 이와 동시에 고통스러운 체험에 대한 기억이 떠올랐다. 어떻게 엄마가 그를 떠났고, 어떻게 학교 교장 선생님이 아이들을 때렸는지를…. 기억과 함께 점차적으로 그와 연결된 고통의 재경험이 지금까지 억압되었던 과거가 아주 점진적으로 처리되는 첫 번째 단계를 만들었다.

“제가 얼마나 심한 공포를 느꼈는지 아세요!”

월요일이다. 내가 돌아온 치료회기에 아메트가 오기를 기다리고 있다. 거의 정확한 시간에 출입문의 초인종이 울린다.

“안녕, 아메트.”

그가 약간 고개를 끄덕인다. 그리고 축 늘어진 자세로 마치 몸의 무게가 바닥으로 그를 짓누르듯이 나를 지나쳐서 놀이실로 들어간다. 팔 밑으로는 기차 장난감이 끼워져 있다. 그는 아무 표정 없이 알아들을 수 없는 말을 한다.

“여기… 기차놀이… 제가 모든 것을 다시 가져왔어요. …아무 일도 일어나지 않았어요.”

그러고 나서 그네 위에 앉는다. 한참 후에 내가 침묵을 깨고 묻는다. 그가 도대체 주말에 이 기차놀이를 가지고 놀 수 있었던 것인지… 부인하기 위해 그가 머리를 흔든다. 그리고 천천히 그에게서 말이 흘러나온다.

"저는 그것을 열어보지도 못했어요. 제 엄마가 그걸 금지시켰죠… 엄마는 제가 기차를 망가트릴까 봐. 그래서 그 값을 치러야만 할까 봐 겁이 났어요."

"아, 그래?"

그의 입술 끝이 약간 치켜져 올라간다.

"아, 뭐, 그것도 상관없어요…."

그가 그네를 떠나서 이제 요리대로 간다. 선반 위에 놓여 있는 젖병을 발견한다.

"우리에게 지금도 카바와 우유가 있나요, 우데 선생님?"

그가 손에 병을 집어 든다.

"이것으로 한 번 마시고 싶어요."

그가 부드러운 안락의자 위에 몸을 앉힌다. 그리고 그가 가장 좋아하는 음료수로 가득 채운 젖병을 빨아먹는다. 결국은 이야기하기 시작한다.

"그거 아세요? 저는 오늘이 선생님에게 올 수 있는 날이라는 게 기뻐요… 아세요? 어제는 제게 매우 나쁜 날이었다는 것을… 저는 다시 심한 공포를 느꼈어요!"

"공포, 아메트? 너의 공포에 특별한 이유가 있었니?"

"모르겠어요…."

그가 어깨를 들어 올린다. 그러나 그는 더 이상 나의 시선을 피하지 않는다. 오히려 내 눈을 똑바로 바라본다.

"원래는 그렇게 된 거예요. 제가 기차를 가지고 놀면 안 된다고 해서 화가 났어요. 엄마가 하룻밤은 에미네 집에서 자고 싶다고 에미네 차를 타고 갔어요…. 바로 그때 처음에 저는 즐거웠어요. 왜냐하면 기차를 가지고 한 번은 놀 수 있을 테니까라고 생각했으니까요…. 그런데 저는 그렇게 할 수 없었어요."

"왜 할 수 없었니, 아메트?"

"네…."

그가 더듬거린다.

"아, 아, 아세요? …제, 제, 제 내면에서 제가 할 수 없었어요…."

그가 무엇을 표현하려는지 잘 알지만, 나는 그를 자기 상황을 해명하기 위해 스스로 표현하고 싶은 강박욕구에 놔두려고 다시 한 번 묻는다.

"왜 그렇지? 그건 무엇을 말하는 거니, 아메트?"

"제, 제, 제 말은… 제가… 외적으로는 기차놀이를 가지고 놀고 싶었지만, 내적으로는 그렇게 할 수 없었어요."

"아, 그렇구나. 네가 내적으로 이곳에 오기를 원했지만, 외적으로 그렇게 할 수 없었을 때랑 같구나. 그게 그런 거니?"

"아세요?… 그게 바로 그거예요…. 그러고 나서 제 엄마가 사라졌을 때 저는 공포로 다시 아주 나빠졌어요. 그리고 더 이상 놀이할 수 없었어요… 그런 다음 제 아빠도 사라지려고 할 때… 그때 제가 울기 시작했죠. 그다음에 아빠가 제게 욕설을 했어요. …제가 항상 그렇게 울어댄다면 저는 아무것도 될 수 없다고 말했어요."

잠깐 동안 말이 중단된다. 내가 침묵하면서 그가 지난 시간에 그렸던 빌레치크의 스케치를 그에게 밀어 준다.

"아메트."

내가 조심스럽게 말한다. "아빠가 너에게 브레첼을 사 주었던 그때와 어제가 같은 기분이었니?" 그가 말이 없다. 부드럽게 내가 말한다. "안네 게네 겔." 그가 지난 시간에 처음으로 다시 기억할 수 있었던 이 터키단어는 "엄마가 다시 온다!" 이었다.

이제 그가 조용하게 여러 번 그 말을 반복한다.

"게네 겔, 게네 겔, 게네 겔."

그런 다음 그가 머리를 끄덕인다.

"네. 그게 바로 그때하고 똑같은 공포였어요…."

엄마가 그를 떠났을 때 그가 얼마나 슬펐는지 다시 기억하기 시작한다.

오늘 아메트는 엄마가 다시 그에게 올 거라고 완전히 믿고 계속해서 걸어갔던 그 긴 거리를 기억해 냈다.

"그렇지만 엄마는 오지 않았구나, 아메트!"

"네, 엄마는 오지 않았죠." 그가 조용히 반복한다.

"그리고 저는 항상 울었어요."

그가 질문하는 눈으로 나를 바라본다. "이 공포를 멈추려면 제가 대체 어떻게 해야 하죠?"

"그래, 아메트. 나는 네가 네 안에 있는 5살짜리 작은 아메트에게 그렇게 오랫동안 혼자 방치된 것에 대해서 필요한 만큼 오랫동안 울도록 허락하면 된다고 말하고 싶구나. 어제 공포를 느꼈던 것은 12살의 아메트가 아니고 5살의 아메트였단다."

그의 논리가 놀랄 만하다. "그러면 어제 제 아빠가 사실은 제게 그렇게 욕설을 해서는 안 되었던 거네요!"

그가 안락의자를 떠난다. 그리고 목표 없이 공간을 돌아다닌다.

그런 다음 그가 인디언 모자를 머리 위에 얹고 탄약 혁대를 둘러차고 기다란 탄총을 어깨에 건다.

인형극장에 있는 인형들 무더기에서 그가 마녀와 악어를 집어 든다. 그리고 땅 위에 그들을 눕힌다. 그는 상상한다. 주변에 온통 물뿐인 바다라고… 마녀와 악어가 물 위에 누워 있다. 그러고 나서 그가 악어의 입속으로 성냥갑을 밀어 넣는다. 그리고 크게 흥분하여 놀이를 시작한다.

"이제 악어가 높이 솟아오르는구나. 그리고 나를 공격하는구나… 한 번의 사격으로 그것을 내가 죽여야만 해."

그가 무릎을 꿇고 벌린 악어의 입에 점점 더 능숙하게 탄알을 쏜다. 그런 다음 마녀를 쥐고 선언한다. "이제 악어와 마녀가 물 위에 누워 있다. …악어가 마녀를 집어삼킬 거야." 악어와 마녀 사이에 무시무시한 싸움이 시작된다. 악어가 마녀의 코를 계속 물어뜯는다. 그다음 입을 벌리고 마녀를 집어삼키려 한다. 다시 아메트가 악어의 입에 탄약을 쏜다. 그가 말한 것처럼 마녀를 먹어 치우려는 악어로부터 마녀를 구출하기 위해서…. 이때 마녀는 물 위로 떨어지고 구조되지 못한다. 그러나 그녀와의 싸움은 계속된다. 그가 문고리에 마녀를 앉힌다.

"너, 이 마수…! 이제 나한테서 너는 끝났어. 끝… 끝났어… 끝이야! 슛!"

그녀는 파괴되었다. 탄약이 그녀의 얼굴로 쏘아졌다.

"너, 이 눈먼 낯짝아. 주둥이를 닥쳐! 끝! 끝났어… 끝이야!"

그 사이에 그는 다시 권총을 쏘아댄다.

"이제 네가 권총소리를 듣게 될 거야. 너 눈먼 낯짝아…."

마지막으로 그가 마녀를 구석에 내팽개친다.

"거기서 죽을 줄 알아…."

그가 분명히 해방된 기분으로 안락의자 위로 쓰러진다. 언제나 상황이 나아지면 그에게는 배고픔이 나타난다. 오늘도 그렇다. 오늘은 그가 간 소시지 빵을 직접 만들 정도다. 게다가 그는 나를 위해서도 빵 한 조각을 만드는 게 좋을지 묻기까지 한다. 우리 둘이 소시지 빵을 음미할 때 그가 말한다.

"오늘은 특별히 아주 맛이 있어요. 아마 그 이유가 선생님이 아주 맛있어 하기 때문인 것 같아요."

"네 말이 옳아, 아메트. 함께하는 행동이 항상 가장 많은 즐거움을 줘."

"아세요? 오늘은 마치 터키에서와 같았어요. 거기는 원하는 만큼 먹을 수 있는 축제가 있거든요. …그리고 항상 다시 배고파지죠."

"아~, 그래… 네가 그 축제를 다시 기억할 수 있구나."

"엄마하고 아빠… 그 두 사람이 매우 즐거워했어요. …우리가 거기에 갔었을 때는 말이죠."

그가 내게 부자들이 1년에 한 번 가난한 자들을 위해서 양고기를 나누어 줬었던 그 자리를 정확하게 보여 주기 위해서 스케치를 가져온다.

"그건 항상 아주 멋진 축제였어요."

우리의 시간은 이미 지나 있었다. 우리는 오늘 회기를 종결한다. 그러나 이별의 순간이 오면 언제나처럼 그에게 또 새로운 불안이 나타난다.

"제가 뭘 가져가면 되죠?"

그가 유령처럼 공간을 배회한다.

"제가 다시 기차놀이를 가져갈 수 있나요? 우데 선생님?"

"아니야…." 그가 스스로 대답한다.

"그러면 화날 일만 생기지…. 그렇다면 무엇을… 내가 가져갈 수 있을까?"

목표 없이 그가 공간을 돌아다닌다. 그리고 그 사이에 가방 안에 비스킷을 집어넣는다. 이 행동은 옳은 것이다. 그가 항상 가득 채워져 있는 쿠키 항아리에서 약간의 비스킷을 가져가도 된다는 것을 알게 된 것은 좋은 일이다. 이제 그가 연출상자(Sceno box)의 작은 도구들에 관심을 갖는다. 그가 내게 애원하기 시작한다.

"이 변기를 제가 가져갈 수 있다면… 아니면 여기… 아니면 이 원숭이를… 아니면 이 자동차…."

아니면 이것 또 아니면 저것 또 아니면 이것…. 내적인 불안에 쫓겨 그가 모든 것들을 집어 본다. 무엇을 위해서, 무엇으로 쓸 것인지 알지 못한 채. 나는 그에게 다시 말해야만 했다.

"아니, 아메트 너는 그 모든 것들을 가져갈 수 없어. 왜냐하면 내가 다른 아이들을 위해서 그것들을 필요로 하니까."

"다른 아이들이라고요?" 그가 곧바로 되묻는다.

"그러면 그들도 나의 기차놀이를 가지고 놀이할 수 있다는 거예요?"

"아메트, 기차는 나에게 오는 아이들 중 그 누구의 것도 아니라는 것을 너는 알고 있지. …그러나 모든 아이들이 그들이 원한다면 그것을 가지고 놀 수 있어. …너도 여기서 항상 그것을 가지고 놀 수 있는 것하고 똑같이 말이야."

그가 깨달았다는 듯 머리를 끄덕인다.

"물론 좋아요. 우데 선생님." 그가 이마에 손을 댄다. 그리고 그가 아직도 쓰고 있는 인디언 모자를 갑자기 발견한다.

"아마 이것은 제가 가져갈 수 있겠지요? …제가 이것을 다시 가져올게요. 만약 다른 아이가 이것을 가지고 놀기를 원한다면 다른 것을 그에게 줄 수 있을 거예요. …여기 이게 두 개 있거든요…."

"네가 옳아, 아메트. 인디언 모자는 네가 가져갈 수 있겠구나."

그가 방을 떠나기 전에 다시 한 번 몸을 돌린다. "제가 뭔가를 잊었어요?"

나는 그의 공룡책이 나에게 있다는 것이 생각난다. 내가 그에게 공룡책을 다시 상기시킨다.

"아니에요." 그가 거부한다.

"그 책은 여기 있어야 돼요. 제가 모든 면에서 다 나아질 때까지."

그러고 나서 그가 다시 한 번 칠판으로 돌아와 쓴다.

"안녕, 우데 선생님! 모레가 될 때까지! 아메트."

머리에 인디언 모자를 쓰고 그가 즐겁게 그 자리를 떠난다.

내가 자리에 앉아서 기록을 한다.

"처음으로 아메트가 상상에 가득 차서 용과 마녀를 대적시키는 놀이를 시작했다. 신화와 동화 그리고 전설에서처럼 아메트는 오늘 지그프리트(용을 죽인 전설의 영웅)처럼 용을 죽이는 놀이를 전개했다. 놀이의 첫 부분에서 벌려진 입에 탄알을 쏘아 죽였던 악어(용)는 부정적 엄마에 대한 것이다. 두 번째 부분에서 마녀는 엄마의 역할을 이어받는다. 이때 악어는 아메트의 공격적 추동의 대리인으로서 파악될 수 있다. 놀이의 세 번째 부분에서는 아메트 스스로가 다시 한 번 마녀와 대적하게 된다. 이 놀이를 통해서 아메트가 엄마로부터 가해지는 끊임없는 금지 때문에 일어나는 분노에서 자신을 어떻게 해방시키는지 분명하게 드러난다. "이제 너는 총소리를 들을 수 있겠지…!" 집에서 그는 항상 조용히 있어야 한다. 엄마가 언제나 두통에 시달리고 있기 때문이다. 여기서 그는 그 어떤 사과도 용납하지 않는다. 마녀는 구석으로 날아간다. "여기서 죽을 줄 알아!"

아메트가 얼마나 논리적이고 가차 없이 용을 죽이는 영웅의 역할을 하였는지, 나는 여기에 대해 고무적인 기분이 든다.

“‘손님(이주 노동자)’이라는 말을 잘 참을 수 있겠어요?”

“아세요?” 그는 출입문에 선 채로 그의 치료시간을 탐색적인 목소리로 시작한다.

“오늘은 제가 아주 지쳤어요. …오늘 저는 코이네 교장 선생님께 갔죠. 그리고 그에게 말했어요. ‘난 더 이상 참을 수 없어요.’라고….”

놀이실에서 그는 곧바로 안락의자 위에 앉는다. 그리고 말을 계속한다.

“제가 다른 학년으로 가겠어요. …코이네 교장 선생님께 그렇게 말했죠. 사내아이들은 내게 너무 작아요. …나하고 비슷한 키를 가진 애들에게 갈 거예요. …그러면 아이들은 이 작은 아이들처럼 나를 그렇게 화나게 하지는 않을 거예요. …난 오늘 될 수만 있다면 한 아이를 두들겨 팼을 거예요. 그러나 그것은 그 어떤 도움도 되지 않죠. …교장 선생님은 제가 모레에 하이데(역주: 초등학교에서 고등학교 과정까지 정규과정이 있는 학교로서 일종의 대안학교)

학교로 옮길 수 있다고 약속했어요. …아시죠… '하이데' 라는 말만 들어도 벌써 더 좋은 기분이 들어요….”

그가 폭포처럼 자신에게 너무 중요한 상황을 보고한 다음 안락의자에 사지를 늘어뜨리고 앉는다.

“아메트, 나는 네가 너의 학교 문제를 풀기 위해서 매우 용기 있는 발걸음을 했다고 생각한다.”

그는 약간 겁먹은 태도다.

“하지만 저는 거기에 대해서 아무것도 말하고 싶지 않아요. 제가 지금 무엇을 하고 싶은지 아세요?”

“지금? 그래, 뭐지, 아메트?”

“기차놀이죠… 이제 우리는 기차를 가지고 놀 거예요!”

그가 안락의자에서 튕기듯 일어나 나온다.

“빨리빨리! 우리는 시간을 많이 잃어버려서는 안 돼.”

우리가 장난감을 모두 끄집어내기도 전에 그가 말한다.

“아, 그런데 지금 저는 화장실에 가야 해요. …우리가 시간을 잃어버리지 않기 위해서, 그동안에 선생님이 모든 것을 다 끄집어내서 열어 놓으세요!”

그가 돌아왔을 때 그는 제일 먼저 (구부러지는) 전철기에 관심을 갖는다. 전철기가 얼마나 좋은지 상상한다…. “아세요? 아주 많은 기차들이 달리잖아요. 그리고 이것들이 서로 비켜갈 수 있어야만 하죠. …그렇지 않으면

서로 부딪치는 거죠."

그다음에 그가 선로에 관심을 갖는다. 그에게 가장 중요한 것이 선로를 아주 단단하게 묶는 것임이 눈에 띈다. 열중하는 그의 모습 속에 강박적인 공포 같은 것이 들어 있음이 보인다. "아세요? …모든 게 선로에 달려 있어요! …이것들이 단단하게 돼 있지 않으면 아주 심각한 사고가 일어나죠!"

그는 또한 나의 작업을 통제하려 한다.

"아니죠. 선생님, 선로들은 충분히 단단하게 묶여 있지 않아요. 기차들이 달리기 전에 이것들이 단단히 묶여 있는지 우리는 아주 확실히 해야만 해요. …그리고 제발 우리를 위해서 카바가 들어 있는 우유를 만드세요. 이 작업을 하려면 우리에게 아주 큰 힘이 필요해요. …아마 다 잘될 거야!"

우리 둘이서 카바가 든 우유를 마실 때 그가 생각에 잠긴다.

"모레에 벌써 저는 새 학교에 가야 하죠. …하이데(들, 황야의 뜻) 학교 …이름이 아주 아름답다고 생각하지 않나요?"

"그래, 아메트. 나 역시 '하이데'라는 말을 매우 좋아한단다."

이제 그가 침묵한다… 기차놀이는 벌써 그의 관심에서 사라진 것처럼 보인다. 그런 다음 깊은 한숨을 쉰다. "제가 이제 어떻게 선생님이 제 스스로 모든 것을 잘할 거라고 믿게 할 수 있을까?"

"그래, 아메트… 아마 한 걸음씩 스스로 발견하게 될 거야. …네가 방금 교장 선생님에게 가는 길을 찾을 수 있었던 것처럼."

"네." 그가 곰곰이 생각하면서 "얼마나 오랫동안 내가 난쟁이들과 함께 있었는지…. 지금은 내가 더 이상 그것을 참을 수가 없어… 그러나…." 그가 말을 멈춘다.

"그러나? 그다음에 무엇을 말하고 싶은 거야, 아메트? …네가 말하려는 게 뭐지?"

"아, 아무것도 아니에요!" 그는 침묵한다. 유심히 바닥을 바라본다. 그런 다음 두 개의 선로를 손에 쥔다. 그리고 그것들을 맞붙인다. 그리고 다시 떼어낸다. 다시 붙이고 그리고 오랫동안 또 다시 이 작업을 계속해서 반복한다.

그런 다음 그가 묻는다.

"선생님은 '손님'이라는 말을 잘 참을 수 있겠어요?"

"손님? 그래, 아메트. 그것은 아름다운 말이야. 그리고 그것과 관련된 모든 것들은 아름다워. 나는 어떤 손님이 우리에게 올 때 항상 즐거워하지. 손님은 사람들이 기꺼이 받아들이고 싶은 그런 사람이지. 그렇지 않으면 자기 집에 그런 사람을 초대하지 않을 거잖아."

"글쎄요. … 제 새 학급의(나처럼) 큰 애들은 우리 아빠가 손님(이주 노동자)이라는 것을 알게 되겠군요!"

"그래, 그래서?"

"선생님은 학교에서 손님이라는 말이 욕이라는 것을 모르나요…?"

모레 만나게 될 낯선 선생님과 급우들이 있는 새 학교에 대한 생각이 그의 마음을 매우 많이 움직인다.

"아세요? …큰 애들은 …모두가 축구를 아주 잘해요. …그리고 그들이 축구공을 가지고 있다면 나도 아주 훌륭하게 축구를 할 수 있어요. …그러면 그들이 아마 나를 선택하게 될 텐데…. 확실해요!"

"아메트, 네가 축구공을 가지고 있다면 좋겠니?"

곧바로 대답이 주어진다.

"그건 멋진 일이죠! 아세요? 그러면 '너희들 내 축구공을 가지고 함께 놀래?'라고 제가 애들에게 말할 수 있죠."

"그래, 그러면 이 축구공은 너의 것이야."

나는 우리 놀이실에 있는 축구공을 그에게 주었다. 그것은 매우 성공적인 깜짝 선물이었다! 그가 매직 펜으로 그 위에 자기 이름을 적어 달라고 간청한다.

"선생님의 아름다운 글씨체로 나의 이름을 적어 주세요. 아메트 사바스… 누구나 이 축구공이 제 것이라는 것을 알게 되겠죠."

그런 다음 그가 축구공을 팔 밑에 낀다. 그리고 방안을 빙빙 돈다. 그 다음 소리친다.

"키커리키, 키커리키, 키커리키(역주: 닭 울음소리). 나는 축구공을 가졌다. 이것으로 내가 언제라도 원할 때 놀 수 있어."

그가 계속해서 공을 바닥에 톡톡 내리친다….

"이제 나는 훌륭한 플레이어가 되는 거야!"

기쁨에 가득 차서 그는 투척 화살을 집는다. 내게 얼마나 멋지게 과녁을 맞히는지를 보여 준다. 그는 매우 집중하지만 아주 자유로운 자세다. 거의 항상 정중앙의 과녁을 멋지게 맞힌다. 점점 더 높은 난이도를 만들려고 한다. "여기를 보세요. …눈을 감고서 해요! …선생님은 앞에 아무것도 없다고 생각하고 하셔야 해요. 그럼 가장 잘 맞힐 수 있어요."

그가 점점 더 난이도를 높인다. 그는 그네에 앉는다. 그리고 그네가 흔들릴 때 화살을 던진다. 실제로 그가 항상 중심을 맞힌다. 그런 다음에는 그네 위에 선다. 그리고 던진다. 그리고 맞힌다.

"멋지다! 아메트. 네가 어떻게 그렇게 잘할 수 있는지!"

그가 미소 짓는다.

"아세요. 제가 왜 이렇게 잘 맞힐 수 있는지?"

"글쎄, 아메트. 왜지?"

"왜냐하면 아주 많이 즐겁기 때문이죠! '트라리 트라라(역주: 나팔소리)' …제가 난쟁이들에게 가야만 하는 날은 이제 겨우 하루죠. …이제 저는 저만의 축구공을 가졌어요. …아세요? 제가 이제 무엇을 할 것인지?"

"그런데 아메트?"

"이제 저는 여기 있는 모든 화살들을 던질 거예요. 이것들이 전부 정중앙에 꽂힐 때까지요. 그리고 그런 다음에 이건 제가 여기 다시 올 때까지 여기에 꽂혀 있어야만 해요. 그리고 여기 오는 모든 아이들이 나, 바로 아메트 사바스가 이렇게 잘 맞힌다고 말할 수 있게 되겠죠!"

처음으로 그가 휘파람으로 노래를 부른다. 그리고 끈기를 가지고 화살들이 모두 정중앙에 꽂힐 때까지 시도한다. 내가 박수를 친다.

"대단해, 아메트. 이것들은 이제 네가 다시 올 때까지 여기에 꽂혀 있을 거야!"

시간이 다 되었다. 아메트는 이제 항상 식탁 위에 있는 비스킷을 챙겨 넣는다. 그러나 오늘은 다른 때와 달리 그렇게 많이 집지 않는다. 이렇게 즐겁고 자신감에 차서 이곳을 떠난 적이 전에는 결코 없었다.

"난 항상 여기 있고 싶어요….
여기서 뭔가를 성취하고 싶어요!"

전화 통화로 코이네 교장 선생님이 아메트가 내게 말했던 것을 확인해 주었다.

모레에는 아메트가 거의 동년배 아이들하고 함께 있을 수 있는 새 학교로 전학을 간다. 코이네 교장 선생님은 그저 급우들과 나이 차이가 너무 크다는 이유만으로 아메트의 간청을 수락했고 그가 전학 가게 하였다. 그렇지만 그에게는 사실은 이런 상황이 매우 절망적으로 느껴진다.

"왜냐하면 이것으로 문제가 해결된 건 아니라는 것을 알기 때문이죠. 아메트는 모르는 것이 너무 많아요. 그가 다른 학년에서 그 많은 과목을 따라갈 수 있을 것인지. 우리는 아마 보게 될 겁니다…."

오늘 아침 아메트가 처음으로 새 학교에 갔다. 나의 생각은 평소보다 자주 그에게 가 있었다. 그가 오늘 아침에 자신의 상처받기 쉬운 예민함을 극복할 수 있을지. 곧 자기 힘으로는 자신을 거의 보호할 줄 모르는 그 예민함을 극복할 수 있을 것인지…. 어쩌면 그는 내가 생각했던 것보다 훨씬 더 강할 수 있을 것이다. 그가 해결을 위해 자기 학교 문제를 스스로 손에 쥐었다. 이러한 해결을 위한 시도는 항상 그렇듯이 실패할지도 모른다. 그렇지만 그는 자신이 참을 수 없는 상황을 변화시키기 위한 시도를 했다.

아메트가 놀이치료실을 들어설 때 그는 곧바로 새 학교에서 있었던 일을 보고하기 시작한다. 그는 단조로운 음성으로 말한다. 그리고 실제로 긴장한 듯 보인다.

"좋았던 것은 제가 더 이상 난쟁이들과 함께 있지 않는 거예요. 대부분의 애들이 나처럼 이렇게 똑같이 키가 컸어요. 저는 두 명의 남자 아이들 사이에 있는 의자에 앉지요. …그건 좋은 거 같아요. …왜냐하면 제가 혼자가 아니니까…."

그런 다음 말을 멈춘다. 나는 질문으로 그를 압박하지 않는다. 무엇 때문에 그래야만 하겠는가? 내가 무엇을 물어야만 할까? 새 학교가 그에게 얼마나 마음에 들었는지? 또는 급우들이나 선생님이 견딜 수 있을 만큼 나쁘진 않았는지? 무엇 때문에 이제 겨우 처음으로 가질 수 있었던 체험을 그가 평가하도록 해야 할 것인가? 아마도 내일은 그만 두어야만 할지도 모르는 그런 체험을 말이다. 다른 한편으로는 아메트가 나의 반응에 대해 그 어떤 것도 시작할 수 없는 것처럼 내 질문에 대해서 아무런 유효한 대답도 주지 않을 것이다.

이 치료의 의미는 그와 나 사이에 지지적인 관계를 형성하는 것에 있지 않다. 그래서 그가 나에게 의존하고, 즉 그의 내적인 안정감을 발달시키기 위해서 나에게 의존적이 되는 그러한 관계 말이다. 그것은 그의 문제를 더 복잡하게 할 것이다. 내가 왜 아메트가 천편일률적인 대답을 하는 경직된 태도를 취하도록 그를 압박해야만 하겠는가? 바로 그런 것에 그의 정서와 느낌을 위한 충분히 자연스러운 표현방법이 있을 테니까.

이제 아메트는 그네에 앉는다. 그가 말없이 왔다갔다 흔들릴 때 나는 내가 그의 옷을 바라보고 있는 것을 느낀다. 내 안에서 그의 어머니에 대한 분노가 치밀어 오른다. 그렇게 많은 대화를 통해서 나는 그녀에게 제발 좀 아메트가 깨끗한 옷을 입고 학교에 갈 수 있도록 간청했었다. 그런데도 불구하고 아무것도 달라지지 않았다. 예전과 마찬가지로 그의 셔츠와 바지는 얼룩이 가득 차 있다. 나는 한동안 침묵이 필요했다. 왜냐하면 이제 내가 할 수만 있다면 그의 어머니의 대한 나의 분노를 폭발시키고 싶을 테니까. 곧 이 소년은 모든 것과 싸워야만 한다! 아메트 어머니의 삶의 큰 두려움은 바로 빨래를 규칙적으로 비누로 빨아서는 안 된다는 형태로까지 나타난다.

그 사이 아메트는 다시 공간을 어슬렁거린다. 그러나 곧 자신의 의지로 연출상자를 가지고 놀이하는 것을 결정한다. 아메트가 처음 왔을 때 나는 이 연출상자로 그를 평가했었다. 그가 간단한 장면을 만든다. 왼쪽 아래 구석 공간에 아주 작고 부드러운 양탄자를 깐다. 그 위에 작은 강아지를 앉힌다. "얘가 자고 있어요."라고 강아지에 대해 말한다. 강아지가 있는 자리를 둘러서 이제 나무들을 빽빽하게 울타리처럼 세운다. 오른쪽 구석 위쪽에는 과일들이 가득 올려 있고, 케이크와 와인 한 병까지 있는 식탁을 하나 놓는다. 아기를 안은 엄마가 흔들의자에 앉아 있다. 그리고 거기에 아빠가 나타난다. 아메트의 설명에 따르면 아빠 역시 커다란 쟁반에 먹을 것을 잔뜩 올려가지고 온다.

그가 여기에 대해서 어떤 이야기를 하려고 하는 것인지 내가 그에게 물었을 때 그는 다만 강아지를 가리키면서 말한다. "얘가 매우 피곤해요. 얘는 처음으로 아주 오랫동안 잠을 자야만 해요. 그리고 이 나무들이 얘를 보호해 줄 거예요. 그래서 방해 받지 않도록… 그리고 여기 엄마가 아기와 함께 앉아 있어요. …엄마는 아빠가 멋진 것들을 많이 가지고 와서 매우 기뻐요."

이 장면에서 작은 강아지는 아메트 스스로를 나타낸다. 즉, 이 작은 강아지처럼 세상으로부터 은둔하고 싶고 피곤한 그래서 이제 오랫동안 잠을 자야 하는 작은 강아지….

나는 그에게 오직 그가 표현한 무의식적 정서만을 확인해 준다. "강아지가 그렇게 아름답고 보호받을 수 있는 자리를 발견했다는 것이 좋구나. 그가 이제 푹 자야만 한다는 것이 좋구나."

한동안 그가 다시 그네에 앉는다. 그는 오늘 매우 말이 없다. 나는 그를 압박하지 않는다. 그리고 그가 자신의 기분을 직접 나타낼 수 있는 다른 표현 형태로 바꿀 수 있기까지 기다린다. 그가 결국 칠판으로 간다. 그리고 그림을 그린다. 유모차를 밀면서 산책을 하고 있는 어머니, 빈 벤치가 있는 한 그루의 나무 그리고 약간의 햇살. 그다음 그가 이야기하기 시작한다.

"이 학급에서는 제가 이제 아주 많은 것들을 할 수 있게 될 거예요."

"그래?"

"저의 여선생님이 말했어요. 제가 여러 과목들을 함께 할 필요는 없다고요. 그리고 제가 그저 그림을 그려도 된다고. 아세요? 선생님은 제가 모자라는 학습이 많을 것이라고 말했어요."

"그렇구나. 그녀가 네가 학습결핍이 있을 거라는 것을 이해해 주었구나. 왜냐하면 네가 아주 오랫동안 훨씬 더 작은 아이들하고 있었고 많은 과목에서 학습이 지연되었기 때문에."

"네." 그가 더 적은, 생각에 잠긴 듯한 목소리로 말한다. "그런데… 아세요? …이제 저는 잘해 낼 수 있도록 생각을 아주 잘해야 해요. 저는 벌써 하이데 학교를 좋아하거든요. …이제 전 여기에 정말로 있고 싶어요. …그러나 그건 아마 어렵겠죠."

나는 그에게 그저 머리를 끄덕이는 형태로 인정해 준다. 그러고 나서 그가 계속해서 이야기한다.

"제 선생님이 모든 학급 아이들에게 제가 다른 아이들처럼 아주 정확하게 독일 말을 할 수 있다고 말했어요."

"아메트. 정말 그래. 너는 아주 멋지게 독일어를 말하지. 독일 소년도 너보다 더 독일 말을 잘하지는 않아!"

"그 아이들은 물론 나보다 훨씬 쉽게 배웠죠. …그들이 학교에 왔을 때 그들은 이미 말을 할 수 있었어요. …그러나 저는 단 한 단어도 말할 수 없었죠. 물론 그게 바로 제가 작은 아이들 속에 있어야 했던 이유죠. …지금도 여전히 다 제대로 된 것은 아니에요. 이제 저는 잘 말할 수 있어요. 그러나 계산하는 것은 잘하지 못해요. 또 다른 것들도 아직 잘하지 못해요. …모르겠어요. 제가 이 모든 것들을 어떻게 다 집어넣어야할지…. 거기에 대한 생각만 해도 벌써 머리가 아파 와요. …그런데 집에서는 이 모든 것들이 아주 간단한 거라고 생각해요. …제가 그림을 그릴 수 있다는 것은 좋은 일이지요. 그러나 다른 아이들이 제가 그들과 함께 놀 수 없다고 말한다면 그러면 저는 또다시 제가 그들과 다르다고 느낄 거예요. …이해하세요?"

그가 커다란 슬픈 눈으로 나를 바라본다.

"그래, 아메트. 내가 그것을 너무 잘 이해하지."

그가 깊이 숨을 들이쉰다. "그러나 아세요? 선생님이 그걸 이해한다고 말하니까. …제 말은 정말로 이해한다고 하시니까 …벌써 좀 편안해지는 걸요."

"그래, 아메트. 그게 도움이 되지 …하지만 너는 우리가 오직 한 걸음 한 걸음씩 전진할 필요가 있다는 것을 알게 될거야. 그리고 그것은 성취를 가져오지."

그가 주제를 바꾼다. "선생님이 제게 설명할 수 있어요? 사람들이 어떻게 만화영화를 만들 수 있는지? 우리가 거기에 대해서 작문을 해야 해요. …제가 만화영화가 정확히 어떻게 만들어지는지 알기만 한다면 저는 스스로 글을 쓸 수 있어요."

내가 이제 그에게 가능한 한 간단하게 만화영화가 어떻게 제작되는지, 만화가 하나의 영화로 완성될 때까지 무슨 일이 일어나는지, 그 만화영화의 제작에 대해 이야기하려고 시도한다. 그가 큰 관심을 가지고 경청한다. 그리고 몇 개 메모도 한다. 그런 다음 말한다. "제 엄마가 저를 도와줬다고 선생님께 말할 거예요. 독일 엄마들은 숙제를 할 때 많이 도와주거든요."

그가 조금 갑작스럽게 말한다. "내일은 체육시간이 있어요. …그런데 저는 전혀 걱정이 없어요. 저는 아주 잘할 수 있거든요. …아! 참, 제가 축구공을 학교에 가지고 갔어요. 애들이 제가 이렇게 멋진 축구공을 가지고 있다는 것에 벌써 놀라워했어요…. 이렇게 멋진 축구공은 그렇게 쉽게 볼 수 있는 것이 아니지요. 쉬는 시간에 우리는 그걸 가지고 조금 훈련을 했어요. …이제 금세 제가 독일 친구를 사귀게 될 거예요."

그가 말을 중단한다….

"아, 얼마나 많은 시간이 우리에게 남아 있죠? 아직

기차놀이를 할 충분한 시간이 있나요? 빨리빨리 그것을 선생님이 끄집어 내세요. …이상해요. 제가 어떤 놀이를 하고 싶어 기뻐할 때면 저는 항상 먼저 화장실에 가야만 해요."

그리고 그는 오늘 전철기가 충분히 있다는 사실에 크게 즐거워한다.

"사람들은 전철기를 충분히 가질 수 없거든요. …사고는 전철기가 충분히 없을 때 일어날 수 있어요. 하지만 이제 모든 게 제대로 되었어요!"

다시 그가 선로들을 불안한 강박을 가지고 함께 끼우기 시작한다.

"가장 중요한 것은 전철기예요. 그리고 아주 단단하게 고정된 선로들이죠."

그는 이 작업으로부터 자신을 해방시킬 수 없는 것 같다. 내가 그에게 기관차를 한 번 선로 위에 달리도록 하자고 제안했을 때 그가 거부한다.

"오늘 저는 어떤 모험도 하지 않을 거예요!"

그런 다음 그가 검은색의 커다란 기관차를 택한다.

"이게 이제 나의 기관차예요. 이것은 아주 강하죠!"

내게는 그가 자신의 것보다 더 작은 기관차를 내민다.

"이것이 선생님 것이에요. …자, 이제 태엽을 감아요. 우리가 기차를 달리게 할 거예요. …그러나 선로 위에서는 아니죠. 먼저 방바닥 위에, 그런 다음 후진으로 …이것들은 이제 처음으로 후진으로 가는 것을 배울 거예요. 이게 가장 어려운 것이죠. 아세요? 후진으로 달릴 수 있는 것 그리고 어디에도 부딪치지 않는다는 것 …그것이 가장 어려운 것이죠!"

"너에게 제일 중요한 것을 충분히 시도해 봐."

그러자 갑자기 그가 놀이를 중단한다. 그리고 조소용 점토를 집는다. 그가 크게 도취되어서 빨간 혀를 내밀고 있는 노란색 뱀을 만든다. 그런 다음 벌린 입을 하고 있는 두 색깔의 상어를 한 마리 만든다. 그리고 이 두 동물의 싸움을 상연한다. 물론 매우 소심하게.

이때 그가 점점 더 즐거워진다. 그런 다음 그가 한 개의 아주 튼튼한 카누(인디언 나룻배)를 만들어 낸다. 그리고 그 옆면을 화려한 장식으로 꾸민다. 다음에 아주 절박하게 카누에 의존하고 있는 인디언들에 대해서 이야기한다. 왜냐하면 그들이 뱀과 악어와 상어들이 있는 깊은 강을 건너야 하기 때문에.

그 사이 크리스마스 노래를 부르기 시작한다. 지금은 여름인데도 말이다.

"소나무야, 소나무야, 언제나 푸른 네 빛."

다음에 카누를 탁자 위에 올린다. 그리고 분명히 눈에 띄게 즐거워하며 바라본다.

"저의 카누가 얼만큼 마음에 드세요?"

"아주 많이 마음에 드는구나, 아메트. 이것은 튼튼해서 아마 깊은 강물도 아주 잘 나아갈 수 있을 거야. 그리고 뱀이나 상어도 절대 해를 입히지 못할 거야."

"악어도 마찬가지죠!" 그가 덧붙인다.

"…아세요? 인디언은 카누에 물이 새지 않도록 항상 극도로 조심해야 돼요. 그렇지 않으면 위험해지죠."

"아, 그렇군! 나는 인디언들은 그 사이 많은 것들을 경험했고 그리고 배웠다고 생각해…."

"그~래요." 그가 나의 말을 잇는다. "그들이 이미 카누 만드는 방법을 알고 있죠. 그들은 알아요!"

내가 보트에 있는 귀여운 장식을 바라본다.

"제 카누가 선생님 마음에 아주 많이 드는군요! …그래서 저는 매우 기뻐요. …그러면 제가 이것을 선생님에게 선물할게요. …누군가에게 선물한다는 것은 항상 좋은 일이죠. …나의 누나 에미네가 누군가로부터 최근에 선물을 받았어요. …누나가 독일에 대한 추억으로 그것을 보관할 거래요."

"추억으로?"

"네. 에미네는 여기 계속해서 있으려고 하지 않아요 …그러나 나는 영원히 있을 거예요. …여기서 저는 뭔가를 성취하고 싶어요."

내가 이 표현에 매우 놀라워한다.

"그렇구나. 여기 독일에 있고 싶구나. 그리고 뭔가를 성취하고 싶구나."

"네. 뭔가를 성취할 경우 그것은 정말로 기쁨을 주죠…."

그가 말을 멈춘다. "이제 제가 한 가지 생각이 있어요."

"그러니, 아메트?"

"제가 점토 한 덩어리를 집에 가져갈 수 있다면 …그건 정말 멋질 거예요. …그러면 제가 아빠에게 제 머릿속에 떠오른 것들을 멋지게 만들어 내는 것을 보여 줄 수 있어요. 아마 그들도 기꺼이 뭔가를 만들 수 있을 거예요. …항상 텔레비전만 보아서는 안 되죠! …텔레비전은 누군가의 눈만 아프게 할 뿐이에요!"

"아! 네가 또 한 번 좋은 생각을 했구나. 점토 한 덩어리를 집에 가지고 가렴… 네가 생각하는 만큼 그렇게 충분히."

우리가 함께 큰 덩어리 찰흙을 촉촉한 보자기에 싼다. 그가 떠나려 할 때 항상 그렇듯이 떠오르는 생각이 있다.

"아세요? 제가 우리 반 아이들에게 무엇을 기꺼이 보여 주고 싶은지?"

"글쎄, 아메트?"

그가 이미 사탕 소나무의 커다란 솔방울을 손에 쥐고 있다.

"이 커다란 솔방울을 우리 반 아이들에게 보여 주고 싶어요. …그들은 아마 놀랄 거예요! …이렇게 커다란 솔방울은 아마 아무도 보지 못했을 거예요."

"그래, 네가 그것을 진짜로 가져갈 수 있어. 솔방울을 부서뜨리지 않고 내게 돌려줄 수 있도록 잘 싸렴."

그것을 포장하는 동안에 그가 말한다. "아마도 제가 이것을 우리 선생님에게 주게 될 거예요. …선생님은 괜찮은 분이에요. …그가 우리 반에 이것을 보여 주고 말하게 될 거예요. 이것은 제가 가져왔다고."

"좋아, 아메트 그럼 다시 보자. 모레까지 안녕!"

바로 그날 저녁에 다시 전화벨이 울린다.

"한 번 알아맞혀 보세요. 여기 누군지, 여기 누가 있는지?"

"그래, 바로 아메트야."

"아! 선생님은 전화벨이 울릴 때 항상 바로 나라는 것을 아셨죠?"

그가 나의 대답을 기다리기도 전에 바로 계속해서 말한다.

"모든 게 잘되었어요. …저는 다만 안부를 전하려고 했어요. …제가 말하고 싶은 것은 우리가 아주 즐거운 저녁시간을 보냈다는 거예요. 우리 모두는 함께 점토놀이를 했어요. 텔레비전은 켜지도 않았어요. 우리 아빠도 함께 말이죠…."

"아, 그래? 무엇을 만들었니?"

"아, 아주 많아요."

"저는 다시 아름다운 카누 한 척을 만들었어요. 제가 바로 선생님에게 선물했던 것과 비슷한 카누요 …그리고 아빠는 제가 그것을 그렇게 멋지게 만들 수 있다는 것에 놀라워했어요. 아빠는 당나귀를 만들었어요."

그가 웃는다. "그러니까 그것은 처음에는 당나귀처럼 보이지 않았어요. 그러나 아빠가 멋진 이야기를 하셨죠. 아빠가 젊은 날에 가졌던 작은 당나귀에 대해서… 그건 슬픈 이야기예요. 그러나 아빠가 뭔가를 이야기했다는 게 멋져요!"

"그리고 너의 엄마는 무엇을 만들었니?"

"아, 엄마는, 그렇죠. …엄마에게는 사실 잘 되지 않았어요. 엄마는 아무것도 만들 수 없었어요. 그녀는 공장에서 다시 손을 다쳤거든요."

"아, 그렇구나. 마음이 아프구나! 아메트."

"그래요. 엄마는 이제 다시 뚱뚱한 붕대를 감고 있어요. …그렇지만 엄마에게 운이 좋았던 거예요. 금방 다시 잘될 거예요. 엄마도 오늘 저녁에 무척 즐거워했어요. 우리가 아주 멋진 것을 찰흙으로 만들었기 때문에! …그래서 엄마가 우리에게 케이크를 구워 줬어요."

"그렇게 너희 식구들이 정말로 아름다운 저녁시간을 가졌구나. 그래서 네가 전화를 해서 말하고 싶었구나?"

"제가 선생님에게 뭔가를 더 말하고 싶었어요. …선생님은 놀라게 되실 거라는 거죠. 제가 선생님을 위해서 뭔가를 만들었거든요. …나무를 가지고 …선생님은 진짜로 놀라게 되실 거예요. 그것은 다시 두 가지 면을 가지고 있어요. 그것은… 더 이상은 말하지 않겠어요!"

"그래. 난 벌써 궁금해서 매우 긴장하고 있어, 아메트. 모레가 되는 것을 기쁘게 기다리고 있을게."

"그래요. 그러면 모레가 될 때까지 안녕 …안녕, 우데 선생님."

"안녕 …아메트. 모레가 될 때까지."

"또 사람들이 나의 고양이를 때려 죽였어요…."

그 다음다음 날 아메트가 장난기 가득한 얼굴로 놀이실로 들어온다. 팔 밑에 무언가 신문지로 싼 것을 끼고 있다.

"선생님은 이제 눈을 감으세요. 그리고 이 구석에 서 있으세요. 제가 이제 선생님에게 줄 선물을 탁자 위에 놓을게요."

나는 눈을 감는다.

"그래요! …선생님이 눈을 감은 채로 이곳으로 오는 거예요."

그가 내 손을 잡고 이끈다.

"선생님은 분명히 놀라게 될 거예요. 우데 선생님."

내 앞 탁자 위에 그가 조각한 새가 한 마리 놓여 있다. 기다란 목과 머리가 하늘을 향하고 있는 새였다.

"아메트, 이건 정말로 아름다운 선물이구나!"

그가 미소 짓는다. 그리고 내게 아주 중요한 두 가지 측면을 보여 준다.

"우데 선생님, 보세요. 이 쪽에서는 눈이 하늘을 보고 있어요. 그리고 다른 쪽에서는 땅을 보고 있어요."

"그렇구나. 이 새의 한쪽 면은 슬프고, 한쪽 면은 기쁘구나…."

"선생님은 다시 제 마음을 이해하셨어요… 선생님은 항상 이해하시는군요. 아세요? 제가 선생님에게 왔을 때 저는 항상 이 쪽의 새처럼 바라보았어요."

그가 새를 땅을 바라보고 있는 측면으로 돌린다. 그가 자신의 감정을 표현한 방법이 내게 감동을 준다.

"이제." 그가 새를 다시 돌린다. "지금은 제가 종종 바로 이 상태로 돼요…."

우리 둘은 조각된 예술 작품의 기쁜 쪽을 바라본다.

"아메트, 네가 이제 매우 자주 이 측면의 새와 같다는 것이 기쁘구나."

그가 다시 새를 돌린다. 슬픈 눈을 하고 있는 쪽으로.

"오늘 아침에는 학교에서, 바로 이렇게 지냈어요."

"네가 슬펐구나, 아메트. 왜지?"

"체육시간이었어요. …체조할 때 …알아맞혀 보세요. 제가 어떤 점수를 받았는지?"

"내가 알아맞혀야 돼? …그건 조금 어렵구나. 내가 아직 네가 체조하는 것을 보지 못했잖아."

"그러니까. …아세요? 체육은 제가 잘할 수 있어요. …체육은 제가 잘해요."

그가 말을 멈춘다. "원래 제가 수(A)를 받았어야 해요. 그러나 우(B)를 받았어요. 아세요? 그게 그렇게 됐죠. …우리가 체조를 했을 때 …저는 제대로 몸을 돌릴 수가 없었어요. 제 체육복 엉덩이가 찢어져서 기웠는데 …저는 우리 반 아이들에게 엉덩이를 보여 주고 싶지 않았어요. …그래서 우가 돼 버린 거예요. …그러나 괜찮아요. 제가 그것을 받아들여야만 하죠. 그건 나쁘지 않아요. 저는 제가 잘할 수 있다는 것을 아니까요!"

그가 그네에 앉는다.

"그래, 그렇지."

내가 잠깐 쉰 다음 말한다.

"우는 사실 좋은 점수야. …그것으로 만족할 수 있어. …하지만 수를 얻을 수 있었다고 생각했다면 아마 조금은 실망스러울 거야."

그가 어깨를 조금 들어 올린다.

"네가 다음에는 어떻게 할 수 있는지 생각해 본 적 있어? …다시 체육시간이 되겠지?"

"모르겠어요." 그가 어깨를 들어 올리며 다시 말한다. "…모르겠어요."

"그러면 아메트, 우리 한 번 같이 생각해 보자. 네가 다음 시간에 제대로 된 체육복을 갖기 위해서 무엇을 할 수 있는지. 그렇지 않으면 너는 다시 오늘과 같은 일을 겪게 될 거야."

잠깐 동안 생각한 다음 그가 말한다. “우리 엄마에게는 제가 그걸 물을 필요도 없어요. 엄마는 제게 돈을 주지 않아요. …그리고 아빠는 제가 제 용돈으로는 무엇을 했는지 알길 원해요.”

“일주일에 얼마를 네가 받고 있니?”

“때때로 1마르크(한화 약 500~600원)씩… 제가 달라고 할 때만요. 그렇지만 그 돈으로 저는 공책도 사야 해요.”

나는 침묵 속에서 그의 한숨 소리를 듣는다. 그에게 갑자기 떠오르는 생각이 있다. 그가 아마도 새 체육복을 에미네에게 간청할 수 있을 거라는 생각이다. 그렇다. 그녀라면 그에게 체육복 값을 줄 수 있을 것이다.

그가 이제 두 발로 그네의 발판 위에 선다. 그리고 최대한 높이 날아오르려고 시도한다.

“오, 맘마미아, 맘마미아, 맘마미아…!”

이것은 분명히 새로운 표현방식이었을 것이다. 그러고 나서 그가 갑자기 긴 문장을 외치며 그네에서 안락의자 위로 뛰어내린다. 온 얼굴 가득 미소를 짓는다.

“이제 선생님이 제가 체육시간에 최고라는 것을 알겠어요?”

“확신이 드는구나!”

안락의자 속에서 그가 다리를 끌어당기고 몸을 편안히 한다.

“제가 학교생활을 정말로 잘할

수 있다는 것을 제 선생님도 믿을 수 있도록 무엇을 하면 좋을지 안다면 좋을 텐데."

그의 눈이 질문을 하듯이 나를 바라본다. 그러나 나는 그의 질문에 어떤 답도 줄 수 없을 것이다. 그가 그것을 받아들인다.

"선생님은 지금도 카바가 든 따뜻한 우유를 가지고 있죠? …그, 그, 그리고 아마도 또한 간 소시지도?"

그가 그의 가장 좋아하는 음식에서 기운을 다시 얻는다. 그리고 말한다.

"아세요? …이제 저는 많이 노력해야만 해요… 수학은 어려워요. …아이들은 나보다 훨씬 더 앞서 있어요. …저의 선생님이 말했죠. …그녀가 말하기를 저는 어쩔 수가 없대요."

"선생님이 옳아. 네가 지금까지 세 살이나 어린 아이들 반에 있었으니까."

"그래요. 그래서 어려워요!"

그런 다음 그가 먹어서 빈 빵 접시를 건넨다.

"이거 정말 맛있었어요! …잠깐, …여기 아직 부스러기가 하나 있네…." 그가 접시 위에 남아 있는 빵 부스러기를 입에 넣는다.

"아세요? 터키에서는 접시 위에 옥수수 한 알갱이도 남겨서는 안돼요. 가난이 그만큼 심하기 때문이죠. …그러나 인도에서는 훨씬 더 심각할 거예요. 거기서는 인간이 배가 고파 굶어 죽어요."

"네가 이 세상에 있는 굶어 죽는 사람들 때문에 슬퍼하고 있구나?"

그가 어깨를 들어 올린다.

"제 엄마가 항상 말했죠. 제가 돈을 달라고 할 때마다 먹을 수 있는 것만으로도 기뻐하라고."

여기에 대해서 나는 침묵한다. 그의 마음속의 감정을 선동시키는 것은 아무 의미가 없을 것이다. 아직은 바꿀 수 없는 생존과 직결된 그 감정을.

항상 그랬듯이 조금 힘들어 하며 그가 방안을 목적 없이 돌아다닌다. 그러다 그가 손가락 물감을 발견한다.

"이크! …이게 뭐하는 거죠?"

"손가락을 물감 속에 집어넣을 수 있지. 그리고 그림을 그릴 수 있어."

그가 혐오감을 드러낸다.

"이크, 이크! …이것으로 더러운 손이 되겠어요. 저는 깨끗한 모래를 가지고 놀고 싶어요. 아니면 이것으로… ."

그가 분필을 하나 잡는다. 그리고 다시 어머니에 대해서 말하기 시작한다.

"제 엄마가 항상 말했죠. 우리는 저축을 해야만 한다고. 저축, 저축, 저축!"

그가 이제 완전히 분노에 사로잡혔다. 그 상태로 그가 칠판 가득히 엄청나게 큰 소 한 마리를 그린다. 소의 쩍 벌린 입에 담배 파이프가 있고 거기에서 많은 연기가 뿜어 나온다.

그림이 완성되었을 때 그가 양손을 허리춤에 올리고 선다. "이건 빌어먹을 소예요. …선생님도 그렇게 보이지 않으세요? 파이프로 담배를 피는 소. …기다려라, 내가 네 주둥이에 있는 파이프를 총으로 쏠거야."

그가 탄총을 가져온다. 그리고 쉼 없이 소를 향해 총을 쏘기 시작한다. 제일 먼저 담배 파이프에. "나는 네가 절대로 담배를 피지 못하게 할 거야… 이 멍청한 소야!… 이 빌어먹을 소!… 팽팽팽…!"

그는 항상 사전에 먼저 언급한 몸체 부위를 명중시킨다. 그러면서 그의 표현은 점점 더 거칠어진다. "이제 네 두꺼운 똥구멍에 쏘겠다. 이 빌어먹을 살찐 멍청한 소야, 팽팽팽!"

탄알이 묶인 고무판이 하얀 분필로 그려진 윤곽을 지워 낸다. 칠판에서 분필이 점점 더 많이 흘러내린다. 엄청나게 큰 소는 이제 형체를 거의 알아볼 수 없다.

"사라져!… 여기서 도망쳐!… 꺼져!… 꺼져!… 멍청이, 꺼져!"

그런 다음 그가 손에서 총을 내려놓는다. 그리고 그의 팔로 축축해진 이마를 닦아 낸다. 다음에 말없이 똑바로 서서 방안을 걸어다닌다. 아직도 계속해서 분노가 그를 괴롭힌다. 어쩌면 그 놀이에서 알아볼 수 있는 것보다도 훨씬 더 강한 분노일 것이다. 그가 안락의자에 몸을 던지면서 다시 한 번 격렬하게 한 양동이를 걷어찬다. 신음하면서 그가 이제 안락의자 속에서 여기저기로 몸을 궁굴린다. 아주 힘들게 울음을 참아 내고 있다.

한참 후에 그가 벌떡 일어선다.

"우리가 탁구 놀이를 할 수 있죠!"

"좋아, 아메트."

우리는 아직 한 번도 함께 탁구 놀이를 한 적이 없었다. 아메트는 기술이 매우 좋다. 아주 뛰어난 공감각을 가지고 있다. 그리고 내게 그 공들을 점점 더 세게 내던진다. 분명히 규칙은 그의 안중에 없다. 또한 누가 이기는지 지는지도 그의 관심사가 아니다. 그에게는 명백히 공을 내던지는 것이 중요하다. 그가 좀 전에 소에게 했던 것을 분명 내게 하고 있다. 잠시 후에 내가 놀이를 중단한다.

"잠깐 아메트, 잠깐… 자아암깐, 잠깐!" 재빨리 내가 커다란 쟁반을 집어 든다. 이것은 나를 지키는 방패다. 그가 내 행동을 이해하고 정말 거세게 공을 던지며 공의 폭우를 그 위에 쏟아붓는다. 이게 그가 원했던 것이었다. 그에게 필요했던 것.

"착!… 착!… 착!"

공을 던질 때마다 그가 착이라는 단어를 덧붙이고, 그것은 매우 빨리 "칵!… 칵!… 칵!" 으로 바뀌었다.

그의 공은 거의 빗나간 적이 없다. 그가 보관하고 있던 세 개의 공에서 마지막 것이 떨어지자 그가 그것을 힘찬 발로 단숨에 짓밟는다. "칵!"

멈춘다. 그런 다음 그가 짓밟은 공을 들어 올린다. "이게 얼마죠?"

"신경 쓸 것 없어, 아메트. 여기서는 괜찮아."

내가 그 공을 들어서 휴지통 안에 버린다. 그러자 약간 작은 소리로 그가 말한다.

“아직 세 개의 공이 우리에게 있어요. …그것이면 물론 충분하죠. …그것이면 우리가 아주 잘 놀 수 있어요.”

“그래 그렇게 할 수 있어, 아메트 …이제 괜찮아.”

그러나 그에게는 아마 그것이 그렇게 괜찮지만은 않은가 보다.

“그리고 제가 공을 던질 때 선생님이 불안해 하실 필요는 없었어요. 선생님이 나무판 뒤에 있었잖아요….”

“옳아, 아메트. 그리고 네가 제대로 긴장을 풀 수 있었겠구나. 네게는 그것이 아주 좋았던 것 같다!”

이제 벌써 한 줄기 유머가 흘러나온다.

“아마 제가 복서가 되어야 할까요?”

“아마도 아메트, 현재로서는 권투하는 것이 너에게 아주 좋겠구나.”

그가 다시 안락의자에 몸을 던진다. 좀 더 길게 한숨을 돌리는 휴식 후에 많은 물건들이 세워져 있는 선반에서 흙으로 만든 한 개의 애완견을 집는다. “지금 이 애완견을 뮈케(우데 선생님의 개)처럼 보이도록 색칠을 하는 것이 재미있을 것 같아요.”

“네가 하고 싶은 것을 하렴, 아메트.”

그가 붓과 물감을 집어 든다. 그리고 전형적인 ‘뮈케’의 특징을 그 위에 그린다. 흰색 눈동자, 흰색 수염, 흰색 가슴 그리고 흰색 발바닥. 그런 다음에는 그가 빨간색 목줄도 그리고, 멋진 금색 메달도 그린다. 말없이 거의 심혈을 기울여서 그린다. 그리고 부드럽고 매우 상냥한 음성으로 말한다.

"이제 금메달 목걸이를 걸어 줄 거예요. …이게 이 개에게 행운을 주죠. 아세요? …많은 엄마들과 소녀들이 이런 목걸이를 가지고 있죠. …엄마들은 아이 사진을 이 안에 넣어요. 그리고 소녀들은 남자 친구 것을 때때로 넣죠."

그가 그 애완견을 사랑스럽게 손 안에 들고 있으면서 계속해서 말한다.

"강아지, 고양이 그리고 말은 제가 가장 좋아하는 동물들이에요."

갑자기 그가 멈춘다.

"무슨 일이지, 아메트?"

"지금 제게 다시 무언가가 떠올랐어요. 나의 고양이!" 그의 목소리는 공허하고 표정이 없다.

"너의 고양이에게 무슨 일이 있었니? 아메트?"

"사람들이 그것을 때려 죽였어요!"

우린 둘 다 아주 오랫동안 말이 없다….

그다음 그가 애완견을 멀리 밀어 놓는다. 팔을 탁자 위에 올리고 머리를 그 위에 올린다. 그리고 울기 시작한다. 아주 씁쓸하게….

그가 이야기하기 시작한다. "제가 아주 어렸을 때 …몇 살이었는지는 모르겠어요. …고양이를 한 마리 가지고 있었죠. 아주 아름다운 고양이었어요. 그것은 노란색 털과 흰색 발바닥을 가지고 있었죠. …저는 항상 고양이를 데리고 다녔어요. 고양이는 저의 가장 좋은 친구였죠. 때때로 저는 밤에 고양이를 침대로 데리고 갔어요. 그리고… 그런 다음 욕을 얻어 먹은 적이 있어요. 그러던 어느 날 아침… 저는 제 고양이를 거기서 보았어요. …누군가로부터 맞아 죽은 채로… 출입문 앞에서…!"

그에게 새로운 눈물이 솟구쳐 오른다. 그러나 그것을 참아 낸다. 그리고 고통을 억제한다. 그는 아무 말도 하지 않는다. 누가 고양이를 때려 죽였는지 그리고 누가 출입문 앞에 갖다 두었는지… 이제 그는 아마 알 것이다. 얼마나 많은 고통을 그가 견뎌 왔는지.

나는 적당한 말을 찾기가 힘들다. 나는 그에게 내가 그와 이 고통을 함께 느낄 수 있을 거라고 말한다. 왜냐하면 내가 어렸을 때 비슷한 체험을 가진 적이 있으니까. 나의 작은 강아지가 자동차에 치여서 죽었던 것을.

한참 후에 그가 거의 알아들을 수 없을 만큼 작은 목소리로 말한다. "그러나 저의 고양이는 사람들이 때려 죽인 거예요. 그건 뭔가 다른 거죠. 훨씬 더 나쁜 거예요."

“그래, 아메트 네 말이 맞아.” 나는 거의 내 스스로에게 속삭이듯이 말한다. “그래, 그것이 맞아.”

오랫동안 침묵한 다음 그가 일어선다. 그리고 천천히 공간을 몇 발자국 걷는다.

“얼마나 많은 시간이 남은 거죠? 우데 선생님?”

그가 완전히 이완되어 방 한가운데 서 있다. 그의 차가운 고요 속에서 그는 내게 마치 낯선 사람처럼 보인다.

“시간이 다 됐구나.”

“좋아요.” 그가 몸을 돌려 가려 한다.

출입문에서 그가 다시 한 번 멈춰 선다… 한동안 멈칫거린다. 그다음 거의 섬뜩한 목소리로 말한다.

“저는 터키 사람들을 증오해요. 저는 그들을 증오하죠. …왜냐하면 그들이 동물에게 아주 나쁜 사람들이기 때문이에요.”

그는 분명히 한동안 이런 감정으로 살아야만 할 것이다.

"짐멜 선생님의 약을 더 이상 먹지 않아요."

아메트를 기다린다. …시간은 이미 15분이 지났다. 창밖을 바라보자 그가 막 모퉁이를 재빠른 걸음으로 돌아오는 것이 보인다. 숨을 헐떡이며 그가 출입문 앞에 선다. 매우 흥분해 있다.

"죄송합니다. …놀이할 시간이 아직 얼마나 남은 거죠?"

"우리에게는 아직 45분이 있어. 아메트."

"그러면 놀이를 서둘러야 되겠어요…."

그가 곧바로 어머니에 대해 불평하기 시작한다.

"제 엄마에게… 모든 책임이 있어요. …저는 방금 전에 터키 사람하고 어딘가에 가야만 했어요. …그가 독일 말을 전혀 할 수 없어서 제가 그를 도와야만 했거든요…!"

"아, 그렇구나. 내가 이해해. 그래서 네가 정시에 여기에 올 수 없었구나."

그가 머리를 끄덕인다.

"그런데 어차피 도움이 안 되는 일이었어요. …그런데도…." 그가 입술을 깨문다. 그리고 곤란해 한다.

"그런데도? …아메트?"

"제 엄마가 말했죠. 오늘은 우리가 거기에 가야만 한다고. 엄마에게는 제 놀이가 그만큼 중요하지 않은 거죠."

그가 다시 침묵한다. 아직 무언가 할 말이 남은 것 같다.

"자, 그런데 아메트 네가 뭔가 더 얘기하고 싶은 거니?"

그가 땅바닥을 바라본다. "글쎄, 그래요. 선생님이 제게 말했었죠. 이곳에서는 제가 항상 모든 것을 다 말할 수 있다고요."

"그래, 아메트. 바로 그거야."

이제 그가 나를 바라본다. "엄마가 제가 여기에 더 이상 오지 말아야 할 거라고 말했어요. …엄마는 선생님이 나중에 큰 금액의 청구서를 보낼까 봐 두려워하고 있어요. …그래서 엄마가 저를 위해 너무 많은 돈을 지불해야만 할까 봐."

"거기에 대해서 아무 걱정을 할 필요가 없단다. 아메트. 나는 너의 엄마에게 어떤 청구서도 보내지 않아. 네가 나중에 엄마에게 드릴 편지를 좀 가지고 가렴. 내가 엄마에게 다시 한 번 상담받으러 오시도록 간청을 할 거야."

그가 다시 한 번 질문한다. "그렇다면 모든 게 제대로 되고 있다는 거죠?"

"그래. 모든 게 제대로야, 아메트."

그가 먼저 몇 개의 비스킷을 입안에 집어넣는다. 그리고 기차선로를 가지고 놀기로 결정한다. 상자를 풀면서 그는 다시 이야기하기 시작한다.

"제가 에미네의 안부 인사를 선생님께 드려야 해요. …누나가 다시 한 달 동안 우리 집에 살게 되었어요. …알아맞혀 보세요. 왜인지."

"그래, 아메트. 왜일까? 나는 알아맞힐 수가 없구나."

"그렇다면… 제가 선생님께 말할게요…."

그가 약간 어색한 듯 미소 짓는다. "…누나가 아이를 낳아요. 그리고… 아세요? …에미네는 제 생일이 있는 달에 아이를 낳게 될 거라고 생각하고 있어요."

"아, 좋은 소식이구나!"

그가 머리를 힘 있게 끄덕인다. "그리고 …아세요? 제가 원래 작은 강아지를 갖고 싶었던 것을…. 그러나 제가 그것을 얻을 수는 없어요. …그렇지만 이제 난 아기하고 놀 수 있어요. 그것을 지금 기뻐하고 있죠."

"네가 태어날 아기에 대해서 매우 기뻐하고 있는 것 같구나, 아메트."

"글쎄요."

그가 다시 생각에 잠겨 말한다.

"알 수 없죠. 모든 게 어떻게 될지는…."

"그건 무슨 뜻이니, 아메트?"

"글쎄요." 그가 어깨를 높이 들어 올린다.

"우리 중에 누가 여기에 남게 될지. 누가 알겠어요? …나의 부모는 터키를 방문하려고 해요. …그들이 집터를 찾고자 해요. 그리고 집을 지을 거예요. 그런 집을 갖게 되면 누구나 아주 잘살 수 있죠."

그는 말을 하면서도 철로에 완전히 몰두하고 있다. 그러나 그에게는 전달의 욕구가 더 우선적인 것 같다.

"누가 알겠어요. 모든 일이 어떻게 될 것인지…!" 그가 철로를 서로 단단히 끼우려고 시도한다.

"네가 앞으로 모든 것이 어떻게 될까 생각하고 있구나?"

"글쎄요." 그가 회의적으로 그의 손바닥을 양 옆으로 열어 들어 보인다. "모르죠. 모든 게 어떻게 될 것인지. 나의 엄마는 항상 두통이 있어요. 짐멜 의사 선생님도 더 이상 도울 게 없다고 말하죠. …그가 말하길, 엄마는 향수병이래요. 지금도 그녀가 항상 많이 울기 때문이에요. …글쎄 제 아빠도 거기에 대해 뭘 할 수 있겠어요. 제 생각에 아빠도 다시 돌아가고 싶을 거예요. …우리가 모두 함께 간다면 말이죠. 그렇지만 우리 모두가 함께 돌아갈 수 있을지 저는 몰라요. 에미네가 함께 가려고 할 것인지… 그리고… 아빠는 여기에 살고 있는 그의 많은 친구들과 아이들이 지금은 함께 돌아가려고 하지 않는다고도 말했어요… 그리고… 저도 모르겠어요. …제가 함께 가고 싶은지. 그것을 제가 모르겠어요. 그러나 제가 이 학급에 더 이상 있을 수 없다면… 제가 그때도 함께 가려고 하지 않을 것인지 모르죠. …왜냐하면 어쩌면 제가 이 학급에 더 이상 머물 수 없기 때문이죠. 그렇다면 잘 모르겠어요. …잘 모르겠어요. …제가 모든 것을 해낼 수 있을지… 하지만 제가 이 학급에 함께 있을 수 있다면… 저는 다른 학교에는 더 이상 가고 싶지 않아요."

"아메트, 너를 압박하는 모든 것들이 한꺼번에 생기고 있다는 것을 이해한다. 네가 모든 것이 어떻게 진행될 것인지 전망할 수 없다는 것을 말이다."

그는 더 이상 얘기를 계속하려고 하는 것 같지는 않다. 말없이 그의 전 주의력을 철로에 쏟는다. 그가 항상 그렇듯이 그에게는 먼저 안전하게 철로를 조립하는 것이 중요하다. 거기에 종종 상징적으로 그의 깊은 불안감이 표현된다.

"선로를 조심스럽게 다루어야만 해요."

내가 그가 말하는 대로 한다.

그런 다음 그가 철로를 한 깊은 협곡 위에 걸쳐 놓는다. 내가 손으로 그것을 받쳐 준다. 왜냐하면 철로들이 너무 강직하게 걸쳐 있어서 그것이 부러질까 봐 걱정되기 때문이다.

"선생님이 손으로 철로를 받치고 있는 것이 멋지군요."

"좋아, 아메트. 내가 이제 무엇을 해야 할지 말하렴."

그가 다양한 크기의 쌓기 나무를 서로 차이 나는 간격을 두고 선로 아래에 놓는다. 그리고 괴물이 살고 있는 깊은 협곡에서 일어날 일을 공상한다. 폭포의 거친 물소리가 들린다. 그러나 너무 칙칙한 어둠 속에 놓여 있기 때문에 아무것도 볼 수는 없다.

그런 다음 그가 철로 구조물이 모든 위험에도 불구하고 지탱할 수 있다는 것이 확실해졌을 때, 갑자기 휘파람을 불기 시작한다.

"하늘 높은 곳에서부터 내가 여기에 왔다…."

왜 그는 항상 크리스마스 노래만을 부르고 휘파람을 부는 걸까? 그가 계속 작업한다.

"아~, 아세요? 나는 이 놀이를 잘할 수밖에 없어요. 이게 아주 재미있기 때문이죠. 저는 이제 아마도 기차만 가지고 놀거예요. 얼마나 많이 시간이 남은 거죠?"

"거기 시계가 있구나…."

"제게 말해 주세요. 얼마나 많은 시간이 남았는지. …저는 더 이상 시간을 낭비해버려서는 안 돼요…."

"우리가 아직 20분이 남았구나, 아메트."

"아흐, 기뻐요. …우리가 장난감을 가지고 있다는 것이 저를 매우 기쁘게 해요. …아세요? 우리가 뉴른베르크에 살았을 때 엄마가 제게 말했었죠. 여기에는 아주 멋진 장난감들이 있을 거라고요. 그리고 제게 사 주게 될 거라고… 그런데 아무것도 그 어떤 것도 제게 사 주지 않았어요. 엄마는 우리가 이사 와서 제가 슬프지 않기만을 원했어요. …아세요? 우리가 뉘른베르크에 처음 살았을 때 저는 학교에 가지 못했어요. 제가 너무 많이 아팠기 때문이죠. 아니면 제가 왜 그랬는지 확실한 이유를 모르고 있을 수도 있어요. …그러나 그건 상관이 없어요. …어쨌든 엄마는 제게 어떤 장난감도 사 주지 않았어요."

그가 한순간 중단한다. 그리고 다시 끝없이 계속해서 이야기하기 시작한다. 오늘처럼 이렇게 많이 이야기한 적은 없었다.

"엄마는 단 한 개의 장난감도 제게 사 주지 않았죠. 그런데 엄마는 제게 확실하게 약속했었어요! …그리고 저는 항상 제가 장난감을 갖게 될 거라는 꿈을 꾸었죠. …지금이 더 나아요. 저는 더 이상 꿈을 꾸지 않아요. 밤에도 역시 훨씬 나아요. 전처럼 그렇게 나쁜 꿈을 꾸지 않는다는 것이. …저는 이제 때때로 아주 잘 잘 수 있어요. …짐멜 선생님의 약은 더 이상 먹지 않아요. 약 없이도 저는 잘 잘 수 있기 때문이에요."

"그건 정말로 나를 기쁘게 하는구나!"

조심스럽게 그가 이제 철로 밑에서 쌓기 나무 조각을 빼기 시작한다. 그래서 결국에 철로들은 땅 위의 한 줄의 띠처럼 놓여 있다.

"이제 기차를 달리게 할 수 있어요."

그는 스스로 크고 검은 기관차를 손에 쥐면서 내게는 작은 기관차를 내민다.

다시 그에게 뭔가 생각이 난 듯하다. "오스만은 나를 화나게만 해요. 제가 여기서 재미있게 놀이하기 때문이죠."

“아, 그렇구나. 오스만이 놀이하는 것 때문에 너를 질투하고 있구나.”

그가 일어선다. 그리고 분명 놀이를 하기 위해 필요한 많은 것들이 들어 있는 커다란 보따리를 가져온다. 집들, 나무들, 여러 작은 인형들, 동물들 그리고 그 밖의 다른 것들. 그가 보따리 전체를 들어 흔든다. 그리고 손바닥으로 장난감 더미를 깊숙이 쑤셔 들어 올린다. 계속해서 오스만에 대해서 이야기한다. “그리고 또 항상 그하고는 다툼이 있어요. …저는 그 어떤 것도 제대로 할 수 없어요. …그는 항상 모든 것에 개입하려 하죠!… 그리고 어제도…. 어제 엄마가 제가 그 남자와 함께 나가야 한다고 말했을 때… 그리고 제가 그것을 원하지 않았기 때문에 기분이 나빠졌을 때 오스만이 말했어요….” 그가 계속해서 말할 때까지 몇 초가 걸린다. 왜냐하면 그가 오스만의 흉내를 내기 위해서 찡그린 얼굴의 우스꽝스러운 표정을 만들어야만 했기 때문에. “우데 여사가 없다면 네가 계속해서 뭘 할 수 있겠니?”

그가 이를 꽉 다문다. 그리고 남성 인형을 철로 위에 놓는다. “그래서… 바로 너에게 제대로 터질거야….”

그다음 그가 검은 기관차를 손에 쥔다. 다음 철로 위에 그것을 앉히고 무자비하게 인형 위로 기관차를 달리게 한다.

“얘는 제 스스로 잘못한 거예요!… 이제 그는 사라졌어요…!”

그런 다음 그가 갑자기 기차놀이를 중단한다.

그가 공간을 가로질러 간다. 그리고 산만한 하찮은 질문들을 한다. 나는 그가 바로 전에 했던(인형 위로 기관차를 달리게 한) 놀이에 대해 불안을 느낀 것은 아닌지, 그래서 보다 확실한 정서의 영역으로 자신을 구출하려고 하는 것은 아닌지 그런 느낌을 받는다.

한참 후에 그가 기타를 집어 든다. 그리고 기타 줄을 조용하게 당긴다. 그런 다음 그네에 앉아서 조심스럽게 기타의 뒷면을 두드리기 시작한다. 그리고 리듬에 맞춰 흥얼거린다.

"타람 탐 탐, 타람 탐 탐, 타람 탐 탐… 타람 탐 탐…."

그가 점점 더 빨리 흥얼거리면서 점점 더 빨리 북소리를 낸다. 결국에 아주 거친 북의 연타 소리와 함께 그것을 끝낸다. 그의 얼굴 표정은 이완되어 있다. 우리에게 얼마나 많은 시간이 남았는지 묻는다.

"더 이상은 남아 있지 않구나. 아메트. 시간이 다 되었다."

그가 기타를 있던 자리에 놓는다.

"아쉬워요. 그러나 기타는 엄마에게는 너무 시끄러운 것이에요…."

그가 나를 바라본다.

"저를 위해서 제가 가져갈 수 있는 조용한 놀이를 선생님이 가지고 계실까요?… 아세요? …식구들이 이제 천천히 알기 시작했어요. 우리가 함께 놀이한다는 것이 얼마나 멋진 것인가를 알아차리는 거예요. …이제 더 이상 텔레비전만 보지 않고요."

"기쁘구나, 아메트. 너희 모두가 밤에 함께 노는 일을 즐거워 한다는 게 내게도 기쁘구나. 조용한 놀이? 그런 거라면 '인간아, 성내지 마라.' 라는 놀이라면 어떨까?"

그 놀이가 어떻게 진행되는지 그가 알려고 한다. 그리고 나의 설명을 매우 큰 관심을 가지고 듣는다.

"최고예요! 최고예요! 바로 이것이에요! …오스만은 분명히 화가 날 거예요. 그가 나로 인해서 추방될 경우에는…!"

"글쎄, 아메트 분명히 너 또한 때때로 추방될 거야."

그가 자신에 차서 나의 눈을 바라본다.

"저는 제가 무엇을 할 것인지 이미 알고 있어요. 제가 미리 아주 오랫동안 주사위를 던져 볼 거예요. …아세요? 그건 주사위에 달려 있어요!"

"글쎄, 아메트 행운을 빌게! 그리고 너희 가족 모두에게 아주 멋진 '인간아, 성내지 마라.' 저녁이 되기를 빌어."

작별을 할 때 그가 아직 하지 못한 질문이 하나 있나 보다.

"제가 어떻게 오스만에게 대답했는지 선생님은 묻지 않았어요. 아세요? 그가 선생님에 대해서 제게 말했었던 것을."

"그렇지, 아메트. 네가 그에게 무어라 말했니?"

그가 대답하기 전에 약간 망설인다. 안정감과 불안감이 동시에 그의 얼굴에 표현된다. "제가 말했어요. 우데 선생님은 나하고 항상 함께 있을 거야!"

내가 그의 어깨에 손을 얹는다.

"그래, 네가 나를 필요로 하는 만큼 그렇게 오래도록 함께 있을거야, 아메트."

그가 살짝 웃는다. 그리고 떠난다. 마지막 순간에 나는 그에게 그의 어머니에게 줄 편지가 생각이 났다. 그녀와의 상담은 중요하다. 왜냐하면 치료가 조기에 중단되지 않아야 하기 때문에.

어머니 펨베와 누나 에미네의 방문

어머니 펨베는 상담받으러 오는 것을 결정할 때까지 14일이 걸렸다. 에미네와 그녀의 어머니가 전화로 연락을 해 왔다. 나는 이제 두 사람과 대화할 것을 기대하고 있다. 그러나 나는 그들이 정말로 올 것인지도 확신하지 못했다. 왜냐하면 약속된 시간이 종종 지켜지지 않았기 때문이다. 초인종이 울렸다. 펨베와 에미네가 계단을 올라왔다. 나는 펨베를 몇 주 동안이나 보지 못했다. 펨베는 그 사이 몸이 크게 불어 있었다. 그래서 가파른 계단을 올라오는 것이 어려울 만큼 체중이 많이 늘어 있었다. 그녀가 매우 어렵게 숨을 헐떡이면서 층계 난간에 거의 매달리듯이 올라온다. 종종 멈춰야 한다. 위에 올라왔을 때 그녀가 무겁고 습한 손을 내민다. 그녀는 오랫동안 내 손을 잡고 있다. 그리고 내게 작고 빨간 장미 한 다발을 건넨다.

에미네가 말한다.

"엄마와 제가 선생님을 다시 만나는 것이 매우 기뻐요."

"네. 저도 두 분이 와서 매우 기뻐요. 우리가 다시 이야기할 때가 되었어요."

내가 크게 놀랄 만큼 엄마 펨베는 넘치도록 감사인사를 한다. 에미네가 거기에 대해서 설명을 덧붙인다. 아메트가 벌써 일주일 동안 더는 침대를 적시지 않고 있다고 그래서 엄마가 매우 많이 기뻐하고 있다고.

곧바로 펨베는 내게 이미 지난 열다섯 시간에 대한 치료비를 지불하기 위해서 그녀의 가방에서 지갑을 꺼낸다. 37마르크 52다. 그녀가 탁자에 돈을 놓자마자 그녀는 다시 신음 소리를 낸다. 모든 것에 돈이 너무 많이 든다고 말한다. 그녀가 전차비에 대해서 언급한다. 아메트를 내게 보내기 위해서 항상 사야만 했던….

내가 바로 이 기회를 포착한다. 아메트에게 자전거를 하나 구입하도록 압박하기 위해서. 그 나이의 소년들은 모두 자전거를 하나씩 가지고 있다고 그리고 자전거는 아메트에게 매우 큰 소망이고, 동시에 엄마는 전차비를 아낄 수 있을 것이라고 말한다. 중고 자전거는 아마 가게에서 매우 싸게 살 수 있을 것이라고 그리고 중고 자전거 가게의 연락처를 내가 에미네에게 줄 수 있을 것이라고 말이다.

야뇨 증상이 사라진 것에 대해서는 내가 특별히 많이 개입하지 않는다. 분명히 그것은 최종적인 것은 아닐 테니까. 내가 말한다. 후퇴를 배제할 수 없다고 그리고 치료는 앞으로도 오랫동안 중단되어서는 안 되는 것이라고.

왜냐하면 이 증상완화의 작은 신호가 완치를 의미하는 것은 아니기 때문에.

에미네는 내가 말한 모든 것을 이해하고자 하며, 그녀의 어머니에게 전달하려고 노력한다.

아메트에 대해서 더 이상 그 어떤 것도 두 사람이 말하지 않게 되었을 때, 우리의 대화 주제도 끝난다. 사람들은 아마 내가 항복했다고 말해야 할 것이다. 그들에게 아메트의 깊은 영혼과 신체의 질병을 이해시키는 가능성의 한계를 느꼈기 때문이다.

"영혼."

독일 사람의 영혼이라는 말은 에미네에게 낯설었다. 그 때문에 그녀가 이것을 슬프다 또는 기쁘다의 의미로 이해하기에는 너무 큰 무리였다. 내가 이제 에미네의 아기에 대해서 이야기를 시작한다. 여인들은 즉시 넘치는 기쁨을 표현한다. 펨베는 곧바로 에미네의 손을 잡는다. 둘은 행복한 미소를 짓는다. 그들은 인상 좋은 얼굴에 미소를 나타낸다.

그러나 매우 빨리 어머니 펨베가 마음을 짓누르고 있던 질문을 한다.

"우리에게 이루어질까요, 무엇이? …우리 어디 사나요? …우리 부모 곧바로 갑니다. 터키로… 애들 없이… 아마도? …우리 모릅니다. 아무것도 무엇이 일어나는지."

서툰 독일어로 그녀가 그녀의 깊은 걱정 곧, '조금은' 영혼에서 나오는 걱정을 말하려고 한다. 결코 감출 수 없는 그녀의 불어난 몸집은 역시 '걱정의 비계'였던 것이다.

에미네가 다시 한 번 아메트가 지금까지 했던 말을 확인해 준다. 부모가 곧 터키에 가서 그들이 나중에 살아갈 수 있는 집을 짓기 위한 땅을 사려 한다고.

나에게 아메트의 찢어진 체육복 바지가 기억이 난다. 역시 에미네가 이미 그에게 새것을 사 주었다. 그녀가 아메트에게는 매우 큰 보호 역할이 되고 있다는 것이 많이 드러났다. 우리 대화의 마지막에 펨베는 다시 우리의 맨처음 대화 때 그랬던 것처럼 프랄린 초콜릿을 함께 건넨다.

"매우 고맙습니다. 여사님, 매우 고맙습니다!"

그 당시 아메트는 출입문까지 가서야 초콜릿 하나를 받을 수 있었던 것과는 반대로, 이번에는 엄마가 에미네에게 곧바로 한 개의 초콜릿을 내민다. 그리고 자신도 한 개를 취하는 것을 잊지 않는다.

두 사람이 간 다음 나는 안도감을 느꼈다. 두 여인이 아메트의 치료를 보장하게 될 것이기 때문이다. 확신하건대 최소한 에미네는 그렇다.

내가 또한 내 기록 속에 확실히 적어 둔다. 에미네와 엄마의 진술에 따르면, 아메트가 14일 동안 계속해서 야뇨 증상 없이 지냈다는 것을…. 그런데 왜 아메트는 그 이야기를 내게 비밀로 했었을까?

"제가 이제 선생님을 잡았군요!"

오늘 아메트가 치료시간에 왔을 때 그가 완전히 깨끗한 새 바지를 입고 있는 것이 바로 눈에 띈다.

"아메트, 새 바지를 입었구나. 매우 세련돼 보인다!"

그가 약간 불안정하게 웃는다. 그리고 자기 아래를 바라본다. "이것은 제게 너무 길어요. 그래서 제가 좀 접었죠."

"너한테 좀 긴 것을 샀구나. 그렇지?"

"아니죠." 그가 여유 있는 음성으로 말한다. "원래 제 것이 아니에요. 오스만 거죠. 오늘 한 번 멋진 바지를 입고 싶었어요. 그래서 그의 것을 한 번 입은 거예요."

"아, 그래? …그러면 다툴 일이 생기겠는데, 그렇지?"

"아니에요." 그가 편안한 손놀림으로 저지를 한다. "오스만이 집에 올 때

쯤이면 이 바지는 다시 제자리에 걸려 있게 되죠. 그러면 그는 전혀 눈치채지 못해요."

"아, 그렇구나."

그러고 나서 그가 내게 자신의 목을 가까이 댄다.

"냄새를 한 번 맡아 보세요."

"맙소사, 아메트! …쾰른 수(독일인의 대중 향수)잖아?"

"에미네 거죠. 아시잖아요. 에미네가 몇 주 동안 우리 집에 살게 된 것을."

"아, 에미네의 향수가 너희들의 욕실에 놓여 있구나."

그가 긍정의 뜻으로 머리를 끄덕인다. "그래요. 제가 오늘은 목욕을 했어요. 그리고 이 향수를 뿌렸죠."

내게 그는 양손을 바지 주머니에 찔러 넣은 우쭐한 소년처럼 보인다.

"한 번 생각해 볼 수 있겠어요? 제가 제 축구화를 호주머니 속에 가지고 있는 것을?"

"축구화라고? 너의 주머니 속에? …아니, 내가 어떻게 그렇게 생각할 수 있겠니. 너의 축구화는 네 주머니 속에 절대로 들어가지 않잖아."

그가 긴장감을 높이기 위해서 약간 기다린다. …그런 다음 꺼낸다. 쉬—익! 열쇠고리로 사용되는 한 쌍의 작은 축구화가 주머니에서 나온다.

"제가 직접 샀어요. …병을 판 돈으로…. 선생님이 지금 놀라시는군요!"

"병을 판 돈으로? 어떻게?"

그가 이야기한다. 그가 병들을 모았고, 그것을 판 돈으로 이 작은 축구화 한 쌍을 샀다고. 만약에 그가 자전거가 생기게 된다면 자전거 열쇠고리로 사용할 수 있을 테니까.

에미네가 곧 중고 자전거를 구입하겠다는 계획을 그에게 말했다고 한다.

"그게 기쁘지?"

"엄청나게 많이 기쁘죠!!!"

"그런데 네가 자전거를 제대로 탈 수 있니?"

"저는 진짜로 자전거를 잘 탈 수 있어요! …운동으로는 제가 제일 최고인 걸요!"

그가 자신이 무엇을 할 수 있는지 세기 시작한다. "저는 멀리뛰기를 할 수 있고, 높이뛰기를 할 수 있고, 체조를 할 수 있고 그리고 달리기를 할 수 있어요. …저는 그 어떤 사람도 따라올 수 없게 잘 달릴 수 있어요! …지난 번 체육시간에 계주를 했었어요. 어떻게 생각하세요? 제가 뽑혔어요. 그리고 제가 달렸을 때 우리 반 아이들이 항상 이렇게 소리쳤죠. '아메트 앞으로! 앞으로!

앞으로!' 그리고 역시 우리 편이 이겼어요!"

그의 눈이 빛난다.

"아, 그건 대단하구나, 아메트! 체육시간에 네가 그렇게 잘하는구나!"

"그게 저예요." 그가 말한다. 그리고 우리가 항상 기차놀이를 하는 코너로 간다.

"오늘은 제가 아주 오랫동안 기차놀이를 할 거예요."

그가 바닥 위에 재료를 모두 뒤집어 쏟는다. 쌓기 나무도 마찬가지로. 우리가 함께 바닥 위에서 뛰뛰기를 할 때 그가 말한다.

"나에게 한 가지 생각이 있어요." 그가 큰 비스킷 항아리를 가져온다. 그리고 몇 달 전에 장식했던 두 개의 측면을 가진 초도 가져온다. 그것을 우리 앞에 있는 바닥 위에 세운다.

"이제 우리가 이곳을 아주 기분 좋고 편안하게 만들 거예요."

그가 촛불을 켠다.

그가 힘찬 동작으로 비스킷 항아리에 손을 뻗어 항상 그렇듯이 그중 약간을 내게도 준다. "제대로 좀 드세요… 선생님은 에미네처럼 그렇게 뚱뚱해질 필요가 있어요."

"그래 좋아, 아메트."

이제 그가 쌓기 나무들을 집는다.

"자, 이제 제가 선생님께 뭔가 멋진 것을 만들어 드릴 거예요. 선생님은 놀라실 거예요. …제가 선생님께 아주 높은 빌딩을 지어 드리죠."

그가 가장 넓은 쌓기 나무토막을 찾는다.

"아세요? 모든 것은 여기 달렸어요. 아래쪽의 쌓기 나무가 넓어야만 해요. 그리고 튼튼해야 하죠. 보다 더 높이 빌딩을 세울 수 있도록."

그가 쌓기 나무들 위에 나무토막을 계속해서 올리는 동안에 그리고 그 빌딩이 점점 더 높아지는 동안에 나는 그의 작품에 찬사를 보낸다. 그런 다음 그가 승리자로서 마무리하려 할 때, 바로 한 개의 쌓기 나무만 올리면 완성되지만 이미 조금씩 흔들리고 있는 빌딩 위에 마지막 쌓기 나무를 세우려 하는 찰나에, 쓰러지는 빌딩 건축물을 잡기 위해 내 손이 자동적으로 뻗는다.

그러나 아메트가 자신 있게 웃는다.

"불안해 하지 마세요. 이건 넘어지지 않아요."

그리고 다시 한 번 "이건 쓰러지지 않아요…."

그러고 나서 그가 자만심에 가득 차서 빌딩을 가격한다.

"다만 제가 원할 때만 그렇죠!"

쌓기 나무들이 전 공간에 쾅 소리를 내며 흩어진다. 아메트가 전신을 흔들며 웃는다. …그는 완전히 기쁘고 걱정이 없다.

그가 즉시 놀이를 바꾼다.

"그리고 이제 우리는 기차놀이를 할 거예요. …오늘은 제가 아주 멋지게 할 거예요."

그가 잠깐 생각한다. 그다음 일을 시작한다. 내게는 무엇을 해야 할지 아주 짧은 지시를 내린다.

"제가 하는 것을 아주 잘 보세요. …철로를 단단히 안에 끼워 놓는 것을요. …그렇지 않으면 불행한 일이 일어나죠."

그의 명령을 따라 우리는 철로를 커다란 원 모양이 되도록 끼워 놓는다. 모든 것은 매우 빨리 그의 손으로 이뤄진다. 그가 오늘도 철로의 모든 구간이 단단하고 안전하게 놓이도록 노력하였으나 이번에는 불안하고 강박적인 안전 검사나 일부러 장애들을 설치하는 일은 생략되었다. 그는 일하는 동안에 계속해서 멈추지 않고 휘파람을 분다.

"오, 너, 즐거운 너… 축복받은 너."

그런 다음 그가 알린다. "이제 비로소 놀이를 제대로 시작하겠어요."

그가 가장 크고 긴 객차를 가지고 내게는 뚜껑 없는 화물차 한 개를 건넨다. '그는 가장 육중한 것을 그리고 나는 가장 작은 것을 가졌다. 누구나 이제 자기 기관차를 끌어야 한다. 그리고 자기 기관차의 태엽을 감고 서로 교차하는 방향의 선로 위에 놓아야 한다.

"조심하세요." 그가 말한다. "셋을 세면 시작됩니다. 하나, 둘, 셋!"

두 개의 기관차는 쏴 소리를 내며 객차들을 달고 선로 위를 달린다. 그런 다음 점점 더 두 개가 가까워지고, 꽝 소리를 내며 충돌한다! 이 두 개의 충돌은 아메트에게 놀이의 절정이다. 그는 전혀 충분하지 않다는 듯 계속 반복한다. 그리고 매번 기관차들이 충돌할 때 크게 흥분해서 소리친다.

"역시 내 기관차가 더 강해요! …보셨어요? 나의 것이 얼마나 강한지?"

이제 그가 놀이를 바꾼다. 그가 커다란 원 모양의 선로를 열어서 옆에서 나란히 달리는 선로를 만든다. 내게 그의 커다랗고 육중한 기관차가 달리는 것을 보여 주기 위해서. 그는 얼마나 빨리 그것이 그 많은 객차를 끌면서 달릴 수 있는지 증명하려 한다. 더구나 연료를 반만 채우고 나서도 말이다.

내가 크게 칭찬하고 그의 기관차 대해 감탄한다.

그가 미소 지으며 놀이를 계속한다. 그의 공상 속에서 그는 기관차와 하나가 되었다. 그는 더 이상 자신의 강한 기관차에 대해서 말하지 않는다. 대신 기관차가 직접 말하게 한다. "작은 기관차야. 그렇게 연료도 없이 먼 여행을 떠나면 중간에 멈춰 서게 될 거야! …걱정하지 마, 구원자인 내가 어려움 속에서 너를 구출해 낼 거야. 불안해 하지 마, 작은 기관차야 곤경 속의 구원자로서 내가 곧 간다. 그리고 널 집으로 데려다 줄 거야."

그 큰 기관차가 작은 기관차를 '집'으로 밀어서 데려다 줬을 때 기관차는 계속해서 말한다.

"이제 여기에 있어. 내가 아직 중요한 할 일이 더 있어."

내가 나의 기관차에게 말하게 한다.

"큰 기관차야, 네가 어떤 일을 더 해야 하니?"

"내가 지금 작은 객차들을 모두 모아야만 해."

그가 모든 작은 객차들을 선로 위에 세우고 커다란 기관차가 그것들을 다 모으도록 하면서 내게 말한다.

"아세요? 이 기관차는 작은 객차들을 모두 한곳에 모으게 될 거예요. 마치 엄마가 아이들을 모두 한곳에 모으는 것처럼."

그가 말하는 동안에 커다란 기관차는 모든 작은 객차들을 '집으로' 밀어준다.

"자, 이제 모두가 집에 있어요."

그리고 내가 보충한다. "아빠 기관차, 엄마 기관차 그리고 아이들 기관차."

거기에 대해서 그는 더 이상 아무 말도 하지 않는다. 그러나 그의 얼굴에서 미소가 한 줄 지나가는 것을 본다. 이 놀이에 대해서 진정으로 만족하고 있는 양.

이 시간은 완전히 그의 놀이적 상상에 의해서 진행되었다는 인상을 받는다. 내게는 이때 그 어떤 질문이나 해석으로도 그의 놀이를 방해해서는 안 될 것 같았다. 대신 모든 진행과정을 그의 무의식적 상태에 놓아두어야 한다고 생각했다. 왜냐하면 아이들에게서 의식화의 과정은 어른들에게서보다도 훨씬 더 작은 규모로 심리적 갈등의 처리에 관여하기 때문이다.

우리 둘은 잠깐 말없이 기차와 쌓기 나무들이 떨어져 있는 바닥에 앉아 있다. 아메트는 열심히 비스킷 항아리에 손을 댄다. 그다음 그가 몸을 일으켜 그림 코너로 간다. 그리고 거기서 아주 커다란 진흙덩어리를 가지고 와서 내 옆에 앉는다. 우리 둘은 이제 그 부드러운 재료로 놀이하는 것을 시작한다.

"아주 편안해요." 그가 한참 후에 말한다.

"그래, 나 역시 매우 편안하구나."

그가 한 노래를 조용히 휘파람으로 부른다. “이게 터키 노래인 것을 알아차리셨어요?”

“아~, 네가 터키의 노래도 기억하는구나, 아메트?”

그가 계속해서 휘파람을 분다. 그런 다음 터키어로 노래를 시작한다. 나는 그것을 이해할 수 없다. 그가 몇 번을 더 반복한다. 마치 그가 다시 찾은 것을 빨리 다시 잃어버리고 싶지 않은 것처럼.

“우스워요.” 그가 말한다. “제가 이런 노래를 부를 때가 있다는 게 우습지 않아요?”

다시 그가 멜로디를 흥얼거린다. 그것은 내게는 그가 자신의 유아기 체험의 깊은 곳에 매몰돼 있던 기억이 다시 살아나도록 자기 마음 안을 들여다보고 있는 것만 같다.

“이건 곰에 대한 노래예요. …아이들이 외워서 부르는 노래죠. ‘곰이 온다. 한 마리 곰이 온다. …그리고 이제 곰이 왔어요. 그러면 아이들은 이제 한 개의 커다란 원을 점점 더 빨리 돌아야만 해요. 점점 더 빨리, 점점 더 빨리 곰이 사로잡힐 때까지.”

그가 다시 터키어로 노래를 부른다.

“선생님이 이 노래를 아주 좋아하시는군요? …제가 다음 시간에는 이 노래를 적어 드릴 게요. 그러면 선생님이 더 잘 기억하실 수 있죠.”

“그렇게 해 주면 내가 매우 기쁘겠구나, 아메트.”

우리가 얘기하는 동안에 나는 아무 생각 없이 내 손바닥 안에서 한 개의 진흙 구슬을 만든다. 그리고 그것을 내 앞의 바닥 위에 놓는다. 그런데 아메트가 갑자기 아주 커다란 진흙덩어리를 집어서 그것을 내 구슬 위로 던져 덮친다.

그가 웃는다. "제가 이제 선생님을 잡았군요!"

그런 다음 그가 이 두 개를 섞어 하나의 덩어리가 되게 한 것을 손 안에 가져간다. "이제 제가 이것으로 아주 커다란 둥근 구슬을 만들겠어요."

그가 바닥에 이것을 왔다갔다 굴린다. 그런 다음 손톱으로 구슬의 한쪽과 반대쪽에 두 글자씩을 새겨 넣는다. A.S. 그리고 A.U. 아이의 천진함을 가지고 그가 묻는다.

"이것이 뭘 말하는 걸까요?"

그의 눈에 영악한 미소가 배어 있다.

이것이 말하는 것은 아메트 사바스 그리고 안넬리제 우데다.

"안넬리제는 아주 아름다운 이름이에요. …안네 또한… 저는 기꺼이 선생님께 안네라고 말하고 싶어요…."

"자, 그렇게 하려무나."

"안네." 용기와 부끄러움의 야릇한 혼합과 함께 그가 곧바로 말한다.

지체 없이 그가 일어난다. 그러나 금방 다시 스케치북과 색연필을 가지고 돌아온다.

"저는 이제 우리 놀이실을 그릴 거예요."

그가 요리 코너를 그리기 시작한다. 카바를 넣은 우유라고 쓰인 냄비가 올려 있는 작은 스토브, 여러 가지 식료품 상자가 있는 선반, 그가 보는 그대로의 모든 것들을 말이다. 또한 젖병을 그리는 것도 잊지 않는다. 그가 전부를 바라보는 데 어려움이 있다. 그러나 그것이 그를 방해하지는 않는다. 모든 것이 그의 그림 위로 온다. 인형극장, 그네, 펀칭 볼, 모래상자, 벽에 걸려 있는 커다란 칠판. 다음에는 보다 세밀하게 그려야 하는 것이 그려지기 시작한다. 기타, 오르간 그리고 바이올린까지. 나는 이 방안에 바이올린이 없다는 것 때문에 놀라워 한다. 다른 모든 것들은 실제 그대로다. 그러나 바이올린은 그의 상상의 산물이다.

이제 그의 도화지는 마지막 한 부분까지 가득 채워졌다. 자신의 작품에 만족했는지 그가 조심스럽게 종이를 스케치북에서 떼어낸다. 그리고 내게 건넨다.

"우리의 놀이실." 그가 말한다.

그런 다음 그가 그것을 내게 다시 건네고 도화지 구석에 분명히 이 순간에 가장 큰 중요성을 가진 두 개의 글자를 적는다. A.S. 그리고 A.U.라고.

그의 시간이 벌써 몇 분 지났다. 대부분 작별하고자 할 때 그런 것처럼 그에게 어떤 생각이 떠오른다.

"제 엄마와 에미네가 선생님에게 왔던 것은 매우 좋은 일이었어요."

"좋았다는 건 무슨 뜻이니, 아메트?"

"제 말은 이제 그럼에도 불구하고 선생님에게 올 수 있다는 것이 좋다는 것이에요."

"그럼에도 불구라고? 그건 뭘 말하는 것이니? 왜 그럼에도라고 말하는 거지?"

"그러니까, 글쎄요. 제 엄마가 분명히 선생님에게 이야기했을 거예요. 제가 많이 좋아졌다고. 선생님은 역시 알잖아요. …그 야뇨 말이죠…."

"아, 그렇군. …너는 네가 더 이상 여기 올 수 없을까 봐 나에게 말하고 싶지 않았었구나. 그렇지?"

그가 약간 회의적으로 어깨를 높이 들어 올린다.

"글쎄요. 그렇죠. 모르죠. …제가 다시는, 절대 다시는, 절대 침대를 적시지 않게 될지도 모르죠. 그러면 저는 선생님에게 절대로 다시 올 수 없는 건가요?"

"걱정하지 마, 아메트. 네가 원하는 동안은 언제든지 올 수 있어."

"제가 원하는 동안 그렇게 오래요? 제가 성인이 되었을 때도 제가 선생님을 볼 수 있는 건가요?"

"그래, 아메트. 네가 원하는 동안은 그렇게 오래."

"선생님은 제 엄마에게도 그것을 말했어요?"

"그래, 아메트 너의 엄마도 그것을 알지."

"최고예요. 최고예요. …그러면 그들은 오직 계속해서 달력에 매일 기입할 수만 있어요. 제게 모든 것이 잘되는지 아닌지."

"모든 게 제대로야, 아메트. 그렇든지 저렇든지."

그가 이해한다. 그리고 떠나간다.

“이제 제가 선생님을 그릴 거예요.”

오늘은 아메트가 내게 아주 특별한 선물을 가져왔다. 그는 손 안에 선물을 쥐고 손가락을 살짝 구부리고 있다. 그리고 나는 그것이 은색 포장지로 포장되어 있는 것을 보았다.

“이것은 제가 선생님을 위해 만들었어요. 하지만 선생님은 이것을 아주, 아주 조심스럽게 다뤄야만 해요. 쉽게 부러질 수 있거든요.”

내가 포장을 조심스럽게 풀고 그 안의 화려한 꽃이 그려져 있는 달걀을 본다.

“이건 생달걀이에요.” 그가 곧바로 말한다.

“조심, 조심. 달걀이 부서지지 않도록.” 나는 이 선물에 감동하였다. 그리고 바로 그의 설명들을 생각했어야 했다. 그가 기차놀이를 할 때 선로들과 관련해 했었던 행동들에 대해서.

"선로들을 조심스럽게 다루세요. 그것들이 아파요." 또는 "선로들은 사람들이 부드럽게 다뤄 줘야 해요."

내가 이 예쁜 선물에 대해서 감사한다.

"매우 조심스럽게 다룰게. 그러면 이것이 부서지지 않을 거야."

그런 다음 내가 그 달걀을 세워 놓기 위해서 크기에 맞는 적당한 그릇을 찾는다. 이때 결국 한 개의 인형 받침을 선택할 때까지 내가 시간을 좀 많이 쓴다.

그 사이 아메트는 안락의자에 편안하게 앉아 있다. 보기에도 그는 기분이 좋다.

"아주 잘하셨어요. 선생님이 아주 잘하셨어요. 그 안에서 그것이 안전하게 있을 거예요."

"나 또한 그렇게 생각해."

이때 내가 달걀을 천천히 돌린다. 다시 한 번 섬세하게 그려진 꽃들에 감탄하기 위해서.

"이건 정말 특별한 선물이야. 겉에서는 이것이 매우 쉽게 부서질 수 있는 것이지. 그러나 이 안에는 아주 많은 힘이 들어 있단다."

그는 거기에 대해서 아무 말도 하지 않는다. 그러나 나는 그가 귀 기울여 듣고 있다는 것을 알고 있다. 그리고 이 설명이 그의 안에서 뭔가를 움직이고 있다는 것도….

잠깐 쉰 다음 그가 말한다. "아주 멋지게 들려요. 선생님이 그렇게 말씀하시는 것이… 계속해서 말씀해 보세요."

"물론 너는 달걀에서 병아리 한 마리가 뚫고 나올 수 있다는 것을 알지. 그렇게 달걀 안에는 새로운 생명이 시작할 수 있는 힘이 들어 있는 거지."

이제 그가 달걀을 매우 조심스럽게 손에 쥔다. 마치 그것을 좀 더 자세히 관찰하려는 듯이.

"오, 그것은 정말 훌륭해요. 이렇게 얇은 껍질 속에 병아리가 하나 들어 있다니."

"그래, 생명으로서의 그 많은 힘이 말이지."

"제가 정말 아름다운 선물을 선생님에게 했군요. 제가 그것을 이제야 처음으로 느껴요. 저의 선물이 얼마나 아름다운지."

그가 달걀을 다시 인형 접시 위에 세우면서 말한다.

"무슨 뜻이니, 아메트?"

그가 생각에 잠긴다. 자기의 생각과 감정을 정리하는 데 시간이 필요한 것 같다. 분명히 우리의 대화를 통해서 마음이 움직여졌을 것이다.

"제 생각은 그래요." 그가 한참 뒤에 말한다.

"원래 병아리가, 병아리가 될 수 있을 만큼 강한 것이라면 병아리는 전혀 불안해 할 필요가 없다는 거지요."

"뭐에 대한 불안 말이지, 아메트?" 주저 없이 대답이 나온다.

"얇은 껍질에 대한 불안감이죠. 그것이 깨어질까 봐."

이제 내가 우회 없이 직접적으로 그것에 대해서 설명을 시도한다.

"우리 인간들도 우리를 둘러싼 그런 껍질과 같은 것을 갖고 있지. 그것은 쉽게 다치지 않도록 두꺼운 막이었으면 하고 우리가 바라지만 그러나 그것은 때때로 얇아 보일 수 있지. …너의 것은 어떻게 보이니?"

"저의 것은 아주아주 얇아요. 특별히 우리 반 선생님이 저를 꾸짖으실 때는 그렇죠. 저는 거의 매일 꾸지람을 들어요…."

"왜 그렇지?"

그가 우선 어깨를 들어 올린다. 다음 계속 말한다. "이제 선생님께 그것을 설명해 드리죠. 대부분의 시간에 저는 그림을 그려야 해요. 선생님도 아시잖아요. …왜냐하면 다른 아이들이 나보다 훨씬 앞서 있기 때문이에요…. 그리고 모든 아이들이 선생님과 또 선생님이 다른 아이들과 이야기할 때…." 그가 말을 멈춘다. 그리고 슬프게 탁자 윗면을 바라본다.

내가 그에게 계속 말한다.

"그러면 너도 함께 이야기하고 싶지? 그렇지?"

그가 매우 무력하게 머리를 끄덕인다. 마치 그것이 자신의 잘못을 고백하는 최선인 것처럼.

"그리고 네가 말을 하면 선생님은 뭐라고 하시지?"

"선생님은 저를 꾸짖어요. 그리고 제가 수업을 방해한다고 말하죠. 저는 선생님이 저를 더 이상 데리고 있지 않으려 할까 봐 두려워요. …선생님은 벌써 제가 학급을 나가야 할 거라고 위협을 했어요. 그러나 저는 거기 있고 싶어요…."

그의 절망이 점점 더 커진다.

“저는 절대로, 절대로 다시는 그 난쟁이들에게 돌아가고 싶지 않아요. 절대, 절대 다시 그 바보 같은 피크맨 선생님에게는 가고 싶지 않아요!”

이제 그가 자신을 방어하기 시작한다. 그리고 모든 방법을 동원해서 왜 그가 학급에 머물러야 할 소위 그 ‘권리’가 있는지 설명하려고 한다. 그는 자신이 체육에서 매우 큰 능력이 있다는 것을 언급한다. 그래서 소년들이 정말로 필요할 때는 그를 첫 번째로 선택하게 될 만큼 자신을 또한 좋아하고 있다고. 그는 말하고, 말하고 또 말한다. 그러나 내게는 마치 그가 그의 학교 문제를 이렇게 말함으로써 비로소 의식화하고 있는 것은 아닐까 하는 생각이 든다. 그러나 그를 해방시키지 못하는 한숨과 함께 결국은 입을 다문다.

먼저 나는 그 대화를 진행시키기 위해서 어떤 시도도 하지 않는다. 그의 학교 문제는 내게도 거의 해결할 수 없는 것 같아 보인다. 그가 수업을 방해하는 것은 다만 자연스러운 일이었다.

어떤 아이도 이방인으로 낙인찍히게 되는 것을 견뎌 낼 수 없다. 그러면 그 아이는 긍정적으로든 부정적으로든 자신의 고립된 상황을 깨기 위해서 전력을 다할 것이다. 만약에 그 아이가 그림에 소질을 가졌다면 아마도 그 능력으로 선생님의 마음에 드는 일을 해낼 수 있을 것이다. 그것을 통해서 다시 가치가 상승되고 다시 공동체 안에 속한다는 기분을 느낄 수 있을 것이다. 그러나 아메트의 그림 소질은 중간 정도밖에 되지 않는다. 도대체 무엇으로 그가 관심을 끌 것인가. 손에 나쁜 카드만을 든 갬블러처럼 모든 것은 그에게 그렇게 진행되었다. 그러나 역시 그는 자신에게 있는 한 개의 좋은 카드를 점점 더 의식한 듯이 보인다. 바로 그가 체육에서 우수하다는 것이다. 여기서 그는 자신이 인정받는다고 느꼈다.

특이해 보이는 것은 이러한 가능성을 무의식적이지만 이미 그가 첫 번째 장면검사에서도 미리 표현을 했었다는 것이다. 철봉대에 한 소년을 걸쳤고 그리고 말했다. '그가 위로 자기 몸을 끌어 올리고 있어요.'

그 나머지 모든 장면은 다만 관심과 구강적 욕구를 향한 동경이었다.

나는 대화를 계속해서 진행하기보다는 장면놀이를 통해서 그의 학교 문제에 접근하기로 결정했다.

"너의 교실에서 어떤 일들이 일어나는지 내게 한 번 보여 주렴."

그가 시작할 수 있게 하기 위해서 한 곳에 학교 걸상을 놓는다. 그리고 묻는다.

"이것이 네 의자가 있는 자리니?"

"아니죠." 그가 곧바로 수정한다.

"제 자리는 여기예요. 저는 여기 앉아 있고 제 옆에 롤프가 있어요."

그가 두 명의 인형을 의자 위에 앉힌다. 그리고 칠판을 앞에 걸고 그다음 옆에 여선생님 댕커 씨를 세운다. 점점 그가 자신의 교실을 가능한 대로 아주 가득 채워서 만든다. 인형들이 모두 이름을 갖는다. 그렇게 그의 급우들이 앉아 있는 장면을 만들 수 있었다.

"그렇구나." 내가 말한다. "그리고 이제 공부가 시작되지."

내가 선생님이 문을 열고 들어오게 한다. 그리고 칠판 옆에 가게 한다.

이제 아메트에게 선생님이 이야기하도록 한다. "아이들아, 안녕!"

그는 처음에 몇 마디 상냥한 말을 선생님이 하도록 한다. 거기서 그가 사실은 그녀를 아주 많이 좋아하고 있다는 것이 눈에 띈다. 그다음 이렇게 진행된다. "우리 이제 수학을 할 거예요. 여러분은 책상 위에 아무 것도 놓을 필요가 없어요. 우리는 암산을 할 겁니다. 다만, 너, 아메트, 너는 스케치북을 가지고 와서 그림을 그리렴."

이제 그는 선생님의 목소리를 상당히 엄격하게 만든다.

"오늘 내가 너에게 마지막으로 이야기한다. …절대로 교실을 둘러보지 마라. …단지 네 스케치북만 쳐다 봐. 더 이상은 아무것도 안 돼!"

그가 말을 멈춘다.

내가 아메트 역할을 하고 있는 놀이 인형을 약간 앞으로 구부린다. 그래서 마치 선생님이 말했던 것을 그가 하려는 것처럼 보이도록. 그림 그리는 것 말이다.

그러나 아메트는 더 이상 놀이하지 않는다….

"네가 너희 반에서 혼자 유일하게 그림을 그려야만 할 때 너는 어떤 기분이지?"

"제 안의 한 부분은 단순히 조용하게 그림을 그리고 싶어 해요. 그러나 그렇게 할 수 없게 하는 제 안의 무언가가 있어요. 그래서 제가 롤프를 웃기려고 시도해 보죠. 그리고 때때로 저는 그냥 달아나고 싶어요."

"그렇다면 아마 소위 두 개의 아메트가 있어서 한 사람은 다른 사람이 하는 것처럼 하고 싶지 않은 거구나. 그렇지?"

그가 한숨을 쉰다. "선생님이 또 다시 저를 이해했군요. 그래요. 바로 그런 것이죠."

"아하! 그렇다면 네가 달아나고 싶은 것은 네 안의 작은 아메트가 하고 싶어서 그런 것일 수 있겠구나?" 그가 그 사이 놀이 인형을 손에 쥐었다. 그의 손은 계속해서 놀이 인형의 머리, 팔 그리고 다리를 완전히 반대 방향으로 늘리려고 하고 있다. 나는 그가 생각하고 있다는 것을 느낀다. 그러나 그는 자기의 생각을 나타내는 것이 어떤 형태로도 가능하지 않은 것 같다. 그의 손은 계속 그 사이 뒤틀려져서 기괴한 모습을 취하고 있는 인형을 가지고 놀고 있다.

내가 다시 한 번 나의 마지막 질문에 덧붙여서 그에게 결핍행동을 하게 하는 강한 고립공포의 근원적 원인에 그가 주목하도록 해 본다.

"너는 달아나야만 할 것 같은 그런 감정만 가지고 있던 것이 아니라 이미 달아난 적이 있었지. 네가 언제 그렇게 하고 싶었지?"

그가 당장 대답한다. "제가 혼자 집에 있을 때죠. 모두들 어딘가로 가 버리고 저를 혼자 남겨 두었을 때."

"그러면 대체 너는 어디로 달아나고 싶지?"

그가 머리를 흔든다. "모르겠어요. …어딘가로."

"어딘가로? 종종 엄마가 나를 찾아 돌아올지도 모른다는 희망을 가지고 그 거리 아래로 계속 걸어갔던 작은 다섯 살짜리 아메트처럼?"

"맞아요! 제가 그것을 벌써 오래전에 알고 있었어요. 거기, 항상 제 안에 제가 실제로는 원하지 않는 어떤 것이 있었어요…. 그것은 아마도 제가 아닌 제 안에 있는 작은 아메트가 원하는 것일 거예요."

"그렇지만 아메트, 그것이 또한 너야. 그 두 아메트가 바로 너야. 큰 아메트와 작은 아메트. 그리고 큰 아메트가 작은 아메트를 더 잘 이해할 수 있게 배우는 것이 필요한 거지."

그가 이제 나를 커다란 눈으로 바라본다.

"하지만 대체 큰 아메트가 무엇을 해야만 학교의 모든 일이 더 잘 이루어질까요?"

"그래. 큰 아메트가 작은 아메트를 좀 더 잘 이해하는 것은 한 번으로는 부족하단다. 그리고 물론. 큰 아메트가 무엇을 해야만 할지는 스스로 발견해야만 한단다."

거기에 대해서 그는 아무 말도 하지 않는다. 내가 그에게 용기를 주려고 시도한다.

"아마도 그는 그에게 모든 것이 어떻게 느껴지는지 선생님에게 이야기할 수 있을 거야. 그리고 나면 선생님이 큰 아메트를 더 잘 이해할 수 있을 거야."

그가 거부한다. "그건 어렵죠. 안돼요. 어렵죠! 우리 반 선생님은 그럴 시간이 없어요."

"그래, 그럴 수 있어. 선생님은 많은 아이들을 돌봐야 하잖아. 그러나 아마도 네가 선생님과 말을 할 수 있는 어떤 순간이 있을 거야."

"아세요?" 그가 생각에 잠기며 말한다.

"우리 반 선생님은 원래 제게 아주 친절하세요. 아세요? 오늘 아침에 우리 선생님이 제가 멋진 셔츠를 입고 있다는 것도 보았죠. …우데 선생님은 그러나 그걸 보지 못했죠."

"절대 그렇지 않아, 아메트. 나도 물론 곧바로 그것을 알아차렸어. 나는 그것을 말할 기회가 다만 없었을 뿐이야. 넌 오늘 아주 세련돼 보여."

두 손으로 아주 자랑스럽게 그가 그의 가슴 위를 쓸어내린다.

"제가 직접 다림질했어요."

"훌륭하구나. 아메트! 알겠니? 스스로 남자가 되는 거야! 뭔가 가지길 원한다면 그것을 위해 사람들은 무언가를 해야만 하는 거지."

그가 일어선다. 그리고 요리 코너로 간다.

"제가 이제 우리 둘을 위해서 처음으로 카바가 든 우유를 만들 거예요."

큰 동작으로 우유가 가득 담긴 컵을 내게 내민다.

"여기 이 풍미 진진한 음료를 드세요. 이것이 선생님을 강하게 하죠."

나는 다시 한 번 그의 넓은 언어 상식에 놀라워한다. 그리고 거기에 대해서 칭찬을 한다.

"그렇죠. 말하는 것은 제가 잘해요. 그러나 맞춤법 실력은 좋지 않아요.

저희 반 다른 아이들은 모두 다 두덴 사전을 가지고 있죠. 그래서 잘 모를 때는 그것을 들여다볼 수 있어요. 저는 그런 게 없어요."

"아~, 그런 거라면 내가 도와줄 수 있지."

버리기 위해서 골라둔 선반의 책 중 이미 표지가 떨어져 나간 옛날 버전의 사전을 내가 꺼낸다. 그리고 아메트에게 준다.

"여기 이제 너도 두덴 사전을 갖게 되는구나. 이건 낡았긴 하지만 쓸 만해."

그가 기뻐하는 것은 물론이고 실제로 사전에 대한 관심을 나타낸다. 그리고 우리는 한참 동안 단어를 찾는 방법에 대해서 연습한다.

"최고예요. 이제 저는 이 책에서 많은 것을 알아낼 거예요."

그가 이제 제대로 해방된 듯한 인상을 짓는다. 그리고 수다스러워진다. 나는 그가 오늘 아침에 학급에서 있었던 일을 알아맞혀야 한다. 그 단어는 'GOSE'라고 시작한단다. 내가 그것을 알아맞히는 것을 그가 크게 즐거워한다. 그런 다음 양손을 기쁘게 마주치면서 그의 비밀을 누설한다.

"고세리데, 고세리데, 고세리데(Goseriede)."

고세리데는 오늘 아침 전 학급이 수영하러 갔었던 수영장 이름이다.

"그리고 아세요? 제가 아주 오랫동안, 진짜로 오랫동안 물 위에 떠 있을 수 있다는 것을. 아세요? 제가 좀 더 열심히 연습을 한다면 롤프, 하이너 그리고 페터처럼 잘할 수 있을 거예요. 아시겠어요? 이 애들이 우리 반에서 최고로 수영을 잘하는 아이들이죠."

분명히 그가 어린 아이들과 피크맨 선생님과 함께 있었을 때보다 지금 이 학급에서 근본적으로 더 좋은 기분을 갖는다는 것이 명백해 보인다.

그 사이 아메트가 스케치북과 색연필을 가지고 왔다. 그가 나를 상대로 그림 그릴 자세를 취한다.

"제가 이제 선생님을 그리겠어요." 그림을 그리면서 그가 이야기하기 시작한다. "제가 선생님에게 무언가 나쁜 것을 이야기해야만 해요."

"무언가 나쁜 것이라고?"

"나의 부모님이 터키로 떠날 거예요. 그래서 저는 선생님을 앞으로 두 번만 더 볼 수 있어요. 제가 함께 가야 하거든요."

"아, 그렇구나."

나는 그가 단지 중립적으로 느끼도록 말한다. 왜냐하면 그가 내게 올 그리고 여기서 놀이를 하게 될 아이들에 대해서 언급을 할 것이기 때문에.

"선생님은 제가 떠났다는 것을 전혀 느끼지 못하시겠죠. 여기에 다른 아이들이 놀이하러 오니까요."

"그렇지 않아, 아메트. 네가 오지 않으면 나는 바로 알게 될 거야. 다른 아이들이 여기에 오더라도 너를 보고 싶을 거야."

"정말요?"

"정말이지, 아메트."

이제 그가 계속해서 그림을 그린다. "아빠가 터키에 땅을 사려고 해요. 거기에 살 수 있는 집을 하나 짓기 위해서죠. …엄마가 항상 '무슨 일이 일어날지 모른다고.' 말해요."

"그래, 집을 한 채 갖는 것은 항상 좋은 일이지. 너희 부모님에게 좋은 계획이 있는 것으로 보이는구나."

"맞아요. 그러나 에미네는 차라리 이곳에 머물기를 원해요. 저도 마찬가지죠. 그런데 그 때문에 엄마가 매우 슬퍼해요. 그래서 제가 함께 가야만 해요. …차라리 저는 제 급우들과 함께 숲속 학교 캠프에 가면 좋을 텐데, 롤프랑 함께. 그가 저를 좋아해요. 그리고 우리는 이 캠프에 대해 이미 서로 이야기했어요. 그러나 이제 다 소용없는 일이 됐죠. …그렇죠, 어쨌거나 이제 다 상관없어요…."

"다 상관없는 것이 아니다, 아메트. 네가 최소한 무엇을 더 좋아하는지 고백해야만 해. 그걸 알고 있니?"

나는 그가 아주 어려워한다는 것을 느낀다.

"저는 더 이상 모르겠어요. 엄마는 제가 거기서 그냥 울기만 할 거라고 말했어요. 그래서 제가 함께 가는 것이 차라리 더 나을 것이라고…."

이제 더 이상 내가 아무 말도 하지 않는다.

아동치료를 할 때 자기 자신의 신경증적인 불안한 갈등을 아이를 상대로 해소하려는 부모는 항상 커다란 장애물이다. 아메트의 엄마도 옛 독일 민요 '작은 병아리…'에 나오는 엄마처럼 그렇게 행동한다.

"작은 병아리가 혼자서 넓은 세상으로 나가네.

모자를 쓰고 지팡이를 든 것이 그에게 잘 어울리네. 그는 기분이 좋다네.

그러나 엄마 닭이 계속해서 울고 있네. 작은 병아리가 없기 때문에.

그때, 작은 병아리는 울고 있는 엄마 닭을 생각해 내고 집으로 바람처럼 되돌아가네."

아이가 부모에게 의존적일 경우 치료자는 너무 강한 부모와의 갈등을 방지하기 위해서 중도를 찾아야만 한다. 상실의 불안감과 마찬가지로 죄책감으로부터 아이를 보호하기 위해서.

아메트는 계속해서 그림을 그리는 중이다. 그의 시선이 계속해서 나와 그의 스케치북 사이를 오가고 있다. 그러면서 종종 색깔을 바꾸고 지우개를 집는다. …그가 그 그림을 아주 잘 그리고 싶어 하는 것이 느껴진다. 그러는 동안에 나는 그의 첫 번째 치료시간을 떠올린다. 그가 불안감에 가득 차서 실제로 아무것도 인식할 수 없었던, 그래서 그의 시선이 목적 없이 여기저기 방황하고 그 어느 곳에도 멈출 수 없었던…. 그러나 미미한 작은 발걸음들로부터 시작해 벌써 아주 큰 걸음이 되었다.

그의 그림이 완성되었다. 그가 내게 그림을 내민다. 그러나 곧바로 다시 되찾아간다.

"제가 여기 다시 무언가를 써 넣어야 해요. 우데 선생님이라고. 이것은 아주 잘 그린 그림은 아니에요. 역시 저는 화가는 아니니까요."

"내가 보기에 이건 아주 멋진 그림이야!"

그가 감사한 듯 웃는다. 나는 확신을 가지고 말할 수 있다. 그의 그림은 나의 모든 상세한 부분까지 파악하기 위해서 얼마나 노력했는지를 분명히 나타낸다고…. 내가 한 곳을 한참 동안 바라본다.

"네가 정말로 아무것도 빠뜨리지 않았구나. 그렇지, 아메트?"

"여기 보세요. 선생님 귀에 진주 귀걸이, 손목시계 그리고 검지에 있는 반지까지."

"그래, 아메트 여기에는 정말로 모든 것이 들어 있구나. 정말 아름다운 그림이야!"

그의 시간은 이제 끝이 났다. 그는 다시 아주 해맑은 인상을 준다. 내적으로 해방되고 자유로워진 듯 밝은 인상이다. 그가 가기 전에 잠깐 동안 꽃이 피어 있는 화분 앞에서 잠시 머문다. 조심스럽게 그가 꽃에 손을 대 본다.

"아… 선생님은 역시 정원사 같아요. 선생님에게서는 모든 것이 아주 잘 자라는군요."

그가 나를 바라본다.

“제가 선생님에게 진짜로 멋진 방울꽃을 정원에서 가져와 선물할게요. 제가 그것을 뿌리가 있는 그대로 화분에 심을게요. 그 꽃이 겨울에도 살 수 있다고 믿으세요?”

“그래, 벌써 그렇게 믿고 있어.”

그 말과 함께 그가 떠나간다.

내가 수첩에 적는다.

“중요함. 아메트를 위해서 화분과 흙을 준비할 것.”

"안타까워요. 여기에는 샘이 없다는 것이…"

아메트가 다시 그의 치료시간에 온다. 전에 권총을 향해 자석처럼 뻗었던 그의 손에 이제 그가 말했었던 뿌리가 있는 파란색 방울 모양의 방울꽃이 들려 있다.

그가 그것을 직접 시(市)의 숲 속에서 캐 왔다. 그리고 여기에 심고 싶어 한다.

한 가지에 그가 카드를 접어 걸어 두었다. 첫 번째 쪽에는 '우데 선생님의 꽃'이라고 쓰여 있고, 오른쪽 아래에는 '넘기세요.' 라고 쓰여 있다. 다음 장 왼쪽에는 땅에서 꽃을 캐내고 있는 한 아이를 그려 놓았다. 그리고 카드의 다음 장에는 화려한 꽃잎을 가진 바구니가 그려 있다.

"아~, 얼마나 아름다운 선물인지."

아메트의 눈이 빛난다. "듣기 좋아요!"

그런 다음 내가 흙이 담긴 화분을 가져왔을 때 그가 매우 놀라워한다. "선생님이 벌써 이것을 예측하고 있었다니."

"음, 아무것도 예측하지 않았어. 네가 지난 시간에 방울꽃에 대해서 얘기했었거든."

"그랬군요." 그가 머뭇거리며 말한다. 그리고 그의 손으로 가운데 흙을 가장자리로 조금 파낸다.

"선생님이 제게 이것들을." 그것은 화분을 말한다. "약속하지 않았어요. 그러나 선생님은 그것을 행했죠. …나의 엄마는 항상 약속하죠. 그러나 행하는 것은 전혀 없어요!"

그가 이렇게 말하면서 흙을 파내는 일을 계속한다. 조심스럽게 식물의 뿌리를 흙 속으로 눌러 심는다. 흥분한 것 같지도, 씁쓸한 것 같지도 않다. 다만 그는 그에게 수많은 고통스러운 실망들을 통해서 이제는 되돌릴 수 없는 진실이 되어버린 사실, 곧 끊임없이 거부하고 실망시키는 엄마에게 만족해야만 한다는 그 사실을 받아들이려는 것처럼 말한다. 오늘은 어쨌든 그가 첫 회기에 말했던 것과는 분명히 다르다. "선생님이 저를 도와주고 모든 게 좋아진다면 엄마는 자기가 가진 모든 것을 선생님께 드릴 거예요."

오늘은 그가 자기의 상황을 더 분명하게 보고 있다. 나는 짧게 그의 엄마에 대해서 오래도록 가난과 궁핍 속에 있었던 어려운 그녀의 삶을 말하려고 시도했다. 그러나 혹시라도 그가 자신의 감정에 접근하는 일에 방해가 될 것 같은 말은 하지 않았다. 그의 꽃이 이제 흙 속에 심겨져 있다. 잎들이 아래로 약간 처져 있다. 놀랄 일이 아니다. 그가 학교에서 시작해서 집으로 올 때까지 계산하면 그것을 몇 시간 전에 파내었기 때문이다. 내가 그것에 물을 주자 그가 그 식물을 어떻게 돌봐야 하는지 묻는다.

"지금 이 꽃에는 물이 필요해. 그리고 때때로 거름을 주어야 하고 햇빛과 그늘도 필요로 하지."

그가 얼마나 많은 물과 거름 그리고 어떤 때 얼만큼의 햇빛과 그늘이 필요한지 좀 더 자세히 알고자 한다.

"그래, 아메트. 그것은 사실 아주 간단해. 사람이 그것을 바라만 보면 식물이 필요한 것이 무엇인지 식물이 그에게 말하게 되지. 바로 지금처럼 무언가 급하게 마실 것이 필요하다고 말이야.

"맞아요!" 그가 말한다. "정말로 맞아요. …아세요? 그게 정말 최고였어요. 아세요? 그때 제가 처음에 엄마와 함께 선생님에게 왔었을 때. 선생님이 제게 원하는 만큼 많이 마실 필요가 있겠다고 말했죠. 그리고 선생님이 바로 이어서 제게 마실 것을 주었어요. 산딸기 차 한 잔을, 그 뜨거운 산딸기 차를 말이죠. 그것은 정말로 아주 맛있었어요…!"

그가 이제 멈추지 않고 계속해서 말한다. "그때 선생님은 보았었죠. 제가 목이 마르다는 것을. 하지만 엄마는 절대로 본 적이 없어요. 그녀는 항상 마시는 일을 금지했죠."

그가 잠깐 쉰다. 다음에 내가 말한다.

"아마 그건 짐멜 선생님이 지시했었을 거야."

거기에 대해서 아무런 대답도 나오지 않는다. 왜 아니겠는가? 그가 말하고자 하는 것은 그의 엄마가 아무것도, 그 어떤 것도 보지 않았다는 것이다. 그의 얼굴에 모든 것이 쓰여 있었음에도. 그녀는 자기 자신의 궁핍 때문에 분명히 그것들을 볼 수 없었을 것이다. 그러나 지금은 그것에 대해서 논의할 때가 아니다.

아메트가 이제 칠판으로 다가간다. 그리고 곧바로 초록색 분필을 집어 들고 말한다.

"제가 이제 아주 커다란 그림을 그릴 거예요."

그가 그림의 배경색에 만족할 때까지 많은 분필을 필요로 한다.

"이건 아주 엄청나게 큰 초원이에요."

나는 그를 방해하지 않는다. 그가 무엇을 그릴 것인지 정확하게 알고 있는 것 같기 때문이다. 그리고 항상 뭔가 새로운 것을 그려 낼 때마다 설명하기 시작한다.

"이것은 샘이에요." 그의 샘은 그림 아래 왼쪽 구석에 놓여 있다. 그가 그 주변에 작은 벤치를 그린다. 그 사이 그는 지금 카바가 든 우유를 먹으면 얼마나 좋을지 생각한다. 거기다 또 무언가를 먹을 수 있다면 간 소시지가 든 빵을. 그의 그림은 하늘을 그릴 자리가 없다. 커다란 초록색 초원으로 가득 차 있어서 아주 좁은 한 줄만을 하늘을 위해서 남겨 두었다. 거기에 그가 아주 밝은 푸른색을 칠한다. 그리고 나서 왼쪽 가장자리 구석에 작은 태양을 그려 넣는다. 태양은 초원 멀리를 비추고 있다. 그 좁다란 수

평선 위로 커다란 한 양치기의 보호를 받으면서 네 마리의 양들이 풀을 뜯고 있다. 양치기의 왼쪽 손에는 아주 길다란 지팡이가 들려 있다.

"난 이 그림이 아주 멋지다고 생각해요." 그가 말한다. 그리고 남은 분필을 분필 상자 위에 다시 놓는다. …"선생님도 그래요?"

"나도 그래. 내가 한참 동안 이 벤치에 앉아 있고 싶을 만큼 참 멋지다고 생각해."

"선생님은 얼마나 멋진 생각을 하는지 몰라요."

그 말과 함께 그가 일어선다. 그리고 기타를 가져와서 내 옆에 앉는다. 기타 줄을 뜯으며 그가 멜로디를 흥얼거린다. 그리고 자신의 그림을 바라보며 말한다.

"그게 사실 안타까워요. 빌레치크에서처럼 그렇게 아름다운 샘이 이 도시에는 없다는 것이 말이죠. 왜 여기에는 그런 샘이 없는 걸까요?"

샘이 그에게는 매우 흥미로운 것 같다. 나는 그에게 하나의 상당히 포괄적인 대답을 한다.

샘은 현대 사람에게는 중요하지 않다고. 왜냐하면 지금은 모두가 수도를 통해 물을 집에서 얻을 수 있기 때문에. 그러나 과거에는 이 도시에도 그리고 독일 여기저기에 샘이 있었을 것이고 사람들은 양동이와 항아리를 가지고 물을 얻어와야만 했었다고.

"모르겠어요." 그가 그렇게 말한다. "왜 제가 샘을 좋아하는지. 그러나 제가 그것을 아주 좋아해요."

“그래, 너는 아마도 샘에 대한 좋은 추억을 갖고 있을 거야. 그래서 네가 그것을 그렇게 많이 좋아하는 걸거야.”

그가 계속해서 기타 줄을 뜯는다. 그리고 멜로디를 연주해 보려고 시도한다. 그리고 계속해서 말한다.

“왜 그런지 저는 몰라요. 다만 샘이 정말로 좋아요.”

“그래, 샘은 모든 인간에게 항상 매우 중요한 것이었어. 많은 동화 속에서도 샘이 나오고 있지.”

“샘이? 아~, 제게 아직 아무도 동화를 들려주지 않았어요. 제게 샘에 관한 동화를 한 번 들려주세요.”

그가 몸을 편하게 뒤로 젖혀 기대앉는다. 그리고 열의에 차서 홀레(Holle) 여사의 동화인 ‘황금의 마리’ 이야기를 따라온다. 마리는 샘가에 종종 슬프게 앉아 있었다. 나쁜 계모로부터 항상 꾸지람을 많이 들었기 때문이다. 황금 마리 이야기는 이런 이야기다.

“어느 날 그녀가 샘가에 앉아서 훌쩍이고 있었지. 물레가락이 그녀의 손에서 미끄러져서 샘 아래로 빠져 버렸어. 그녀는 엄청난 공포감에 사로잡혔지. 이제 더 이상 실을 자을 수 없을 테니까. 그러면 계모가 다시 그녀를 크게 꾸짖을 테니까. 그녀는 마음을 진정시켰어. 그리고 그녀의 공포를 이겨 냈지. 그리고는 깊은 샘 속으로 뛰어들었어.”

“오~.” 아메트가 매우 놀라서 외친다. 그는 이제 동화의 신기한 세계에 빠져들 수 있는 몸과 마음이 된 작은 아이같은 표정이다.

내가 계속해서 이야기한다.

"그녀는 샘 속으로 떨어졌어, 점점 더 깊이, 점점 더 깊이. 그리고… 한 순간에… 엄청나게 큰 초원 위에 서게 됐어."

동화가 계속된다. 그녀가 어떻게 드넓은 초원을 달렸는지 그리고 어떻게 잘 익은 사과나무에 도달하게 되었는지. 그리고 사과나무들이 그렇게 외친 것을. '나를 따 줘, 나를 따 줘!' 그다음 어떻게 그녀가 모든 사과들을 따서 바구니에 담았고 계속 길을 가게 되었는지.

"그리고 그녀가 어떤 오븐 앞에 서게 됐지. 그리고 그 안에 빵들이 놓여 있었고 부르는 소리가 들렸어. '우리는 다 익었어. 우리를 꺼내.' 그래서 그녀가 빵을 꺼냈지."

그리고 다음에 어떻게 그녀가 홀레 여사의 집에 도달했고, 어떻게 그녀에게 주어진 모든 일을 해냈는지 등등으로 동화는 이어진다.

나는 소녀에게 물레가락을 되돌려주고 황금 더미를 쏟아 부어 주었으며 그래서 마리가 황금 마리로서 다시 땅으로 돌아오게 해 주었던 홀레 여사에게 감사를 덧붙이며 동화를 마친다. 그다음 침묵하면서 아메트가 어떻게 이 동화에 대해서 반응하는지 기다린다.

그가 평소와 마찬가지로 매우 빨리 이런 말로 시작한다.

"아세요? 그게 옛날하고 아주 똑같아요…."

"그래 얘기해 봐, 아메트."

그가 계속한다. 그리고 그의 손가락 끝이 이마를 가다듬는다.

"그게 옛날처럼 매우 아름다워요. 우리가 샘 주변에 둘러앉아서 오늘 이야기하고 똑같지는 않지만, 그런 이야기를 들었던 때, 아세요? 그런데 정말로 일어났었던 진짜 이야기들에 관한 것이어서… 그러니까… 그것들은 제가 아름답다고 생각하게 되는 거예요."

"아~, 너에게는 많은 다른 아이들과 함께 샘가에 둘러앉아서 서로 즐거움을 함께 했었던 터키의 빌레치크에 대한 좋은 추억이 있구나. 사람들이 그렇게 아름다운 추억을 항상 반복해서 생각하곤 하는 것을 나는 이해할 수 있지."

아메트는 계속 기타 줄을 뜯는다. 그가 아주 간단한 멜로디를 연주해 보려고 노력한다. 그가 지나가는 말처럼 다시 말한다.

"아름다웠어요. …선생님이 바로 이야기했었던 것처럼… 내게는 마치 옛날과 같았어요. 안타까워요. 왜 여기는 샘이 없는지."

그의 손이 다시 기타줄을 뜯는다. 작은 멜로디가 성공할 때까지 그는 포기하지 않는다.

"알아차렸어요? 이것이 터키 노래인 것을?"

"터키 노래?"

내가 되묻는다. 그러나 그는 자기 안의 소리를 듣고 있다. 계속해서 연주를 반복하며 멜로디를 듣는다.

"이제 제가 기억해요. 이제 그것을 알죠." 그리고 이야기하기 시작한다. "이 노래는 언젠가 종종 불렀던 거예요. 그런 일이 있었어요. 제가 자동차에 치었었죠. 그래서 며칠 동안 소파에만 누워 있어야 했어요. 아이들이 와서 이 노래를 종종 불렀어요."

그가 나를 바라본다. 그는 그의 마음속에 있는 이러한 사건들에 대해서 스스로 놀라고 있는 것처럼 보인다. "이게 우습지 않아요? 제가 지금 여기에 대해서 계속 생각해야만 되는 것이?"

"좋아, 아메트. 네가 항상 다시 그런 체험을 기억할 수 있다는 것이… 그런데 대체 네 엄마가 너희와 함께 있었니? 네가 사고를 당했을 때? 아니면 그 날은 이미 엄마가 독일로 떠난 뒤였니?"

그가 이제 더 이상 곰곰이 생각할 필요가 없다. 그의 무의식이 중단됐던 기억의 부분들을 아주 자유롭게 풀어헤친다. 부분적으로는 아주 작은 부분까지 상세하게. 그것은 빌레치크에서 있었던 일이다. 신문과 일용 잡화 등을 파는 편의점을 하던 숙모에게 다녀오는 길에서 일어난 일이다. 아메트와 엄마는 집으로 가는 중이었다. 아메트는 숙모가 선물로 주었던 책 속의 그림을 보고 있었다. 그때 갑자기 자동차가 달려와 그가 차에 치어 버렸다. 그의 이마에서는 피가 흘렀고 그의 엄마는 경악하여 큰 소리로 울었다. 많은 사람들이 그 주위로 몰려들었고 한 남자가 그를 데리고 갔다. 그리고 모든 것이 다시 좋아질 때까지 그는 며칠 동안 소파 위에 누워만 있었다. 그가 그를 위해서 찾아왔었던 방문자들에 대해서 기억했다. 특히 아이들을 기억했다. 그가 이 사건을 이야기하는 동안에 그는 사실 이 사고의 효과를 즐겼다는 것이 점점 더 분명해졌다. 왜냐하면 그것을 통해서 그가 관심과

호사를 체험했기 때문일 것이다. 나는 엄마인 펨베가 아메트와 함께 처음 나를 찾아온 날을 생각한다. 둘이 아무 관련 없는 사람인 듯 나란히 서서 집으로 걸어가던 그날. 아마도 그때가 사고가 났었던 그때와 똑같으리라. 작은 꼬마아이가 엄마 옆에서 걸어가면서 자동차에 치이는 일이 어떻게 일어날 수 있겠는가?

아메트는 이야기를 끝내자마자 기타로 줄을 울려 짧은 멜로디를 연주한다.

"제가 그들에게 기타를 한 번 연주해 줄 수 있다면 정말로 멋질 거예요."

"네 말은 아메트, 네가 기꺼이 집으로 이 기타를 가져갔으면 하는구나, 그렇지?"

그가 고개를 끄덕인다.

"이것에 아무런 일도 일어나지 않을 거예요. 제가 이것을 다음 시간에 다시 가지고 올게요."

"응, 문제없어. 아메트."

그의 시간은 이미 지나 있었다. 그가 즐겁게 기타를 어깨 위로 둘러멘다. 그리고 떠나간다.

나는 언제나처럼 기록을 하기 위해서 자리에 앉는다. 그의 지난 그림들을 오늘의 그림과 비교한다. 그의 첫 번째 그림은 뿌리가 없는 나무였다. 그리고 그 밑둥에 날카로운 부리를 가진 커다란 새가 앉아 있었다. 거기에 대해서 그가 말했다. "이게 딱따구리예요. 이게 나무 여기저기를 쪼아대요.” 그런 다음 검은 물감을 쏟아부은 그림이 있었다.

아주 초기에 그렸던 그림은 왼쪽으로 향해 있는 한 대의 커다란 빨간색 기관차였다. 그가 말했다. “이것은 멈춰 있어요. 아마도 언젠가 폭발할 거예요.”

그다음에는 한 엄마가 커다란 나무 밑에 앉아 있는 그림을 그린 적이 있다. 그녀 옆에서 유모차가 그려져 있었다. 이 그림에 대해 아메트가 말한 적이 있다.

“그녀가 왔다갔다 유모차를 밀고 있어요. 그리고 새들이 노래를 부르고 있죠. 한 새가 날아가면 두 번째 새가 아기를 위해서 노래할 거예요.” 방치된다는 것에 대한 큰 공포와 보호받는 것에 대한 동경이 이 그림에 표현되어 있다.

오늘의 그림에서는 어머니로부터의 분리가 드러나 있다. 이것은 버림받음의 엄청난 공포로부터의 도주일 수 있다. 어머니의 위치에 커다란 초원, 곧 모성적 바탕이 나타난다. 수평선에는 양들이 키 큰 양치기로부터 보호받고 있다. 그리고 태양이 빛난다. 이것은 곧 신뢰의 표현으로서 남성적 원칙의 상징이다. 샘 하나가 힘의 원천을 상징하며, 새로운 길을 탐색하고자 하는 욕구로 나타난다.

오늘의 그림은 내게 그가 새로운 삶의 정서, 곧 자신에 대한 그리고 세상에 대한 더 많은 힘과 신뢰를 발달시키려 함을 알려 주는 전령과 같이 나타난다.

"…이런 브레첼이 정말 얼마나 맛있는지."

오늘은 아메트가 터키로 여행을 떠나기 전에 마지막으로 오는 날이다. 대략 치료가 시작되기 15분 전에 그가 전화로 그의 출발을 알린다.

"제가 지금 바로 출발할게요." 그가 말한다.

"왜?" 내가 다시 되묻는다. "너는 아직 집이야? 그러면 너무 늦게 오는 거잖니."

"아니죠. …저는 정확한 시간에 갈 거예요. …그래서 창문으로 한 번 나중에 바라보세요. …선생님이 아마 놀랄 거예요."

"무엇 때문에?"

"안녕히 계세요, 안녕, 안녕, 안녕히 계세요…!" 그가 전화 속에서 외친다. 그리고 전화를 끊는다. 그가 실제로 15분 뒤에 '새로 구입한' 아주 낡은 자전거를 '굴려서' 집 앞으로 온다. 기타는 등에 메고 있다. 멀리서 다가오며 내게 손짓을 한다.

"아메트."

내가 즐거움과 놀라움에 가득 차서 외친다. "네가 자전거를 새로 가졌구나."

그가 자전거를 벽에 세운다. 그리고 아주 커다란 자물쇠를 자전거 살대에 건다. 우스꽝스럽고 황당한 안전대책이다. 이 볼품없고 낡은 접이식 자전거는 아마 어떤 사람들 눈에도 들지 않을 것이다.

"이 자전거는 새것이 아니에요." 나의 어떤 코멘트보다도 앞서 말하고자 하는 듯 그가 곧바로 말한다.

"그렇지만 이게 굴러가요…."

"그것이 중요한 것이지."

그런 다음 그가 번개처럼 재빨리 자전거에 무엇이 달려 있는지 말하는 것을 놓치지 않는다. 한 개의 자전거 바퀴 펌프다.

"그래." 내가 생각한다. "아마 낡은 바퀴 때문에 아주 급하게 이것이 필요할 때가 있을 거야."

"여기 보세요. 이것은 방금 만들어진 자전거 펌프예요. 아빠가 사 주었어요. 이 동네에서 이것은 거의 저밖에 갖고 있지 않아요."

"정말 훌륭하구나."

그가 내 앞에서 한 번 시범을 보인다. "여기를 보세요. 이게 바로 공기를 주는 곳이잖아요. …선생님께 알려 드리죠. 바로 이것이 공기를 넣어 준다고요. 아마도 제가 이것을 집안으로 가지고 가는 것이 낫겠어요. 그냥 두면 나중에 사라지고 없을 거예요."

놀이실로 들어오는 동안에도 끊임없이 자전거에 대해서 말한다. "원래 이것은 에미네가 선물로 받았어요. …그녀가 벼룩시장에 있는 한 남자에게 아주 많은 물건을 샀기 때문에 그 남자가 마지막에 자전거를 하나 선물했어요. 아주 친절한 남자였을 것 같아요. 아세요? 지금 저는 어디서 물감을 조금 얻을 수 있을지 생각해야만 해요. …아니면 손톱 매니큐어라도… 선생님한테 뭔가 조금 남아 있다면 제가 그걸로 자전거를 아주 예쁘게 색칠할 수 있을 텐데요. 왜냐하면 이게 너무 녹이 슬어서요. 색칠하면 좀 더 멋지게 보일 텐데."

우리는 놀이실에 있는 물감과 왁스를 가지고 있다. 자전거를 치장하기 위해 그것을 조금 얻게 되면서 그는 구원받았다고 여겼다. 이제 그가 주머니에서 나를 위한 선물을 하나 꺼낸다.

"제가 선생님께 뭔가를 가져왔어요." 그가 내게 투구와 창을 하나씩 들고 있는 작은 남성 목제 인형을 내민다.

"선생님이 이제 한 명의 전사를 갖게 되었네요." 그가 말한다. "선생님은 전사를 위해 좋은 자리를 발견하기만 하면 돼요. 왜냐하면 이제 제가 오랫동안 다시 오지 못할 테니까요. 아빠가 말했어요. 거기에 제 학교가 다시 시작하기 전까지 아마도 우리가 6주 정도 있게 될 거라고요."

"아, 그렇구나. 6주 동안 너희가 떠나있게 될 거라고?"

"사실 저는 즐겁지 않아요. …우리는 터키에 아파트가 없잖아요. …어떻게 될지… 거기서 우리는 자동차를 타고 항상 이리저리 돌아다녀야만 해요. …아쉬워요. 이제 제가 바로 자전거를 갖게 되었는데 떠나야만 하다니!"

"그래, 그렇지만 너는 다시 돌아왔을 때도 자전거를 갖고 있을 거고 그것 때문에 항상 기뻐할 수 있잖아. 그런데 말해 봐. 그러면 도대체 너희는 어디서 잠을 자려는 거지?"

"글쎄요. 아마도 반대로 아주 잘될 수도 있어요. 아빠는 우리가 호숫가에서 자게 될 거라고 말했어요. 그리고 아세요? 저는 수영을 아주 잘할 수 있기 때문에 제가 거기서 무엇을 할 수 있을지 최소한 알고 있다는 거죠."

나는 이제 그의 아빠가 터키에서 부모와 오스만과 아메트, 이렇게 네 명이 그 안에서 함께 잠을 잘 수 있는 작은 버스를 임대하려는 것을 알게 된다. 여행의 원래 목적은 가능하면 집의 건축을 바로 시작할 수 있는 대지를 찾는 것이다.

아메트는 지금 내가 손에 들고 있는 그의 '전사'를 바라본다.

"그가 어디에 서 있어야 될까요? 어떻게 생각하세요? 그가 아주 좋은 자리에 있어야 하는데."

"그래, 아메트. 내 생각에 그는 여기 놀이실에 있어야 할 것 같아. 어떻게 생각하니?"

"나 또한 그렇게 생각했어요. 제가 다시 올 경우 제가 이것을 다시 가져갈게요. …그리고 …제가 다시 떠나야만 할 때는 다시 선생님에게 갖다 놓을게요. 항상 이런 식으로 가는 거죠….”

“그래, 아메트. 그것이 아주 좋은 해결책이구나. 그는 곧 네 대신 항상 여기 있는 거구나.”

내가 그것을 선반장 맨 아래 칸에 올려놓는다. “내 생각에 그가 여기에서 있는 게 좋겠다. 여기서 그가 모든 것을 잘 건너다 볼 수 있잖아.”

“그것을 제발 제일 높은 선반에 세우세요. 그러면 어떤 다른 애도 가까이 올 수 없어요.”

내가 그것을 다시 가장 높은 선반 위에 세운다.

“내가 아무도 이것을 손대지 못하도록 잘 감시할게.”

이제 우리는 잠시 말없이 옆에 나란히 앉아 있다. 내가 그에게 다시 카바가 든 우유를 만들어 준다. 한 컵 또 한 컵. 그가 자꾸 원하기 때문에. 세 번째 커다란 잔을 비웠을 때 그가 말한다.

“제가 왜 이렇게 자꾸 마시기만 할까요?” 그가 손을 가득 채워진 배 위에 올려놓는다. “저는 전혀 목마르지 않거든요.”

“그래, 그것이 내 눈에도 띄었어. 하지만 사람들은 목마르지도 않고 배고프지도 않지만 무언가를 마시거나 먹는 일이 있지. 때때로 사람들은 어떤 일을 하기 위해서 자신이 충분히 강하다고 느끼지 않아. 그러면 음식을 통해서 힘을 가져올 수 있다고 믿는 거지.”

그가 이제 일어선다. 그네로 가서 앉아 말없이 왔다갔다 한다. 내가 그의 질문을 받고 우리에게는 아직 30분이 남아 있다는 대답을 하자마자 그가 곧장 그네에서 뛰어내린다.

"그러면 우리가 다시 한 번 기차놀이를 할 수 있어요."

그는 우리 둘이 아주 길고 멀리까지 평행선으로 달리는 기찻길을 놓으려고 한다. 우리 둘은 각각 자기의 선로에서 작업을 한다. 선로들이 그가 원하는 길이에 도달했을 때 그가 양쪽에 탑을 하나씩 세운다. 그리고 이 두 개의 탑을 선으로 묶는다.

그는 자신이 하는 것에 대해 분명한 상상을 하고 있다. "이것은 구름다리예요. …이건 많은 가난한 나라에 있어요. 사람들이 자동차로 이 위를 달릴 수는 없어요. 그러나 원한다면 그리고 다리를 아주 잘 붙잡고 걸을 수 있다면 이쪽에서 다른 쪽으로 건너갈 수 있지요."

"그러면 그것으로 충분하지." 내가 말한다. "한쪽에서 다른 쪽으로 어떻게 건너갈 수 있을지 사람들이 알기만 한다면."

그가 이제 연출상자에서 줄에 매달려 이쪽과 저쪽으로 미끄러질 수 있는 그리고 손과 팔을 구부릴 수 있는 한 사내아이 인형을 꺼낸다. 그에게 모든 것을 완벽하게 하는 것이 매우 중요한 것 같다. 그가 소년이 아주 가볍게 뛰어서 내 쪽으로 줄을 따라 미끄러져 내려올 때까지 조립을 절대 포기하지 않기 때문이다.

"이 아이는 이제 거기 있어야만 하니? 아니면 다시 돌아올 수 있니?" 나는 묻는다. 그리고 여기 무의식적인 정서가 잘 드러나는 이 고요 속에서 생각한다.

"그는 미끄러지며 왔다갔다 할 수 있어요." 그는 대답한다. 그리고 우리가 한동안 이 놀이를 계속한다. 그러면서 그 사이 그에게 생각나는 것이 있다. 그가 아빠와 엄마의 인사를 내게 건네야 한다는 것을.

"제 부모님이 제가 터키에서 선생님에게 줄 무언가를 가져와도 된다고 말했어요. 선생님은 제가 뭘 가지고 오면 좋을지 알고 계세요? 예를 들면, 물피리가 있어요."

"물피리? 아니야, 물피리는 말고, 아메트."

"그렇다면 무엇이에요? 말씀해 보세요. 제가 선생님에게 무엇을 가져와야 되죠?"

내가 한동안 곰곰이 생각해 봐야 한다.

이제 그가 손님을 잃을까 봐 불안해 하는 상인처럼 그의 제안을 계속한다. "우표는 어떠세요? 아주 아름다운 우표가 많이 있어요. 아니면 양탄자. 네! 양탄자죠. 바닥을 위해서 또는 벽을 위해서 아니면… 그렇지! 블라우스가 있어요. 아주 아름다운, 화려한 블라우스. 아세요? 손으로 직접 짠 그런 것이요. 에미네도 그런 것을 하나 갖고 있지요. 아니면… 아니면…."

그가 중단한다. 그는 이제 나에게 제안할 그 어떤 것도 생각나지 않는다.

내가 이제 조용히 그에게 말한다. "아메트, 너는 누군가가 너를 떠나려고 할 때 아니면 네가 누군가를 떠나야만 할 때 불안이나 두려움이 같은 것이 네 안에서 솟아나지. 지금은 어때?"

그가 벤치 위로 맥없이 쓰러져 앉는다. 그리고 고개를 끄덕인다. "네. 지금이 그래요."

그리고 그가 계속해서 침묵한다.

내가 말한다. "지금 그러고 있는 것은 두려워하는 작은 아메트야."

그가 다시 고개를 끄덕인다. "그래요. 아마 그럴 거예요."

"그러나 큰 아메트는 투구를 쓰고 창을 들고 갑판 위에 서 있지. 그가 전사야. 둘 다 네 안에 있어. 그 큰 아메트 그리고 작은 아메트가."

잘 맞춰서 말할 경우 그의 정서가 얼마나 빨리 변화되는지. 그리고 얼마나 빨리 그가 용기를 얻는지. 매번 놀라운 일이다.

내가 이제 그에게 그의 아버지에게 한 가지 제안을 건네 달라고 한다.

"아빠에게 나의 인사를 전해 주렴. 그리고 말해 주렴. 그가 너와 함께 빌레치크에 있는 바로 그 장소, 곧 네가 아름답게 그렸던 그 장소에 가서 똑같은 가게에서 네게 브레첼을 사 준다면. 한 개는 너를 위해서 그리고 한 개는 나를 위해서, 그러면 내가 매우 기뻐할 거라고 말이야."

"또 다시 선생님의 멋진 아이디어네요. 그 브레첼이 얼마나 맛있는지 선생님은 놀라게 될 거예요."

그의 시간이 끝났다. 그가 작별인사를 하면서 그는 다시 한 번 기꺼이 뮈케를 보고 싶다고 한다. 그러나 뮈케는 찾을 수가 없었다.

"아세요?" 그가 다시 말한다. "터키에는 주인 없는 가난한 개들이 아주 많아요. 그래서 배가 고파 죽기도 해요. 그런 개를 제가 한 마리 가져오고 싶어요."

나는 단지 나의 손을 그의 어깨에 얹는다. 그리고 거기에 대해서 아무것도 말하지 않는다. 내가 아메트를 그의 자전거가 있는 곳으로 데려간다. 그는 물감과 왁스를 가져가는 것을 잊지 않았다. 현실을 감지하고 있는 것이다. 내가 그를 뒤돌아본다. 그는 코너를 돌 때까지 계속 신호를 보낸다.

"많은 행운을 빈다, 아메트. 6주 후 다음 회기까지!"

외부 환경이 그에게 우호적이라면 그가 그의 가능성의 공간에서 삶을 잘 극복해 나갈 수 있을 텐데. 그렇게 나는 생각했다.

"아메트는 다시 전학을 가야만 한다."

다시 한 번 아메트의 담임선생님인 댕커 씨와 이야기를 한다는 계획을 나는 벌써 오랫동안 연기했다. 그러나 오늘 그것을 해야만 한다. 그 길고 긴 방학이 시작되기 전에. 아니면 방학 중에는 담임선생님을 더 이상 찾을 수 없을 테니까. 그러나 아메트의 학교 상황에 대한 이 대화는 좋은 결말을 맺지 못했다.

댕커 씨는 아메트가 방학 이후에 피그맨 선생님의 옛 교실로 돌아가도록 이미 지시를 했다. 그 이유는 아주 간단하다. 아메트가 주요 과목에서 너무 큰 결핍을 나타내기 때문에 그래서 수업시간에 거의 같이 참여하지 못하기 때문이다. 전학은 오로지 한 시도였다. 그러나 그것이 실패한 것이다. 나는 아메트가 피크맨 선생님의 교실로 돌아갔을 때 분명히 심리적인 큰 어려움을 겪을 것이라고 지적한다.

거기에 대해서 댕커 선생님이 큰 이해심을 나타냈다. 그렇지만 옛 교실로 돌아가는 방법 외에 더 나은 방법을 제시할 수는 없었다. 그래서 내가 곧바로 이전 교장 선생님인 코이네 씨를 찾아갈 것을 결심했다. 내가 아메트의 소식을 알렸을 때 교장 선생님은 이미 그에 대해 알고 있었다. 우리 대화가 시작되자마자 교장 선생님은 많은 이주 노동자의 아이들 때문에 독일 학교가 얼마나 엄청난 문제를 가지고 있는지 호소했다. 문제는 아주 간단히 언어적인 어려움과 매우 큰 학습결핍 때문에 학년 배치를 제대로 할 수 없다고 표현했다. 우리 대화가 끝나갈 때 언제나 그랬듯이 코이네 교장 선생님은 조금 더 나은 아메트에 대한 해결방법을 제공했다. 아메트가 옛 학급으로 돌아가지 않고 다른 반으로 갈 수 있도록 준비하겠다고 한다.

나는 다시 한 번 아메트가 또 다시 급우들과의 큰 나이 차이 때문에 겪을 수밖에 없는 심리적 문제에 대해서 지적했다. 우리는 우선 아메트가 돌아온 이후 코이네 교장 선생님과 다시 학교 문제를 이야기 해 보자는 것으로 대화를 마쳤다. 이에 맞게 그가 댕커 선생님과 연락을 하겠다고 했다. 계속해서 코이네 교장 선생님은 교사 회의를 통해 아메트에게 특수 학교로의 전학이 근본적으로 더 낫지 않을지 논의해 보고자 했다. 왜냐하면 거기서는 그가 동년배 아이들하고 함께 배울 수 있으니까. 그리고 학생 수가 적기 때문에 교사도 아이들을 좀 더 개별적으로 잘 돌볼 수 있을 테니까. 물론 특수학교의 전학은 부모의 동의가 필수적이다.

"소년에 대해서 제 마음이 안타깝습니다. 그 애는 분명 평균 정도의 지능을 가지고 있습니다. 그러나 학습결핍이 너무 크기 때문에 이성적인 배정을 위한 노력이 허사가 되더군요. 유감스러운 것은 그가 혼자가 아니고 다만 많은 아이들 중 한 명이라는 거죠."

터키에서 보내온 아메트의 인사

2주 후에 터키에서 보낸 아메트의 엽서가 도착했다. 그가 적었다.

"사랑하는 우데 선생님. 여기는 매우 뜨거워요. 우리는 호숫가에 살고 있지 않아요. 그래서 저는 전혀 수영할 수가 없어요. 선생님께 많은 인사를 보내며, 선생님께 사랑으로 아메트가."

그 뒤로 3주 후에, 그러니까 아메트가 돌아오기 1주일 전에 그의 두 번째 엽서가 도착했다. 그가 적었다.

"사랑하는 우데 선생님, 저는 벌써 뮈케와 저의 자전거를 다시 보게 될 것에 대해, 그리고 제 놀이실에 대해서 매우 기뻐하고 있어요. 많은 인사를 드리며. 선생님께 사랑으로 아메트가."

"그런데 모든 아이들이 제게는 낯설었어요."

마지막 카드가 도착하고 1주일이 지난 날의 오전에 아메트가 부모와 오스만과 함께 방금 내렸던 공항에서 전화를 했다. 모두가 그들이 타고 갈 버스를 기다리고 있는 중이었다.

그가 바로 오늘 내게 오고 싶다고 간청했다. 터키에서 가져온 뭔가를 주기 위해서….

"놀라실 거예요. 제가 손에 무엇을 갖고 있는지. 크기가 제 손끝에서부터 팔꿈치만큼이나 돼요. …그러나 더 이상은 비밀이에요."

내가 그가 3시에 올 수 있다면, 15분 정도 그를 위해서 시간을 낼 수 있을 것이라고 말한다. 상당히 정확한 시간에 그가 자전거를 타고 내게 왔다. 그런데 자전거의 타이어는 유감스럽게도 바람을 잘 유지하지 못했다. 그러나—신에게 감사를—그는 아주 좋은 자전거 펌프를 가지고 있다. 목에 한 개의 굵은 줄을 둘러매고 그 줄의 끝은 손잡이가 있는 의문의 가방에 묶여 있다. 그가 아마도 거기에 내게 줄 선물을 운반해 왔을 것이다.

내가 그를 좀 더 가까이 바라봤을 때 나는 충격을 받았다. 이 여행이 분명히 그에게는 불안하고 힘이 많이 드는 여행이었을 것이다. 누구라도 그를 보면 알 수 있다. 그는 피곤하고 지쳐 보인다. 깊은 그늘이 눈 밑에 서려 있다.

벌써 출입문에서 그가 선물을 끄집어낸다. 30cm 높이 정도의 아주 빽빽하게 조가비들이 붙어 있는 꽃병이다. 돌아오는 여행에서 그는 아마 꽃병이 깨질까 봐 걱정하느라 그것을 절대 손에서 놓지 않았을 것이다.

꽃병이 내 손에 넘겨지는 순간은 그에게 아주 커다란 사건이었다. 얼마나 많이 그에게 그것이 중요한 것이었는지 알아차릴 수 있다. 그는 계속해서 새 꽃병과 관련된 새로운 질문을 생각해 냈다. 그리고 명백히 나의 대답을 즐겼다. 그가 커다란 기쁨을 만끽하기 위해 이것은 엄청나게 중요한 것이었을 것이다.

그다음 그가 스스로 브레첼에 대해서 말했다.

"선생님은 역시 실망하셨겠죠? 제가 브레첼을 전혀 가져오지 않아서."

그의 아버지는 그와 함께 시장에 가서 예전의 그 가게에서 브레첼을 살 수 있는 시간을 낼 수 없었다.

"안됐구나." 나는 생각했다.

'나는 다시 한 번 그가 그의 아름다운 추억을 체험할 수 있기를 정말 바

랐는데!'

"그런데 제가 혼자서 거기에 갔었죠."

그가 마치 나의 생각을 알아차린 듯 말했다….

"그 예전의 가게를 제가 발견했어요. 그리고 거기서 한 개의 브레첼을 샀죠…."

잠시 동안 그는 말이 없다. 그런 다음 계속 말을 잇는다. "게다가 한 개만이 아니고 더 많은 브레첼을 샀어요. …그러나 제가 그 모든 것을 다 먹어 치웠죠."

"아주 잘했어, 아메트. 아마도 그게 너에게 아주 맛있었나 보구나."

"아니에요. 그것은 제가 생각했던 것과 달리 아주 맛이 없었어요. 그리고 아마 선생님에게도 아주 맛이 없었을 거예요. 그러나 샘은 아직 거기에 있었어요. 그리고 그것은 예전처럼 아주 아름다웠어요. 그래서 제가 벤치에 앉았죠. …아세요? 샘이 계속해서 흘러넘쳤죠. …거기에 많은 아이들이 앉아 있었어요."

한동안 그가 말이 없다. 슬퍼 보인다. "하지만 모든 아이들이 제게는 낯설었어요. …그리고 아무도 저를 알아보지 못했어요."

그가 이제 그네에 몸을 앉힌다. 그리고 앞뒤로 왔다갔다 한다.

"이곳을 제가 많이 그리워했어요."

"나도 네가 많이 보고 싶었구나. 그리고 네가 다시 와서 매우 기쁘구나."

"정말이에요. 선생님이 기쁘세요?"

"정말로 기쁘구나, 아메트!"

이제 그는 가야 한다. 오늘은 내가 그를 위해서 더 이상의 시간을 낼 수 없기 때문이다.

나는 그의 부모가 토지를 매입할 수 있었는지 다급히 묻는다. 그래서 벌써 집을 짓는 일이 시작됐다는 것을 알게 된다.

그가 가려 하면서 좀 더 이야기한다. 댕커 선생님에게 드릴 매우 예쁜 조가비를 가져왔다고. 그리고 그의 친구(?)인 롤프를 위해서도 작은 터키 파이프를 가져왔다는 것을. 모레에는 그의 학교가 개학한다. 그리고 그다음 날 그가 나의 치료시간에 올 것이다.

나는 그에게 댕커 선생님과 코이네 교장 선생님과의 대화에 대해서는 아무것도 말하지 않는다. 내가 그의 학교 문제를 해결하지 못했기 때문이다. 그래서 그가 아무것도 모른 채 학교에 가는 것이 오히려 나을 것이라고 판단했다.

자전거에 앉은 그는 매우 기쁘고 기분이 좋아 보인다. 그가 잠깐 동안 그의 출발을 미룬다. 아마도 나한테서 그의 자전거가 얼마나 멋진지 듣기를 원할 것이다. 핸들 바를 빨간색으로 칠하고, 경고 종을 니스로 새로 칠했으며, 니더작센주의 말이 그려져 있는 작은 삼각형의 깃발을 꽂은 그 자전거가….

"아주 멋진 자전거구나, 아메트!"

그러자 그가 자전거를 움직이며 떠난다. 나는 사람들이 모든 것을 친구로 삼을 수 있다면 얼마나 좋을까 생각한다. 이런 낡은 자전거조차도. 그런 친구를 그가 이제 급하게 필요로 한다. 이제 다시, 새로 전학을 간다는 엄청난 영혼적 부담이 그를 기다리고 있기 때문이다.

"제가 어디에 속하는지 더 이상 모르겠어요."

사흘 뒤에… 선물로 꽃병을 가지고 왔다가 기분 좋게 자전거를 타고 떠나간 지 정말로 겨우 3일이 지났을까?

완전히 경직된 채 그가 출입문 앞에 서 있다. 그의 시선은 공허하고 거의 정신이 나간 사람 같다. 말없이 그가 그림자처럼 내 뒤를 따른다. 그러나 그는 그저 서 있다. 버림받은 것처럼, 무력하게. 그의 입술은 떨리고 있으나 어떤 소리도 나지 않는다. 붉어진 눈이 눈물로 가득 차고서야 경직이 풀린 듯 보인다. 억양 없이 그가 말하기 시작한다.

"어제 저는 아주 많이 울었어요. 왜냐하면 제가 다시 다른 학교에 가야 하기 때문이에요. 제가 어디에 속하는지 더 이상 모르겠어요."

그가 안락의자 속을 파고든다. 말할 만큼의 힘을 얻을 때까지 아주 긴 시간이 지난다.

"그리고 바로 저는 어디론가 가 버리려고 하다가 그때 마침 아빠에게 학교 문제를 이야기했죠. 그러자 그는 제가 이번 학년을 잘 해내지 못했다고 제게 욕했어요."

그가 벌떡 일어난다. 그리고 분노에 휩싸이며 양동이를 찬다.

"저는 집을 나갈 거예요! 저는 더 이상 집에 있고 싶지 않아요! 고아원에 가겠어요. 선생님이 제가 고아원을 찾을 수 있도록 도와주실 수 있나요?"

내가 먼저 그에게 카바가 든 한 잔의 우유를 내민다. 그렇지만 그가 거부한다.

"난 배가 아파요. 저는 계속해서 토했어요. 저는 아무것도 마시고 싶지 않아요."

말없이 그가 점점 더 자기 안으로 무너져 간다. 내가 그에게 시간을 준다. 그러다 결국 묻는다. "아메트, 지금 네게 가장 힘든 것이 무엇인지 네 기분을 한 번 말해 보렴."

그가 오래 망설이지 않는다. "가장 힘든 것은 지금 여기저기 모든 곳이 아프다는 거예요."

그가 주먹으로 머리를 때린다. "머리가 가장 심해요. …여기! 여기, 여기, 여기, 여기!" 그러면서 그가 자기 머리를 여기저기 쥐어뜯는다.

"난 더 이상 할 수 없어요. 더 이상 할 수 없어요. 더 이상 할 수 없다고요…!"

그가 일어선다. 그의 몸 전체는 흥분돼 있다. 그가 마치 사로잡힌 표범처럼 공간을 이리저리 헤집고 다닌다. 그리고 멈춘다. …아주 조용히 …몇 초 동안. 그런 다음 소리 지른다.

“저는 모든 것을 망치고 있어요. 그 어떤 것도 제대로 하고 있지 않아요! 어디에도, 그 어디에도 제가 있을 수 없어요. 영원히 어딘가로 사라져야만…!”

그가 절망에 차서 두 발로 바닥 위를 구른다.

“저는 더 이상 아무것도 하지 않을 거예요. 저는 사라질 거예요! 고아원으로! 저는 사라질 거예요, 사라질 거예요!”

그는 망연자실한 듯 있다. 광기 속에서 라이터를 줍는다. 그리고 불꽃을 완전히 확 솟구치게 했다가 다시 끄는 데 사로잡혀 있다. 예전에 그가 하던 놀이. 이미 오래전에 잊었던 예전의 불장난. 그것이 그를 다시 지배했다. 심각한 퇴행이다.

나는 그가 시간을 갖는 것을 허락한다. 절대적으로 고요한 몇 분이 지나간다.

그런 다음 그가 자동차에 관심을 갖는다. 여러 개의 모델들이 연출상자에 놓여 있다.

“자동차 하나를 내가 갖고 싶다.” 그가 조용히 말한다. 마치 자기 자신에게 말하듯이. “멋진 바퀴를 가진 자동차를.”

그가 소방차 한 대에 아주 감탄하며 자기 손 위에 얹는다. 그리고 사다리를 그 안에 넣었다 빼었다 한다. 그다음 탁자 위에 굴린다.

“이건 아주 멋진 자동차군. 전속력으로 질주할 수 있겠어!”

그런 다음 그가 갑자기 묻는다.

“얼마나 많은 시간이 남았죠?”

“시계를 보렴. 우리는 아직 많은 시간이 있단다.”

“난 이제 가야만 해요.” 그가 곧바로 말한다.

내가 다시 한 번 말한다. “아직 많은 시간이 남아 있어, 아메트 넌 아직 오래 여기 있을 수 있어.”

“아니에요. 안 돼요! 저는 이제 갑니다.” 그리고 그가 떠나간다.

나는 더 이상 아무것도 이해하지 못했다. 나는 이제 그에게 더 이상 접촉할 수 없게 되었다고 느낀다. 그를 가게 하는 것 외에 다른 선택이 전혀 없었다.

기분을 바꾸기 위해서 정리를 시작한다. 연출상자로 간다. 마지막으로 그가 자동차를 가지고 노는 데 열중했다. 그가 멋진 바퀴를 가진 자동차에 대해서 말했다. 그는 소방차를 집었고 탁자 위에서, 바닥 위에서 ‘솨솨, 솨솨’ 소리를 내며 달리게 했다. 그러고 나서 그가 갑자기 가려 했다.

그 소방차는 어디에 있지?

내가 소방차를 연출상자에서 찾는다. …내가 여기저기 다 찾는다. 그것을 발견할 수가 없다. 아메트가 그것을 갖고 있구나. 내게 물어보지도 않고 그것을 가져가 버렸다. 그래서 그가 갑자기 곧바로 가려 했었구나. 왜 하필 소방차였을까?

"아메트는 학교에 가지 않는다."

다음 치료회기에 내가 아메트를 기다린 것은 허사가 되었다.

에미네와 통화하고자 한 내 시도도 헛수고다.

그래서 내가 코이네 교장 선생님에게 전화를 했다. 그가 이미 개학 첫날에 아메트하고 그의 학교 상황에 대해서 오랫동안 이야기했다고 내게 말했다. 그는 아메트가 사실을 분명히 직시하게 하려고 시도했다. 즉, 학습결핍이 너무 커서 다시 학급을 바꾸는 것이 그에게는 더 낫겠다고. 그가 이전의 피크맨 선생님에게 돌아가는 것이 아니라 그 옆 교실로 가게 될 거라고 말했다고 했다. 또한 그가 후에 특수학교에 있는 같은 나이의 아이들 반으로 전학갈 수 노력할 것이라고도 말했다고 했다.

그런 다음 코이네 교장 선생님은 아메트와 함께 새 학급 담임선생님에게 갔다고 했다. 그때 그는 아메트가 전학의 불가피함을 깨달았을 거라는 인상을 받았다. 물론 그는 산만했고 절망적이었다. 코이네 교장 선생님은 아메트를 다시 한 번 곧 새 선생님과 만나게 해 주겠다고 약속했다.

내가 다시 전화했을 때 코이네 교장 선생님은 아메트가 학급에 나타나지 않았다는 소식을 알려 주었다. 나는 그에게 전학 문제로 야기된 아메트의 심각한 퇴행에 대해 내 생각을 설명하고 그리고 지난 치료회기에도 그가 나타나지 않았음을 말했다. 나는 좀 더 상세한 내용을 알게 되는 대로 그에게 소식을 전해야 할 것이다.

운이 좋았다. 에미네와 통화할 수 있었다. 그리고 그녀가 어제 저녁에 아메트를 보았다는 것을 알게 되었다. 또한 그녀는 전학에 대해서도 알고 있었다. 그리고 그것 때문에 부모가 아메트를 크게 비난했다는 것도.

나는 그녀에게 아메트가 학교를 결석한 것 때문에 코이네 교장 선생님과 대화했다는 것을 알려 주었다.

여기에 대해 그녀는 놀라워했다. 왜냐하면 아메트가 다른 때와 똑같이 집에서 나갔기 때문에. 나는 그녀에게 아메트가 전학 문제로 심각한 위기에 빠져 있다는 것을 분명히 알리려고 했다. 나는 그의 학습결핍이 그의 잘못이 아니라는 것을 지적했다. 그리고 그녀에게 특수학교로의 전학이 아마도 가장 좋은 해결책이 될 것이라고 설명했다. 그러면 그는 최소한 동년배 아이들하고 함께 있을 수 있을 테니까. 물론 그것은 부모의 서명이 필요한 것이다.

우리는 아메트의 학교 문제를 부모님이 이해할 수 있도록 에미네가 애기를 해 보는 데 합의하였다. 에미네가 허락한다면 내가 그녀와 함께 부모와 대화를 가져 볼 준비가 되었다는 것도 설명하였다. 에미네는 부모님과 아메트에게 우리가 전화통화한 것은 말하지 않는 것이 좋을 것이다. 왜냐하면 아메트가 스스로 자기에 대해서 그들에게 말할 수 있지 않을까. 에미네는 단지 부모님 앞에서 아메트를 방어하는 역할을 할 수 있을 것이다. 그리고 지금처럼 학급을 바꾸거나 특수학급으로 전학하는 것은 아메트의 잘못 때문에 생긴 일이 아니라고 그들을 이해 시켜야 할 것이다.

내 관점에서 보았을 때 자신감을 되찾을 수 있는 기회를 주기 위해서, 그리고 자기 학교 문제에 대해 도망치기보다는 스스로 잘 헤아려 보도록 아메트에게 시간을 주는 것이 더 나아 보였다. 그의 치료 또한 그 자신의 동기에서 다시 시작해야만 할 것이다.

내가 코이네 교장 선생님께 에미네와 나의 대화를 알려 주었다. 코이네 교장 선생님은 며칠 더 기다려 보자는 데 나와 생각이 같았다. 특히 우리가 아메트가 지금 부모님 집에서 도망치지 않았다는 것은 알기 때문이다.

코이네 교장 선생님은 가능한 대로 빨리 선생님들과 특별회의를 열어서 지금 당장 특수학교에 전학하는 것이 아메트에게 더 좋은 일일 수 있다고 설명하려 했다. 그가 특별히 아주 좋은 학교를 언급했다. 그 학교가 하노버에서 가장 좋은 학교일 것이다. 거기는 학급인원이 아주 적고 교사가 실제로 각각의 아이들을 훨씬 더 잘 다룰 수 있을 것이라고 이야기 했다.

내가 특수학교 전학을 위해 부모님의 서명을 얻는 데 노력할 것이라고 말했다. 이 해결방법이 내게는 가장 좋은 것으로 보인다. 특히 코이네 교장 선생님을 통해서 아메트가 학습결핍에서 벗어날 경우 다시 보통학교로 돌아갈 수 있다는 것을 알게 되었으니까.

"저는 줄곧 백화점들을 돌아다녔어요."

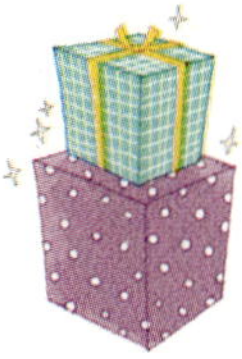

다음 회기에도 아메트는 나타나지 않았다. 그다음 회기 시간에 그가 왔다. 그 전에 아메트와 통화를 했다.

오전 11시 30분. 그가 전화를 걸어 왔다. 내가 그의 말을 거의 알아들을 수 없을 만큼 작은 소리로 그는 말했다.

"저에요. 아메트… 제가 오늘 다시 가도 되는지 묻고 싶었어요."

"그래 그렇게 할 수 있지, 아메트. 지금 어디야?"

"시내예요."

"시내 어디?"

"브레닝크 마이어에 있는 공중전화예요."

"우리 오후에 있을 너의 회기를 오전으로 옮길까? 내가 지금 시간이 있는데."

"선, 선, 선생님 말씀은 제가 지금 가도 된다는 것이지요?"

"그래 아메트, 너 거기에 자전거를 타고 갔니?"

"네, 그것은 지금 코너에 서 있어요. 제가 10분이면 선생님께 갈 수 있어요."

내가 그에게 시간을 넉넉히 가지라고 제안한다. 20분 후라도 충분히 빠른 것이라고. 불안한 숨소리가 섞인 감사인사가 대화를 끝낸다.

정확히 20분 후에 아메트가 출입문에서 초인종을 누른다. 내가 그에게 친절하게 인사한다. 그리고 말없이 나란히 서서 놀이실로 들어간다. 이때 그가 가능한 한 내가 눈치채지 못하게 무언가를 놓기 위해서 연출상자 가까이로 접근한다. 그것은 소방차다.

그런 다음 그가 벤치 위에 앉는다. 그의 인상이 스스로 대화의 문을 열 것 같지 않다. 그리고 그럴 수 있을 것 같아 보이지도 않는다. 그래서 내가 시작을 한다.

"오늘 아침에 시내에서 네가 전화했었지. 네가 학교에 가지 않았다고 생각해도 되겠니?"

"네. 가지 않았죠. 이번 주 내내 가지 않았죠."

나의 시선이 그의 손목 위로 간다.

"네가 새 손목시계를 가졌구나. 예전에는 한 번도 본 적이 없는데."

"선물 받았어요."

"선물 받았다고? 누구한테서?"

"주유소에 있는 한 남자에게서요. 제가 그에게 항상 터키 우표를 주었죠. 그리고 그가 그 대신 제게 이 시계를 주었어요."

"그래? 바꾸기를 아주 잘했구나."

그가 아무런 말도 하지 않는다.

"어디 그 주유소가 있지?"

"바로 우리 집 코너에요." 그가 곧바로 대답한다.

"그리고 아직도 그 남자가 거기서 일하고 있니?"

"네."

다시 침묵이다. 그가 오전에 학교에 가는 대신 무엇을 했었는지 말할 준비는 되어 있지 않은 것 같다. 내 질문에 짧은 대답만이 들려온다.

"제가 줄곧 백화점들을 돌아다녔어요."

"어떤 백화점?"

"그가 세기 시작한다. 브레닝크 마이어, 카슈타트, 카우프호프, 울워스."

"무엇을 샀니?"

그가 고개를 젓는다.

"아뇨. 저는 아무것도 사지 않았어요. 그러나 저는 아침마다 어디로 가야 할지 몰랐어요. 제 부모님은 제가 학교에 갔을 거라고 생각했겠죠. 저는 그저 점심 때까지 항상 백화점을 돌아다녔어요. 그러고 나서 집으로 돌아갔죠. …그러나 오늘 아침에는 선생님에게 전화를 해야 할 만큼 저는 두려움으로 아주 힘들어졌어요."

"어떤 두려움을 가졌었는지 아니?"

그가 어깨를 들어 올린다.

"아마 모든 것 때문이겠죠. 부모님 때문에 학교 때문에 그리고 제가 선생님께 오지 않았기 때문에."

내가 다른 방향으로 대화를 돌린다. "아메트. 우리 둘이 함께 뭐가 가장 중요한지 찾아봐야만 해. 무엇 때문에 네가 소방차를 가져갔었을까?"

그 순간 그가 떨기 시작한다. "모르겠어요. 모르겠어요. 제가 그것을 다시 가져다 놓았어요. …선생님은 이제 모든 것을 제 부모님께 말할 거예요?"

"아니야, 아메트. 분명히 나는 네 부모님께 아무것도 말하지 않을 거야. 그러나 무엇 때문에 네가 그것을 주머니에 집어넣었는지 이유를 찾는 일을 우리가 피할 수는 없을 거야!"

그가 완전히 자신 안으로 파고든다. 그리고 침묵한다.

"아메트, 머릿속에서 그것을 분명하게 발견해 낼 수 있을 거야. 네가 그것을 집어넣었을 때 그리고 그 자리를 떴을 때 어떤 기분이었지?"

그가 마침내 말하게 될 때까지 많은 시간을 필요로 한다.

"모르겠어요. …모르겠어요. 모든 상황이 나빴어요. 집에서 학교에서 그리고 내 자신에 대해서… 저는 이제 다시 침대를 적셔요. 저는 멀리 달아나고 싶어요. 아주 멀리…."

그가 한동안 말을 멈춘다. 그러나 계속해서 말한다. "제가 소방차를 손에 쥐었을 때 그때 그냥 그것을 주머니 속에 넣어야만 했어요. …그리고 저는 도망쳐야만 했어요!"

"왜 하필 소방차지?"

그의 대답이 망설이면서 나온다. "아주 빨리 질주할 수 있기 때문이죠. 소방차는 빠르니까."

"아, 그래! 그 순간에 그것이 빠르게 질주할 수 있기 때문에, 특별히 빠른 자동차라는 것이 네 마음에 들었구나?"

"모르겠어요. …저는 그저 사라지려고 했어요. 사라지려고!"

내가 그에게 소방차는 빨리 달리는 것보다 더 많은 일을 할 수 있다는 것을 확인해 준다. 그것은 나쁜 일이 생겼을 때 도울 수 있는 것이라고.

"왜 네가 바로 그 순간에 그렇게 급히 소방차가 필요했는지, 아마도 그 모든 것이 함께 이유가 되지 않았을까? 사람들은 질주해 사라지고 싶을 때 동시에 두려움을 갖게 되지."

"모르겠어요."

피상적으로 바라볼 때 대화는 상당히 결실이 없는 것처럼 보였다. 그러나 아메트의 얼굴은 그의 내적인 봉쇄가 어느 정도 와해되고 있는 것처럼 보인다.

내가 다시 우리의 대화를 학교 문제로 이끈다.

"학교 일은 어떻게 되어야 할까?" 내가 놀랄 만큼 그는 상당히 분명한 상상을 하고 있다.

그가 말한다. "선생님이 코이네 교장 선생님과 함께 대화해 보면 좋겠죠. 선생님이 제게 말했어요. 제게 가장 좋은 것은 특수학교에 가는 거고. 그리고 거기에는 한 학급에 몇 명밖에 없을 거라고 또 소년들은 모두 나하고 같은 나이일 것이라고… 가장 좋은 건, 제가 거기에 가고 싶다는 거예요. 다시는 작은 아이들이 있는 곳에 함께 있고 싶지는 않아요. …하지만 …글쎄, 글쎄 특수학교는 모욕이죠."

"아니야. 아메트 그것은 절대 모욕이 아니야. 특수학교에 대해서 아무것도 모르는 사람들이라면 모를까."

그의 손이 경직된다.

"저는 제가 미워요. 제가 이 학교에서 아무것도 해내지 못했다는 것 때문에요."

내가 처음에는 말없이 그를 자신의 정서 속에 있게 한다. 그런 다음 긴 침묵 후에 코이네 교장 선생님께 전화를 걸 것을 제안한다. 그는 아마도 아메트에 대한 생각을 하고 있을 테니까. 그 제안에 아메트가 동의했다. 그가 어쩌면 코이네 교장 선생님과 직접 대화하도록 우리 둘이 함께 전화하러 가야만 할까? 아니다. 그것은 나 혼자서 해야만 할 것이다.

내가 놀이실로 돌아왔을 때 나는 그가 기차를 굴리고 있는 것을 본다. 그리고 철로들이 벌써 이미 짜여져 있는 것도.

"코이네 교장 선생님이 네게 아주 좋은 인사를 전해 달라고 했어. 내가 그에게 모든 것을 이야기했지."

그가 나의 말을 중단시킨다. "소방차 이야기도요?"

"아니야, 아메트. 그 이야기는 우리 사이에만 있는 거야. 그러나 내가 코이네 교장 선생님께 네가 오늘 학교에 가지 않았다고 말했지. 그가 오늘 점심 때 너와 이야기하고 싶다고 한다, 1시 반에. 아마도 그가 특수학교로 전학가는 것에 대해 너와 말하려 할 거야. 가장 좋게는 네가 지금 바로 떠나는 거야. 네가 교장 선생님과 대화가 끝나면 다시 한 번 내게 전화를 주렴."

내가 그에게 전화를 걸 수 있는 동전 두 개를 준다. 그가 자전거를 타고 떠난다.

한 시간 후에 그가 전화로 연락해 온다. "저예요. …제가 이제 '특별한' 학교에 가게 돼요. 코이네 교장 선생님이 서류를 주셨어요. 거기에 아빠나 엄마가 서명을 해야 돼요."

내가 그에게 묻는다. 그가 아빠와 직접 합의하고자 하는지 또는 내가 도와야만 하는지.

"선생님이 제 아빠하고 얘기하게 된다면 좋겠지요. …오늘 저녁에 에미네도 있어요. 그리고 제 엄마는 저녁조이죠. …그게 아주 유리해요. 아마도 선생님이 오늘 저녁에 오실 수 있다면 좋겠네요."

"에미네와 너의 아빠가 5시에 확실히 집에 있는 것을 알고 있니?"

"네. 그들은 3시부터 집에 있을 거예요."

"좋아, 아메트. 내가 5시에 너희 집에 갈게. 그 서류를 잘 가지고 있어.

왜냐하면 오늘 저녁에 필요하니까."

"그럴 거예요." 그가 말한다.

"그밖에 무언가 다른 게 있니?"

"네. 오늘 저녁에 모든 것이 잘되기를 바라요. 나의 아빠는 '특별한' 학교에 대해서 아무것도 모르세요."

"걱정하지 마라. 아메트. 모든 것이 잘될 거야."

"네, 네. 그리고 아세요? 선생님이 아빠에게 또 무엇을 이야기할 수 있는지?"

"글쎄, 아메트?"

"선생님이 제가 2주일에 한 번씩 코이네 교장 선생님에게 가야 한다는 것을 아빠에게 말할 수 있을 거예요. 제가 그에게 터키어 수업을 해 주기로 했어요."

"매우 훌륭하구나, 아메트. 보았지? 코이네 교장 선생님을 이제 네가 좋은 친구로 두었구나. 자, 그러면 오늘 저녁까지 안녕."

"안녕."

내가 수화기를 내려놓으면서 생각한다. '코이네 교장 선생님이 있다는 것이 너무 좋구나.'

4시간 후 내가 아메트에게 릴리엔 거리의 그의 집에서 작별인사를 한다. 집으로 다시 돌아오기 위해. 사실 모든 것이 아메트가 기대했던 것보다 더 잘 진행되었다. 아버지가 특수학교 전학서류에 서명을 했다. 에미네는 동생을 매우 잘 방어하고 나의 지시를 잘 통역해 주었다.

아침 일찍 아메트는 그 서류를 가지고 코이네 교장 선생님에게 달려갈 것이다. 희망하건데 그것으로 학교 전학의 큰 어려움이 사라지기를 바랐다.

"그저 이리저리 타고 돌아다녀요…."

3일 후에… 아메트는 다시 그의 자전거로 왔다. 그러나 오늘은 그가 자전거에 자물쇠를 채우지도 않을 뿐더러 그에게는 값비싼 그 자전거 펌프를 놀이실에 가져오지도 않았다.

내가 그래서 자전거를 가리키면서 말한다. "너의 자전거 펌프는?"

그가 무관심하게 말한다. "아, 제가 그냥 거기에 둘 거예요. 아무도 훔쳐가지 않을 거예요."

놀이실에서 그가 곧바로 그네 위에 앉는다. 그는 무심하고 흥미가 없어 보인다.

점차 그가 오늘 아침 특수학교에서의 첫인상을 이야기하기 시작한다.

"학급의 아이들은 나하고 똑같이 컸어요."

"네 말은 그들이 전체적으로 너와 나이가 같다는 것이지?"

그가 고개를 끄덕인다. "그런데 그 아이들은 약간 우스워요."

"그게 무슨 말이니, 아메트?"

"글쎄요, 저는 모르겠어요. 누구라도 아마 느끼겠지요. 이 학교는…."

그가 중단한다. 그런 다음 계속한다. "하나의 '특별한' 학교라는 것을요."

그가 분명히 '특수학교'라는 말을 계속해서 모욕으로 느꼈다.

"얼마나 많은 아이들이 거기에 있니, 아메트?"

"15명이요. 오늘 아침에 교실에 갔을 때 선생님이 말했어요. 우리 동맹이 이제 15명이 되었구나."

"한 작은 학급이구나."

"그렇죠. 하지만…."

그가 말을 중단한다. 더 이상 말을 하는 것은 아무런 의미도 없는 것처럼.

"아메트. 전학이 너에게 얼마나 어려운 일인지 내가 이해할 수 있어. 네가 오늘 오전에 혼자서 다른 학교에 간 것은 매우 용기 있는 일이었구나. 많은 것들이 더 잘되는 것을 보게 될 거야."

그가 한숨을 쉰다. "무엇보다 가장 좋은 것은 학교까지 가는 길이 멀다는 거예요. 저는 아주 오랫동안 길을 달려야만 해요. 그러나 그게 재미있어요!"

"네가 이제 이 도시에 익숙해진 것처럼 보이는구나. 그렇지?"

그의 눈에 이제 무언가 다시 반짝임이 일어난다.

"저는 이제 모든 곳을 찾아낼 수 있어요. 제일 좋은 일은 제가 무엇을 할 수 있는지 이제 항상 안다는 것이죠. 지금은 항상 제 자전거로 도시를 가로질러 아주 많이 달릴 수 있어요."

"특별한 목적지가 있니?"

"아니에요. 그냥 달려요."

"아, 그냥 달린다고? 그저 돌아다니고 싶구나?"

"네. 저는 그저 이리저리 타고 돌아다녀요…."

"내게는 너의 자전거가 네게 가장 좋은 친구가 된 것 같아 보인다. 네가 종종 가졌던 그 나쁜 기분에서 빠져나오는 것을 그게 돕고 있구나. 기억해?"

"네. 제가 항상 소파 위에 앉아 있었을 때, 그리고 무엇을 해야 할지 알지 못했을 때 그것은 아주 나빴어요."

"아메트, 그러나 말해 보렴. 시내에 있을 때 너는 대체 무엇을 하는 거지? 그냥 여기저기로 달리는 거니?"

"아니에요. 저는 항상 백화점 안을 돌아다녀요."

"아, 그래. 네가 어떤 백화점을 가는지 말해 주었지. …거기서 대체 무엇을 보는 거지? 뭐가 관심이 있는데?"

그가 무관심하게 머리를 흔든다. "아무것도 아니에요. 저는 그냥 돌아다녀요."

"자전거를 타고 그런 것처럼 그저 여기저기 돌아다니고 싶은 거구나. 목적지도 없고 아무것도 흥미롭지 않니? 그저 그렇게 지나다니는 거야?"

그가 머리를 끄덕인다.

나는 그에게 친구가 될 수 있는 어떤 소년이라도 알고 있는지 묻는다.

"네." 그가 곧바로 말한다.

"제 옆에 앉았던 제 짝 롤프요. 그러나 그는 지금 하이데 학교에 있어요."

"그래도 학교가 끝났을 때 그를 다시 만날 수 있지 않니?"

"아." 그가 별 의욕 없이 말한다. "이제 더 이상 안 되죠. 그가 알아 버려요. 제가 이런" 그가 망설인다. "'특별한' 학교에 있다는 것을."

"그래. 그런데 네가 그의 우정 안에 있다면 네가 꼭 전학을 해야 했던 이유가 무엇인지 분명히 말해 볼 수 있잖아. 네가 여섯 살 때 여기 왔고, 언어 문제 때문에 여덟 살에야 비로소 학교에 왔다는 것을 그에게 말할 수 있겠지. 그러나 1년 동안은 독일 말을 잘 배울 수 없었기 때문에 반을 두 번이나 유급되었어야 했던 것을…. 그리고 넌 알잖아, 모든 게 너에게는 얼마나 어려운 것인지. 그리고 그것을 그에게 잘 설명할 수 있을 거야. 그런 다음 그가 모든 것을 이해하는지 네가 보게 될 거야, 아메트. 사람들은 무언가를 하기 위해서 시도해야 해. 그렇지 않으면 빈 손으로 돌아가게 되지."

여기에 대해서 그는 아무 말도 하지 않는다. 그의 표정과 자세는 더 이상은 관심이 없다는 듯, 의욕 상실인 것 같다. 오늘은 또한 어떤 놀이도 찾지 않는다. 다만 피상적으로 기차를 가지고 놀고 있다. 그는 침묵하면서,

시간이 끝나기를 소망하면서 자신을 괴롭히는 모양이다. 15분 더 일찍 그가 작별인사를 한다.

"저는 지금 가야만 하겠어요. …안녕히 계세요. 우데 선생님."

나는 그를 붙잡으려 노력하지 않는다.

"아메트가 규칙적으로 학교를 빠지기 시작하다."

다음 돌아온 회기에 아메트는 나타나지 않는다. 그러나 사전에 내게 전화를 했다. 자기가 머리가 아파서 미안하다고. 곧바로 내가 특수학교에 아메트가 학교에 왔었는지 문의를 한다. 아메트는 3일 동안 학교에 결석했다.

나는 에미네에게 다시 전화를 걸어 아메트가 매일 아침 학교시간에 맞춰 정확하게 집을 떠났다는 것을 알게 된다. 곧 아메트는 규칙적으로 학교를 빠지고 있다.

"모든 것을 제가 잘못하고 있어요!"

3일 후, 아메트가 자신의 원래 시간에 나타난다.—내가 기뻐 놀랍도록….

놀이실에서 곧바로 그가 손 가득히 든 작은 물건들을 탁자 위에 쏟아 놓는다.

"선생님을 위한 것이에요."

그것은 치약광고가 든 볼펜 한 자루, 홍보용 작은 향수병 한 개 그리고 3마르크 20이라는 가격이 붙어 있는 작은 스카프다.

그가 어디에서 스카프를 샀는지 그리고 실제 그것을 샀는지 물었으나 그가 회피한다.

"그것은 제가 아주 오래전부터 가지고 있었어요. 모르겠어요."

"그걸 모르겠다고?"

반응이 없다. 내가 학교를 빠지게 했던 그의 두통에 대해서 묻는다.

"이제 모든 것이 제대로예요."

"그리고 학교는?"

그가 내게서 멀어진다. 그리고 투척화살을 가져온다. 다시 과녁에 던진다. 학교에 대한 질문에서 나는 대답을 얻지 못한다. 그 대신 그가 한참 뒤에 화살을 내게 건넨다.

"한 번 던져 보세요!"

나는 잘 맞추지 못한다. 그가 그것을 안다. 그리고 나는 세 번을 시도한다. 나의 화살은 커다란 나무 과녁 바깥 테두리에 꽂힌다. 그리고 그가 두 번째, 세 번째 던진다. …매번 그는 정확하게 그 중앙을 맞춘다. 내가 그를 칭찬하는 것을 아끼지 않는다.

이제 그가 내기를 하자고 제안한다.

"이제 우리 둘 중에서 못 맞춘 사람이 다른 사람에게 무언가를 주기로 해요."

"예를 들어, 뭘 준다는 말이니?"

그가 불확실하다. 그러나 곧바로 고집한다. "글쎄. 그 어떤 것이라도요."

내가 완강히 버틴다. "나하고 내기하자고 네가 제안했잖아. 그러니까 네가 말해야만 하지. 네가 뭘 원하는 것인지."

그가 한동안 생각한다. "선생님이 무엇을 줄 수 있으신데요?"

"그러면 너는 무엇을 줄 수 있니?" 내가 다시 되돌려 묻는다.

그가 아무것도 제공할 게 없다.

"안 되지. 너는 자신의 담보 없이 게임에서 이기려고만 하는 것처럼 보여. 그것은 정직한 게임이 아니지."

침묵. …그런 다음 내가 그의 선물을 탁자에서 가져온다. 볼펜, 수첩 그리고 향수와 스카프. 다음에 내가 그에게 묻는다. "왜 너는 나에게 이 모든 것을 선물했지?"

무감각하게 그가 대답한다.

"모르겠어요."

"네가 그것을 모르겠다면 이제 내가 무엇을 느끼는지 너에게 말할게. 내 느낌은 이 선물이 네가 내게 내기를 하자고 제안했던 것과 똑같다는 거야. 너는 아주 적은 대가로 혹은 네 것의 아무 담보도 없이 뭔가를 얻고 싶잖아."

나의 말이 분명히 그에게 혹독하게 적중했다. 내가 오랫동안 침묵한다. 그는 자신을 방어하거나 고백하기 위해 또는 그의 무감각을 극복하기 위해 시간이 필요하다. 그러나 그는 그에 해당하는 것을 아무것도 하지 않는다. 결국 내가 왜곡된 고요를 깬다.

"벌써 한 번 내가 너에게 선물을 돌려준 적 있지. 그리고 지금 내가 또 한 번 그렇게 하고 싶구나. 여기에 있는 모든 것들을 집어넣으렴. 내가 이것들을 가지고 싶지 않아!"

그가 그것을 거부한다. 그 모든 작은 것들을 다음과 같은 말과 함께 선반 위에 올려 놓는다.

"이것들은 그저 여기에 놓을 수 있겠어요."

내가 완강하게 고집한다. 그리고 그의 손에 모든 것들을 돌려준다.

"아니야. 이것들을 네 가방 안에 집어넣어. 나는 이것들이 주변에 있는 것을 원하지 않아."

그는 물론 내가 말한 대로 한다. 그러나 그의 안에서 화와 분노가 요동치고 있다. 그래서 그의 얼굴이 빨갛게 물든다. 그가 숨을 몰아쉰다. 아주 조용히 시작한다. 그러나 점점 더 빠르고 커진다.

"모든 것을, 모든 것을 제가 잘못하고 있어요. 아무것도 제대로 하지 못하고 있어요. 이제 선생님마저 이것저것 비난하고 있어요. 나의 엄마처럼, 나의 아빠처럼 똑같이, 모든 사람처럼!" 그가 일어선다. 그리고 샌드백으로 가서 권투를 한다. 그리고 거기에 자기의 분노를 모두 쏟아 놓는다.

"저는 사라지고 싶어요. 사라져, 사라져!"

그러나 그는 그렇게 하지 않는다. 그는 남아 있다. 일그러진 표정으로 벤치 위에 앉아 있다.

"아메트. 너는 믿고 있니? 너는 정말로 사라지는 것이 그리고 학교를 빠지는 것이 너의 문제를 해결한다고 믿는 거니?" 대답이 없다. …그런 다음 예측할 수 없었던 정도의 큰 소리로 그가 나를 향해 소리를 지른다.

"모든 아이들이 나보다 더 많은 것을 가지고 있어요. 모든 아이들이 나보다 더 많은 돈을 얻죠! …저는 아무것도 가지고 있지 않아요. 전혀 아무것도, 전혀 아무것도, 전혀 아무것도 저는 없어요!"

"네 말이 옳아. 거의 모든 아이들이 너보다 많은 것을 가지고 있어. 그리고 가난을 겪는 것은 힘든 거야. 내가 그것을 잘 이해할 수 있어. 그렇지만 네가 값싼 방법으로, 진짜 노력 없이 무언가를 얻으려고 시도한다면 그것은 네게 아무것도 가져다주지 않을 거야."

긴 시간의 침묵이 이어진다. 내가 침묵을 깰 때까지 말없이 우리 둘은 나란히 앉아 있다.

"네가 나에게 왔을 때 아메트, 너의 첫 번째 회기에 너는 너의 꿈에 대해서 이야기 했지. 그걸 기억하고 있니?"

그가 반응하지 않는다.

"나는 아주 정확하게 그것을 기억하고 있어. 너는 꿈을 꾸었지. 아주 많은 장난감을 가질 수 있다면 하고. 너는 그 꿈속에서 항상 장난감을 원했어. 왜냐하면 너는 현실 속에서는 어떤 것도 갖고 있지 않으니까. 너는 또한 말했었지. 그것이 너에게는 아름다운 꿈이라고. 그런데 너는 네가 아~주 작았고 그런 다음 다시 무시무시하게 점점 더 커지는 그런 나쁜 꿈에 대해서 말했어. 왜냐하면 네가 어딘가에 접근해야 하기 때문이었지. 그렇게 네가 점점 더 커지는 그 꿈에 대해서 기억하니?"

그가 머리를 끄덕인다.

"너는 그 꿈이 너에게 무시무시한 두려움을 주었다고 말했지. 왜냐하면 네가 항상 더 너 자신을 부풀려야만 했기 때문에 그렇지 않으면 네가 가지고 싶은 것에 도달할 수 없으니까."

나는 이제 그가 점점 더 잘 듣고 있다는 인상을 받는다.

"그리고 한 번은 우리가 공룡에 관한 네 책을 읽었을 때 네가 말했었지. '공룡은 나쁜 꿈과 같은 것이에요.'라고."

여기서 내가 길게 쉰다. 그러나 그는 전혀 말하지 않는다. 내가 아직도 완고한 아메트에게 나쁜 꿈을 현재와 연결시키며 접근하기 위해서 다시 새로운 시도를 한다.

"네가 자신이 항상 원했던, 그러나 결코 얻을 수 없었던 모든 것들이 산처럼 쌓여져 있는 백화점들을 돌아다닐 때 나는 그런 기분이 들지. 그것은 그를 그곳으로 끌어들이는 나쁜 꿈이라고. 그것은 너에게는 아주 위험한 것이야. 네 스스로 공룡에 대해서 말했었지. '공룡들은 다 먹어 치워요. 2천 개의 이빨을 가지고 있고, 더구나 자기 친족의 알까지 먹어 치웠어요. 그렇지만 그들은 살아남지 못했죠!'"

그가 다시 아무런 표현이 없다. 나는 더 이상 그에게 접근하기 위한 아무런 시도도 하지 않는다. 그가 전에는 단 한 번도 이렇게 단단히 쌓여 있던 적이 없었다. 인사도 없이 그가 자리를 뜬다.

신경증의 발생에 대한 생각

이 시간 이후 나는 많은 노력을 들여서야 아메트의 상태에 대한 의심과 걱정을 해소할 수 있었다. 그가 다시 올까? 아니면 결국 방탕 속으로 빠지고 말까? 백화점을 향한 그의 방황과 배회 그리고 학교 결석의 정도는 지난주에 놀랄 만큼 증가했다. 전학한 것에만 문제가 있는 것일까? 아니면 6주 동안의 치료 중단이 터키로 여행 가기 전에 얻었던 치료의 효과를 무효화시킬 만큼 충분히 긴 것이었을까?

나는 절망했다. 솔직히 말해서 매우 패배감에 쌓였다.

아메트의 지금의 행동이 불안 신경증, 강박 신경증, 기관 신경증, 성격 신경증, 히스테리성 신경증, 도착 등등으로 이루어진 병적 상태의 긴 고리 중 다만 한 개의 마디로서 망가짐의 시작 단계일 뿐이라면?

이런 다양한 신경증의 유형들은 외형적인 현상으로는 그리고 고통받는 당사자나 환경에 미치는 효과에서는 물론 매우 상이할 수 있다. 그러나 이 모든 것들의 발생은 너무 많은 신체적이며 영혼적인 '고통'이라는 공동의 원인에서 기인한다고 할 수 있다. 그런데 이 고통이 억압된다면 그래서 당하는 사람에게 더 이상 의식되지 않는다면, 그는 여러 증상(의 다양성) 속에서 도주의 통로를 찾을 것이다. 이것은 잠시라도 그에게서 발생하는 심리적 그리고 대부분은 신체적 긴장 상태를 완화시키기 위해서다. 이렇게 신경증에 고통받는 사람은 실제로 항상 도주 중에 있다. 외부와 자신의 관계 속에 있는 현실을 통찰하는 것에서뿐만이 아니라 무엇보다도—게다가 전혀 부지불식 중에—내가 의식으로부터 단절되고 억압된 고통스러운 정서라고 말하는, 자신의 내적 현실로부터도 증상들을 형성함으로써 도주한다고 할 수 있다. 그는 증상 속에서 도주한다, 더 정확히 말한다면 증상의 도움으로.

도주의 가능성은 끝없이 많다. 그는 환각 속으로, 즉 술, 담배, 마약, 음식, 수면, 섹스, 일, 권력 등등의 속으로 도주할 수 있다. 그는 질병 속으로 그리고 점점 더 고독 속으로, 멈출 수 없이 무차별적으로 행해지는 사회접촉 속으로도 도주할 수 있다. 신경증에 고통받는 사람들은 과도한 소유욕을 가질 수 있고, 이런 모든 것들에 대해 자학적인 포기를 할 수도 있다. 그는 기괴한 상상 속으로, 비약적 상상을 합리화(방어)하는 극단주의 속으로(반항가적) 또는 모든 대가를 치르고서라도 변화하려는 욕구 속으로(혁명적) 도주할 수 있다. 그리고 그때 그것이 자신의 고통으로부터 도주하는 것이라는 것을 모른다면—거의 그렇듯이—이런 생각들의 타당성에 대한 논의는 결과적으로 실패한다. 이와는 대조적으로 신경증에 고통스러워 하는 사람은 또한 수동성 속으로 도주할 수도 있다. 자신은 아무런 책임이 없다고 느낌으로써, 물론 삶에 완전히 지겨워하는 수동성 속으로…. 어떤 극단 속으로 넘어가는 각각의 경계는 다만 당사자 스스로만 발견해 낼 수 있을 뿐이다.

신경증은 새로운 도주방법의 탐색에서 끝없이 창조적이다. 왜냐하면 그것이 신경증에 걸린 사람이 고통의 상태에서 빠져나올 수 있는 유일한 출구이기 때문이다. 신경증을 겪는 사람은, 즉 항상 자신의 고통으로부터 도주방법을 찾는다. 그리고 우리가 종종 오해하는 것처럼 그 자신으로부터 도주하는 것이 아니라 자신의 고통으로부터 도주하는 것이다. 그는 자기 자신을 발견할 수 없다. 왜냐하면 자기 자신의 발견은 억압된 고통의 재발견과 재경험을 통해서 가능하기 때문이다.

그렇다면 허망하게도 항상 새로이 잘못된 길을 탐색하게 하는 고통은 언제 그리고 어떻게 나타나는 것일까?

아이가 작을수록 고통에 대한 수용성은 더욱 커진다. 그래서 아이는 특별히 태아기에, 출생기에 그리고 영아기와 초기 유아기에 더 위험에 처한다.

무엇 때문에 위험한 걸까?

아이들은 아직 완전히 발달하지 못한 뇌 때문에 방어와 고통의 처리가 가능하지 않기 때문이다. 고통은 그래서 무의식 속으로 들어가고 무의식에 저장된다.

이러한 고통은 무엇보다도 신체적인 그리고 심리적인 기본 욕구들이 충족되지 않을 때 일어난다. 너무 많거나 너무 적은 애무나 신체적 접촉과 마찬가지로 사랑받지 못하는 것이 고통을 유발한다. 그리고 받아들여지지 않는 것, 혼자 남아 있게 하는 것, 거부되는 것, 항상 비판받는 것 그리고 무시되는 것, 뇌와 신경시스템이 성숙하기 이전에 무엇인가 강요되는 것(예를 들어, 너무 이른 배변 훈련), 이러한 모든 것들이 고통의 기본 원인이 된다. 그리고 난산이 또한 깊은 고통을 유발하기도 한다. 그것은 우리 일생 동안—마찬가지로 그럴 경우 대부분 무의식적으로—동반되는 깊은 고통을 유발한다. 바로 우리 생의 초기에 우리는 여러 가지 방식으로 우리의 일생을 따라올 상처를 입을 수 있다. 또한 아이에게는 너무 쉬운 탄생도—예를 들면, 제왕절개의 경우처럼—'고통스러운' 체험이 될 수도 있다. 왜냐하면 그 아이는 그것을 통해서 탄생을 위해 자기 안에 축적된 추동을 실현시킬 가능성을 박탈당했기 때문이다. 소위 첫 번째 성공감이 박탈당했다. 최소한 그 아이는 이때 자신의 삶의 리듬에서 이탈되었다.

다시 아메트에게 돌아오자! 그는 방치(무관심)의 증상과 함께 억압된 고통으로부터 항상 도주하고 있다. 그런 방식으로 그는 현실로부터 달아나는 것을 시도하고 순간적 만족을 통해서 편안함을 구하고 있다. 그의 대가를 지불하지 않는 소망충족에 대한 추동은 확실히 정서적으로 빈곤하고 사랑이 결여된 삶의 자연스러운 결과일 것이다. 그가 이 세상에 잘 적응할 수 없기 때문에 그의 깊은 영혼 층에는 이런 모든 증상들이 탄생 이전의 존재의 편안함과 고요 속으로의 동경에 가득 찬 귀환의 상징으로 나타난다.

“아메트가 점점 나아지고 있다.”

아메트가 이틀 후에 내게 다시 왔다. 지난 번 회기에 보여 준 그의 패턴이 계속해서 반복되는 방식으로 몇 주와 몇 달이 지나갔다. 그리고 그런 것들은 항상 그가 스스로는 해결할 수 없어 보이는 환경적 어려움과 직면하게 될 때 특별히 더 크게 일어났다. 그리고 그때마다 학교 적응에 관한 싸움이 항상 정면에 나타났다. 그는 다시금 밖에서 그리고 치료시간 내에서 자신의 대가는 치르지 않고—대부분 영아적으로 보이는—소망적 상상을 충족시키기 위한 시도들을 반복했다.

아메트가 백화점을 목적 없이 배회하는 것을 알고 난 이후로 그가 소유욕에 쫓겨서 상가의 좀도둑이 되지는 않을까 또는 이미 되어 있는 것은 아닐까 하는 생각들이 나를 괴롭게 쫓아다녔다. 내가 검증할 수 없었지만 주유소 점원과 터키 우표와 바꾸었다는 그의 시계가 아마 증거가 될 수도 있을 것이다.

그래서 나는 아메트가 그의 자전거 없이 치료회기에 왔었던 그 첫 번째 기회를 자동차로 그의 집까지 데려다 주면서 이용했다. 나는 급하게 연료를 채워야 한다는 핑계와 함께 그의 집 코너에 있는 주유소로 안내해 달라고 요청했다. 그러자 아메트는 지체 없이 나를 안내했다.

"안녕, 아메트."

주유소 점원이 그에게 인사했다.

"벌써 자동차를 타고 다닐 수 있는 거니?"

내가 주유비를 지불하려고 할 때 그가 지나가는 말처럼 말한다.

"그래 아메트, 시계는 아직도 갖고 있어?"

"당연하죠." 아메트가 대답한다.

(가슴 속에서 돌이 하나 떨어져 나간 듯) 나는 안심이 되었다.

하지만 그 후 몇 달이 아메트에게는 좁은 산마루 길을 걷는 것과 같았다. 그에게 항상—관대하지만, 가차 없이—현실과 직면시키는 것은 시급하게 필요한 것이었다. 그를 보호하면서 그의 잘못된 행동의 깊은 원인으로 인도하고 그럼에도 불구하고 나로부터 수용되고 있다는 느낌을 갖게 하면서 말이다.

그를 이해해 주고 그와 함께 해 주는 학교 선생님의 도움으로 그는 점차 학교와 신뢰적인 관계를 형성해 나갔다. 그 관계를 통해 아메트는 보다 큰 성취감과 기쁨을 얻을 수 있었다.

그렇게 가을이 지나갔다. 그리고 두 번째 겨울과 두 번째 봄이 지나갔다.

곧 점차적으로 아메트는 향상되어 갔다. 우리가 다음에서 보는 것처럼.

"선생님 말씀은 이제 제가 모든 면에서 나아졌다는 것이죠…."

그 사이 아메트의 160번째 치료회기가 다가왔다.

그가 오늘 놀이실로 들어올 때 그는 자신이 무엇을 해야 할지 바로 알고 있다. 그는 그림을 그리고자 한다.

그러나 나는 이때 그것을 보아서는 안 된다.

"곧 내 그림이 끝나요." 그가 한참 뒤에 말한다. "이제 제가 넓게 테두리를 그리면 돼요."

매우 깊이 열중해서 그가 칠판에 그린 그림을 아주 많은 분필 칠을 통해서 테두리를 꾸미는 중이다. 나는 이제 힘들지 않고 수월하게 그의 안에서 넘쳐 나오는 그의 이런 활동성을 보는 것이 즐겁다. 그리고 자동적으로 첫 번째 회기를 생각한다. 그는 도화지 전체에 검은색 물감을 쏟아부었고 '멈춰 선' 빨간 기관차에 그의 영혼적 에너지의 대부분이 깊은 우울에 의해 봉

쇄되어 위험스럽게 정체돼 있었던 것이 상징적으로 표현되었다.

그의 첫 번째 회기는 아주 먼 일이다. 그러나 그때를 기억하는 것은 때때로 좋은 일이다. 물론 그렇게 사람은 끝없이 아주 작고 많은 발걸음이 나중에 큰 발전을 이루었다는 것을 인정하는 것이 자기 자신을 위해서 필요하다. 내가 이제 곰곰이 생각한다. 아메트의 치료회기를 주 1회로 축소시켜야 하지 않을지. 그 사이 그가 그림을 끝냈다. 그가 딱 소리를 내며 그의 손에서 분필을 내려놓는다.

"우데 선생님, 이제 선생님이 보셔도 돼요." 그가 그의 그림 앞에 똑바로 서서 장난스럽게 말한다. "이것은 커다랗고 강한 점보(코끼리)예요!"

"오!" 내가 감탄에 가득 차서 말한다. 그리고 그의 연기에 동참해 들어간다.

"안녕. 점보. 너는 어디서 온 거니?"

"얘는 아주 먼 곳에서 왔어요. 거대한 정글을 지나왔죠."

"아. 그리고 너는 어디로 가는 거니, 점보?"

"얘는 그것을 알지 못해요. 그러나 항상 멀리, 계속해서 멀리 가죠. 왜냐하면 매우 강하니까요."

"완전히 혼자서 가는 거니, 점보? 아니면 크고 작은 다른 코끼리들을 만나는 거니?"

"얘는 완전히 혼자서 가요. 그러나 길을 알고 있어요. 얘는 지금 물을 마시러 가요. 그리고 대부분 거기서 다른 동물들을 만나게 되죠."

이 그림이 나에게 기쁨을 선사한다. 그렇다. 나는 매우 깊이 감동을 받았다. 그가 얼마나 간단히 그의 점보 이야기를 가지고 그의 삶의 상황을 표현하는 법을 알았는지! 그 또한 먼 곳에서 여기로 왔다. 정서적인 정글을 지나서 왔다. 사람들은 이제 그가 자신을 얼마나 강하다고 느끼는지 믿을 수 있다. 그리고 그가 자신의 길을 알고 있다는 것을 그리고 그가 점보처럼 친밀한 만남에 이제 능력이 있다는 것을.

내가 그를 시험하기 위해서 일주일에 한 번으로 치료시간을 축소하는 것을 제안한다.

"선생님 말씀은 이제 제가 모든 면에서 나아졌다는 거죠…. 그래서 제가 이제 더 이상 올 필요가 없다는 거죠?"

"모든 것이 더 나아졌다는 것은 무엇을 말하는 거니, 아메트?"

"제 말은." 그가 망설이듯 말한다. "제가 오래전부터 침대를 적시지 않기 때문에 지금 제게서 모든 것이 나아졌다는 거죠"

"아, 그래. 그 소리를 듣는 게 즐겁구나, 아메트. 그러나 나는 네가 이제 다른 것들을 위해 더 많은 시간이 필요하다고 생각했어. 그래서 네가 한 주에 한 번만 내게 와도 충분할 것이라고."

그의 얼굴 표정이 그가 불안하다는 것을 일러 준다. "선생님이 그렇게 생각하신다면…."

"아니야, 아메트. 그건 중요하지 않아. 내가 무엇을 생각하는지가 중요한 게 아니라 네가 무엇을 느끼는지가 중요한 거야. 내가 너에게 일주일에 한 번만 오라고 제안하니까 너는 어떤 기분이 드니?"

그가 보다 오래 침묵한다. 그의 눈은 슬픔을 드러낸다. 결국 그가 말한다.

"그러면 저는 이제 일주일 후에 다시 와야 되는 거죠?"

내가 완강한 자세를 취한다. 그리고 그에게 다시 한 번 그의 감정에 대해서 묻는다. 그가 슬프게 바닥을 바라본다. "그건 항상 똑같아요. 저는 항상 슬퍼져요. 선생님이 말했던 것처럼 저는 또 완전히 슬퍼졌어요. 저는 혼자 남겨질 때 항상 그리고 또 항상 슬퍼져요. 항상 또 항상, 다시금 무시무시한 기분이 내 안에서 올라와요."

그가 손을 그의 가슴에 얹는다. 그러나 그는 똑바로 내 눈을 바라본다. 그리고 이때 사실은 다시 아주 기뻐하는 듯이 보인다. "그러나 아세요? 선생님. 제가 이제 제 안에 작은 아메트가 있다는 것을 알아요. …슬퍼하고 있는 작은 아메트… 그러나 저는 이제 제 안에 있는 커다란 아메트가 하려고 하는 것을 할 것이라는 것도 알아요. …선생님은 아세요? 제가 지금 공부하고 운동하는 데 더 많은 시간을 갖게 되는 것이 더 좋다는 것을 믿어요. 선생님이 옳아요. 저는 일주일에 한 번만 올게요."

그는 이제 계속해서, 그가 담임선생님의 제안으로 일주일에 한 번은 터키학교에 간다는 것을 보고한다. 거기서 그는 학습을 위한 좋은 도움도 얻을 수 있으리라. 그에게서 그가 이제 실제로 그 학교를 좋아한다는 것을 듣게 된 것이 나는 참 좋았다. "저는 물론 어쨌든 터키인이죠. 그래서 제가 일주일에 한 번은 터키 사람들하고만 함께 있는 것이 아주 좋아요."

내가 그에게 그가 어쨌든 터키인이라고 말할 때 어떤 감정이 드는지 묻는다.

그가 상당히 오래 생각한다.

"전에는 제가 독일 아이들에게 항상 분노를 느꼈었어요. 그들이 또한 나를 항상 화나게 했었죠. 지금은 글쎄요. 선생님은 아시죠. 제가 선생님께 전에 종종 이야기했죠. 어떻게 그렇게 되는지 모르겠어요, 지금은 제가 더 이상 분노가 생기지 않아요. 그리고 지금은 사실 모든 사람들이 저를 다른 사람에게 하듯이 똑같이 대해 줘요. 그래서 사람들이 제가 터키 사람이라고 생각하는지, 독일 사람이라고 생각하는지 아무 상관이 없어요."

"바로 그거야, 아메트."

"아, 그리고 제가 선생님께 아직 이야기하지 않았죠. 제가 축구 동아리에 들어갔다고. 우리가 심지어 96팀과 경기를 했어요. 경기 결과가 어땠는지 알아맞혀 보세요."

"그건 알아맞히기 어렵구나, 아메트. 좋았니? 나빴니?"

"아, 나쁘지는 전혀 않았죠. 우리가 경기에서 졌어요. 9대 0으로." 그가 웃는다.

"그러나 아세요? 그 팀에게는 아무것도 할 수 없죠. 그들은 모두가 다리가 긴 키다리였어요!"

"맙소사, 그렇구나. 그렇다면 너희들은 그 이유로 졌다고 해도 아무런 걱정도 할 필요가 없겠구나."

"제가 다른 아이들에게도 그렇게 말했죠. …그렇지만 이제 저는 항상 더 열심히 연습을 해야만 해요."

그의 시간이 벌써 끝이 났다. 그가 작별인사를 할 때 스스로 말한다.

"자, 그러면 일주일 뒤에 뵈어요!"

“제 타이어에 펑크가 나면 어떻게 하죠?”

일주일 뒤 나는 집 앞에서 아메트를 기다렸다. 햇살이 퍼지고 뮈케가 거리에 나가기를 원했기 때문이다. 그때 벌써 그가 낡은 자전거를 타고 코너를 돌아 들어온다. 자전거의 심홍색 핸들 바가 반짝인다. 그가 나를 보자 하늘로 당장 두 팔을 들어 올린다. 그는 손잡이를 잡지 않고 달릴 수 있었구나. …바로 그것을 내가 보았다!

“뮈케, 뮈케, 뮈케.” 그러면서 그가 부른다. 그리고 서두른다. 가능한 한 빨리 그의 자전거를 세워 두고 팔로 뮈케를 안기 위해서.

“이것은 선생님의 자동차죠.”

“그래, 이게 나의 자동차야, 아메트.”

“흠…. 이 차는 너무 더럽다고 말해야겠네요!”

“네 말이 옳아, 아메트. 내가 이미 오래전에 세차를 했어야만 했어.”

그가 계속해서 뭐케에 열중해 있다. 그리고 한참 뒤에 묻는다. "선생님은 세차에 얼마를 지불하세요?"

"5마르크, 아메트."

그가 곰곰이 생각한다. "제가 선생님 차를 세차하면 훨씬 싸요. 제가 3마르크에 완전히 똑같이 세차할게요."

"좋아, 아메트. 그리고 네가 주유소처럼 완벽하게 세차한다면 내가 너에게 같은 값을 지불할 거야. 그러나 그 말은 자동차는 겉이나 안이나 모두 깨끗하게 되어야 한다는 거지. 겉은 세차를 하고 안은 먼지를 제거해야 돼."

"제가 하죠. 제가 최상으로 해 놓을 거예요. 선생님은 제가 얼마나 세차를 잘하는지 보고 놀라실 거예요!"

"좋아, 아메트."

이제 그가 바지 주머니 속에서 한 조각의 종이를 꺼낸다. 그것은 그에게 매우 중요한 것처럼 보인다. 이 작고 구겨지고 너덜너덜한 종이조각을 그는 재빠른 손놀림으로, 마찬가지로 '중요한' 여러 가지 것들 중에서 마법사처럼 바지 주머니 속에서 뽑아내었다. 그것은 바로 그가 직접 쓴 짧은 메모였다. 그가 상당히 오랫동안 메모지를 바라본다. 이때 그는 매우 심사숙고한 것처럼 보인다.

"그래요." 그가 한참 뒤에 말한다. "그렇게 된다면… 제가 오늘 안에 자동차를 세차하고 그리고 선생님이 오늘 제게 그 돈을 지불하실 수 있다면,

그러면 제가 여기에 참가할 수 있어요. 여기, 여기에!"

그가 내게 그의 메모지를 보여 준다. 그리고 전화번호를 가리킨다.

"선생님이 여기에 전화하신다면, 그래서 제가 여기에 참가비를 제출할 수 있다고 말하신다면 충분히 제가 '아일렌리데, 시립 숲'의 빅 자전거 경기에 참가신청을 하는 데 아직 충분한 시간이 남아 있을 거예요."

"어떤 자전거 경기야, 아메트?"

그는 아주 정확히 정보를 알고 있다. 돌아오는 일요일에 시에서 주최하는 청소년을 위한 자전거 경기가 큰 시립 숲인 아일렌리데에서 시작된다.

"선생님께 말하죠. 포상이 있어요, 포상이!" 그의 눈이 반짝인다. "아마도 제가 가장 멋진 상을 받을 거예요!"

"좋구나, 아메트! 그러면 우리가 생각해야 되지. 어떻게 하는 것이 최선인지. 그러니까 내가 지금 너를 위해서 전화를 하고 너는 언제 네가 자동차를 세차할 것인지 생각해야만 해. 회기 후에 아니면…."

"제가 지금 당장 해야만 해요. 지금 당장이요. 회기 후에는 제가 바로 집에 가야만 해요. 제가 에미네에게 약속했거든요. 왜냐하면…."

그가 말을 멈춘다. "아, 그렇죠. 제가 선생님께 무언가를 가져왔어요."

그리고 그가 다시 그의 호주머니에서 무언가를 끄집어낸다. 그것은 완전히 잘 보관된, 구김이나 흠집이 없는 한 개의 작은 사진이다. 어떤 비밀스러운 질서가 주머니 속의 그 많은 종이조각들이 완전히 다른 운명을 가질 수 있도록 만드는 것일까. 많은 것들은 구겨지고 찢어졌다. 그러나 지금의 이 작은 사진은 손상되지 않고 완벽하게 깨끗한 상태로 남아 있다.

“여기요.” 그가 말한다. 그리고 내게 장난기 어린 미소를 가지고 사진을 손 안으로 눌러 준다.

“선생님은 작은 아메트와 큰 아메트의 사진을 보는 거예요.”

그 사진은 아메트가 팔에 에미네의 아기를 안고 있는 사진이다. 넉 달 전 아메트의 생일날에 태어나서 똑같이 아메트라는 이름을 얻은 에미네의 아기. 그래서 그것은 그가 방금 말했던 것처럼 작은 아메트와 큰 아메트의 사진인 것이다.

그가 나의 기쁨을 눈치챈다.

“제가 알았어요. 선생님이 기뻐하시게 될 거라는 것을. 그래서 제가 이 사진을 위한 사진틀을 만들었죠.”

그 사진틀은 아주 얇고 좁은 종이 띠로 만들어졌다. 그가 화려한 꽃들을 그려 장식하고 사진 가장자리에 붙인 것이다.

“이것은 놀랄 만한 선물이구나, 아메트. 그리고 이제 이 작은 아메트와 큰 아메트를 위해서 좋은 자리를 찾아야겠다.”

그가 미소를 짓는다. 그가 나를 기쁘게 했다는 것을 느낄 때 항상 그러는 것처럼 약간 당황스러운 표정이다.

“좋아요.” 그가 작은 아메트에 대해서 말한다. “저는 작은 아메트를 잘 이해할 수 있어요. 그가 울 때 제가 가볍게 팔로 안으면 그가 다시 웃어요. 그래서 저는 이 회기가 끝나면 바로 집으로 가야만 해요. 에미네에게 약속했어요. 그녀가 시내로 외출하기 때문에 제가 작은 아메트를 돌보기로 했어요."

"아, 그렇구나. 내가 이제 이해한다. 왜 네가 지금 바로 자동차를 닦으려고 하는지."

그러나 그는 계속해서 작은 아메트에 대해서 말한다.

"그리고 아세요? 제가 무엇을 생각하는지? 선생님이 제게 말하신 적이 있어서 저는 작은 아메트를 아주 잘 이해해요. …그것은 아주 오래된 일이죠. …제가 학교에 있을 때 또는 아주 슬펐을 때 그것은 내 안에 있는 작은 아메트가 그런 것이라고."

"그러면 내가 말한 것이 맞는 거니?"

"완전히 맞아요. 나의 엄마가 다시 사라진다면, 그리고 나의 아빠도 사라져서 제가 완전히 혼자 집에 있게 된다면, 그래서 슬퍼진다면 저는 이제 작은 아메트가 제 안에 있다는 것을 알아요. 아세요? 저의 엄마가 독일에 갔을 때 제가 아주 많이 울었어요. 이제 저는 알아요. 제가 옛날에 아주 많이 슬펐기 때문에 지금 슬픈 것이라는 것을."

"네가 아주 중요한 것을 알게 되었구나, 아메트."

그가 진지하게 머리를 끄덕인다. "그 작은 아메트를 제가 잘 이해하죠."

그러나 그가 다시 아일렌리데의 자전거 경기로 돌아온다.

"빨리빨리 전화하셔야 돼요!… 아직 참가신청을 할 수 있었으면 좋겠어요. …제가 지금 바로 자동차를 닦습니다."

내가 이제 그가 물뿌리개 호스를 가지고 물을 뿌릴 수 있는 자리로 자동차를 이동시킨다. 그리고 그에게 필요한 모든 세차 도구를 건넨다.

그가 곧바로 일을 시작한다. 나는 전화하기 위해서 집안으로 들어간다. 아메트가 옳았다. 신청기간은 이미 오래전에 지났지만, 나는 그에게 모든 일이 잘되었고 그가 자전거 경기에 참여할 수 있다고 말할 수 있었다. 다만 그가 오늘 안으로 신청금을 지불할 경우에만.

하늘이시여, 그의 기쁨이 얼마나 큰지! 그가 한순간 일을 중단했다.

"키케리키(역주: 꼬끼오, 닭 울음소리), 키케리키, 키케리키!"

삶의 기쁨에 대한 최상적 표현이다.

그가 점점 더 빨리, 더 열심히 자동차를 닦기 시작한다. 그가 그의 일을 아주 진지하게 해낸다. 그의 커다란 희망이 곧 충족될 것이라는 것을 알기 때문이다. 자동차는 빛이 난다. 그러나 내부 청소는 연기된다. 그래야 그가 오늘 그의 오볼루스(역주: 신청금, 이것은 그리스 은화의 뜻)를 입금할 수 있을 테니까.

"그래요." 그가 말한다. "이제 신청소로 떠날게요."

"그곳이 어디인 줄 아니?"

"당연하죠. 저는 하노버에 있는 모든 거리를 알아요. …아니면 역에 가서 시 지도를 보면 돼요!"

"최고야! 네가 무엇을 해야 할지 잘 아는구나. 그러면 일요일 경기에서 네게 많은 행운이 있기를 바란다."

그는 완전히 흥분했다. "완전히 멋질 거예요. 제가 일등이 된다면." 그런데 그가 무언가 회의적인 눈으로 그의 낡은 접이식 자전거를 바라본다.

"그런데 제 타이어에 펑크가 나면 어떻게 하죠?"

작은 침묵이 흐른다. 그러나 벌써 스스로 대답을 한다.

"그러면 저는 펑크 난 타이어로 계속 달릴 거예요."

용기와 신뢰를 가지고 그가 윙윙 소리를 내며 바람과 함께 사라진다.

일요일 저녁에 그가 전화로 자신을 알린다.

"안녕하세요, 우데 선생님. 이제 알아맞혀 보세요. 제가 왜 전화했는지."

"글쎄, 아메트, 아마도 경기 때문에?"

"알아맞혀 보세요. 제가 승자가 되었어요! 시로부터 상장을 받았어요. 그리고 금메달을 땄어요. 그리고 또… 믿을 수 있겠어요?… 동해바다에 있는 아주 아름다운 휴양지에서 3주 동안의 휴가를 보낼 수 있는 여행 티켓을 받았어요!"

내가 축하했다. 그리고 타이어에 펑크가 나지 않았는지 묻는다.

"모든 게 최상이었어요. 제가 미리 팽팽하게 바람을 넣었죠. 제 자전거는 자전거가 할 수 있는 모든 것을 해냈어요. 제가 선생님께 완전히 최고였다고 말할 수 있어요."

"그리고 너희 부모님은 이 대 승리에 대해서 뭐라고 말했니?" 그가 침묵한다. "여보세요, 아메트?"

망설이면서 그의 대답이 나온다. "그러니까요. 그들 또한 기뻐했죠. 그러나 아빠가 말했어요. 공부가 운동보다도 더 중요하다고….”

우리는 더 이상 아무것도 할 말이 없다. 그러나 그가 아주 즐겁게 엄마에 대해서 보고한다.

“엄마가 맛있는 케이크를 구웠어요. 우리는 지금 그것을 먹을 거예요. 저희가 저의 승리를 바로 축하할 거예요.”

내가 그에게 멋진 저녁을 기원한다. 그리고 부모님께 안부를 전해 달라고 부탁한다.

열흘 뒤에 아메트가 또 다른 승리를 축하할 수 있게 되었다. 그가 좋은 체육점수 때문에 그의 반에서 유일하게 연방 청년 체육대회에 참여할 수 있게 되었다. 그리고 그의 우승 상장에는 이렇게 써 있었다.

아메트 사바스는 연방 청소년 체육대회의 3종 경기에서

184점을 얻어 승리했다.

이것을 높이 치하하여 우리가 상장을 준다.

독일 체육협회 대표.

니더작센 문화부 장관.

아메트의 상장

아메트가 다시 치료회기에 왔을 때 내게 그의 상장을 내민다. 모든 것을 천천히, 하나 다음에 다음 것을 따로따로. 그래서 각 상장의 문구를 낭독함으로써 다시 한 번 그 가치를 체험할 수 있도록….

그가 184점을 얻어 연방 청소년 체육대회에서 승리자가 된 첫 번째 상장을 내가 낭독했을 때, 그가 덧붙인다.

"생각해 보세요. 제가 184점을 얻었어요. 제가 엄마에게 말했죠. '우데 선생님이 매우 놀라실 거야!'라고."

"그래, 아메트 내가 정말로 놀라고 있어. 이것은 대단한 승리야!"

내가 천천히 아일렌리데의 자전거 경기에 관한 두 번째 상장의 문구를 읽는다. 이때 그가 말한다.

"아세요? 경기 시작할 때 요원이 제게 말했던 것을?"

"자, 아메트 그가 뭐라고 말했지?"

"그가 말했어요. '만약 네가 이 자전거로 승리한다면 그 가치는 두 배로 계산 될 거야.'라고 말이죠."

이제 그가 세 번째 승자 트로피를 내게 건넨다. 그것은 그의 활짝 편 손 위에 놓여 있다.

"여기 보세요. 황금 메달이 빛나고 있어요."

이것이 그에게 모든 것 중의 최고의 절정인 것으로 보인다. 신중하게 그가 메달 위에 새겨져 있는 것을 내게 낭송해 준다.

"연방 주의 수도 하노버

"600년 역사의 숲, 아일렌리데(Eilenriede)"

그가 내 손에 메달을 쥐어 주면서 엉큼하게 미소 짓는다. "선생님은 놀라실 거예요."

그는 실제로 두 개의 상장을 더 갖고 있었다. 아주 천천히 그리고 신중하게 그것을 낭독한다. "아메트 사바스가 해리 브레드(HARRY—BREAD) 사의 고—카트—달리기(go—cart—run)에서 200미터를 50초에 끊어 최고 승리자가 되었음을 증명한다."

내가 그에게 놀라움을 나타낸다.

그가 계속해서 다음 상장의 문구를 읽는다. "2등 우승: 해리 브레드 사의

고—카트—달리기에서 아메트 사바스가 200미터를 53초에 달려 2등 상을 수여함."

"훌륭하구나, 아메트. 언제 네가 이 두 개의 상장을 받았지?"

"거기 상장 위에 쓰여 있잖아요. 어제라고."

"어제라고?"

"그래요. 어제 제가 달리기에 참가했어요. 우연이었죠. 순전히 우연이었다고요."

"어째서?"

"그러니까 그저께 제가 처음으로 이 대회 전단지를 발견했어요. 한 가게에 이게 붙어 있었죠."

"거기에 뭐가 쓰여 있었는데?" 그가 잠깐 동안 생각한다. "뭐, 그렇죠. '해리'인가 해리 브레드… 뭐 그 비슷한 것, 해리 사의 대 경기, 고—카트—달리기… 참여자는 멋진 상과… 등등… 그리고 저는 학교가 끝나고 곧바로 자전거로 그리 달려갔어요. 원래는 제가 아주 늦었어요. 하지만 운이 좋았죠. 함께 참여할 수 있었어요."

"상장 말고도 상품도 받았니?"

"아이~, 무슨 생각을 하세요. 해리 브레드 사로부터 완전히 엄청나게 많은 상품을 받았어요. 빵과 비스킷들 그리고 그렇게 비슷한 것들. 엄마가 그것을 아주 기뻐했어요. 거기에 만들기 책, 값비싼 쟁반, 볼펜들 그리고 또…." 그가 중단의 눈짓을 한다. "모르겠어요. 무엇이 다 있었는지…."

내가 이제 그 상장들과 메달을 모두 내 손에 갖고 있다.

아메트는 부드러운 소파 위로 몸을 던진다. 그는 이제 완전히 이완돼 있다. 팔과 다리가 몸에서 멀리 뻗어 있다.

한참 후에 "말해 보세요. 우데 선생님, 선생님은 특히 많은 친구들이 있으시죠?"

"그걸 왜 묻는 거니?"

"글쎄요. 그러니까 간단히 말해, 저는 벌써 많은 가게와 주유소에서 일거리를 찾아다녔어요. 근데 그게 어려워요. 지금까지는 운이 없었어요. 그래서 생각했죠. 선생님이라면 친구들이 있을 거라고…. 그들은 분명히 자동차가 있을 거고. 그리고 그들은 정원도 있을 거라고요…. 그러면 제가 거기서 조금은 일할 수 있겠지요."

"아~, 그러니까 너는 직접 일을 해서 돈을 좀 벌고 싶구나. 내 생각에 그것은 아주 좋은 일이다. 아마 내가 도움이 될 수 있을 거야. 그래서 너는 지금 내가 당장 몇몇 친구에게 전화를 해 주기 원하니?" 그는 매우 신이 났다. "최고죠. 그리고 아세요? 선생님, 사람들이 선생님께 제가 몇 살이냐고 물으면 한 살 많게 말해 주세요. 그래서 나를 선택하도록 말이죠."

내가 그를 바라본다. "내가 어떻게 해야 되지, 아메트?"

그가 제지의 눈빛을 보낸다. "옳아요. 그게 아무 의미가 없겠어요. 거짓말하지 마세요."

내가 전화를 한다. 그리고 그다음 그에게 쉬운 일거리를 위해 면접을 볼 수 있는 몇 군데 전화번호를 건네준다.

"당장 오늘 안에요?" 그가 흥분해서 묻는다.

"네가 원한다면 지금 당장에 차를 타고 갈 수 있겠구나. 사람들이 네가 오후 4시에서 6시 사이에 방문할 수 있다고 그랬어."

그가 조심스럽게 주소가 적힌 메모지를 바지 주머니 속에 집어넣는다. "제가 잘 알아요. 가장 좋은 지름길을 알고 있지요."

"좋아, 아메트. 그리고 너의 상장과 메달들은 어떻게 할까?"

"제가 그것들 모두를 여기에 놓아둘게요. 그리고 그것이 필요하면 그때 말하지요."

그런 다음 그가 바람처럼 사라진다.

“제가 가르송(프랑스 웨이터)이에요.”

아메트가 현관문에 서 있었을 때, 내가 그를 전혀 알아보지 못할 정도였다. 그는 정말 세련돼 보이고 특히 그의 코발트블루 재킷이 당장 눈에 띄었다. 그리고 뭔가를 손에 들고 있었고 음흉스레 미소 지었다. “이것은 선생님을 위한 거예요.”

나는 그게 꽃다발이라는 것을 금방 알아차렸다. 꽃다발은 전문가가 포장한 것 같았다. 튤립이었다. 일곱 송이 빨간 튤립.

“네가 나를 위해 샀구나, 아메트~?”

이제 다시 그의 일상적인 손 제스처가 출현했다. “아이, 됐어요. 아세요? 그건 원래 장미였어야 했어요. 하지만 장미는 제게 너무 비쌌어요. 튤립도 벌써 한 개당 70페니히나 됐거든요.”

나는 나도 모르게 약간 웃음이 났다. 아메트는 벌써 그것을 눈치챘다.

"말해 보세요. 선생님, 왜 제가 방금 말한 것을 우스꽝스럽게 느꼈는지…. 무엇 때문이죠?"

"아냐, 아메트. 우스꽝스럽게 느끼지 않았어. 다만 뭔가가 내게 의미를 주었어. 그냥 그랬어."

아메트는 완고하다. 그리고 무조건 내게 어떤 의미가 있었는지 알고자 한다.

"그래, 내가 말할게, 그냥 단순해. 난 어떤 오페라를 생각했지. 제목이 '장미의 기사'야."

더 이상은 말하지 않았다.

아메트는 잠깐 동안 깊이 생각하는 것 같았다. 그러다 그에게 '찰칵' 하고 뭔가 떠올랐다는 것이 눈에 보였다.

"아~, 그렇군요. 그러면 제가 오늘은 튤립의 기사로군요."

이제 우리 둘이 그 말에 웃는다. 우리는 놀이실로 가서 내가 꽃병에 튤립을 꽂는다. 그리고 그가 그것을 바라본다.

"튤립이 예쁘구나. 그리고 많은 돈을 네가 지출했구나. 4마르크 20이나. 그것은 네게는 매우 큰 돈이잖니."

그가 대범하게 저지한다. "겨우 자동차 한 번 더 닦으면 되는 건데요. 나쁘지 않죠!"

"그렇구나. 일이 잘되었구나? 내가 네게 준 이름과 연락처가 도움이 되었니?"

그가 즐겁게 보고한다. 세차를 하고 정원에서 일할 수 있는 많은 고객을 갖게 되었다고. 그게 아마 어느 정도 큰 돈을 가져다 줄 것이다. 그는 그밖에도 아직 빈병을 모아 팔고 있다.

"그리고 어차피 제가 더 많은 고객을 얻게 될 거예요. 그들이 제가 얼마나 일을 잘하는지 보게 되면."

이제 그가 요리 코너로 간다. "그럼, 스파게티를 요리할게요."

그가 물을 올려놓은 다음, 끓기 시작하자 면 한 줌을 크게 잡아 집어넣는다. 그전에 그가 식탁과 의자를 정돈하고 말한다. "자, 이제 우리는 이태리 레스토랑에 있습니다."

그가 내게 의자를 밀어 준다. "자리에 앉으세요."

그가 식탁을 준비한다. 꽃을 그 위에 올려놓고, (고급 레스토랑의 웨이터가 하듯이) 가볍게 들어 올린 왼쪽 팔 위에 냅킨을 우아하게 늘어뜨리고 말한다. "제가 가르송이에요. 이것은 불어이고 웨이터란 뜻이죠."

내가 그의 놀이에 동참한다. 그리고 말한다. "가르송, 청하건대, 메뉴판을 좀 주세요."

우아한 몸짓으로 그가 메뉴판을 건네준다. "오늘의 특별한 추천 요리는 뭐죠?" 나의 질문에 그가 신속한 언어로 그의 완전히 남국적인 생생한 생명력을 펴 보인다. 반짝이는 눈과 생기 있는 몸짓으로 스파게티를 제안하면서 "버터와 치즈를 갈아 뿌린, 전 이탈리아를 통틀어 최고의 스파게티입니다."라고 한다.

그리고 메모지에 진짜 웨이터가 하듯이 메모를 한다. '버터와 갈아 뿌린 치즈를 곁들인 스파게티'

내가 와인에 대해서 묻는다. 그가 레드 와인과 화이트 와인을 추천한다. "언제든지 선생님이 원하는 것으로 하시죠."

때때로 그가 요리 코너로 가서 스파게티가 다 익었는지 살펴본다. 나는 아무것도 할 것이 없다. 우리 둘은 맛있게 김이 모락모락 나는 스파게티를 먹는다. 그런 사이 그가 때때로 말한다. "아~, 버터와 치즈를 곁들인 스파게티는 이제 내가 가장 좋아하는 음식이에요!"

음식을 먹은 뒤 그가 식탁을 치운다. 그리고 그가 접시와 그릇을 씻고 내가 그것의 물기를 닦아 선반에 세운다. 분명히 놀이를 하는 그의 방식이 달라졌다. 능동적이 되었다. 그러나 더 이상 호강을 하기 위한 그 어떤 작은 우연도 바라지 않는다.

이제 그는 치료시간 뒤에도 쉽게 떠나갈 수 있다. "안녕히 계세요. 다음 주에 다시 만날 때까지!"

독자 또한 놀이치료 시간에 이제 더 이상 극적인 일은 일어나지 않는다는 것을 느낄 것이다. 실제로 아메트의 놀이와 일에서의 행동은 이제 다른 평범한 소년의 행동과 거의 구별되지 않는다. 그것을 다음과 같은 정경에서 알아차리게 될 것이다.

우리는 정원에 앉아 있다. 아메트가 오늘은 놀이실보다 밖이 훨씬 더 아름다워졌다고 말한다. 그가 아주 맛있어 하는 빨간 요하니스 산딸기를 우리가 함께 따는 동안에 그는 때때로 자신의 왼쪽 손바닥 위를 바라다본다. 거기 화살이 꽂힌 하트가 보인다. 그가 엉큼하게 웃는다. "한 번 알아맞혀 보세요. 이게 무엇인지?" 동시에 그는 두 개의 알파벳, A와 F를 가리킨다.

"글쎄, 여기 A는 분명히 아메트를 뜻할 것이고 그러나 이 F는?"

그가 다시 손바닥을 오므린다. "프리데리케를 말하는 거예요. 아메트와 프리데리케."

"아메트와 프리데리케?"

"아직 진지한 관계는 아니에요. 그러나 그 애는 귀여워요. 제가 아직 두 번밖에 보지 못했어요. 그녀가 오빠를 축구 동아리에 데리러 왔었을 때."

"그 애는 그러니까 너의 축구 동아리 친구의 누이동생이구나."

"아니에요. 제 친구라는 것은 맞는 말이 아니에요. 그는 축구 동아리 내에서 저하고 그저 경기를 할 뿐이지요."

"이제 저는 잔디에 물을 뿌려야겠어요." 이런 말과 함께 그가 대화를 중단한다.

그러나 순식간에 잔디에 물 뿌리는 것이 그에게 특별히 재미있는 일은 아니라는 게 보인다. 오히려 그에게 더 큰 즐거움은 강한 물줄기로 특정한 목표를 겨냥해서 쏘는 것 그리고 물줄기가 호스를 통해서 되도록 멀리 가게 하는 것, 게다가 호스 끝을 좁게 만들어서 물줄기를 더욱 멀리 울타리 너머로까지 쏘는 것에 있는 듯하다. 종종 그가 겨냥했던 지점까지 물줄기를 쏘기 위해서 호스를 가지고 높이 뛰어오른다. 분명히 그는 이 놀이에 열광하고 있다.

아이가 스스로 자신의 발달을 위해서 자기 통제적 조절을 할 수 있는 특정한 놀이를 발견하는 것은 좋은 일이다. 물줄기와 함께 하는 이 놀이 또한 아메트에게 분명히 그런 성질의 것일 것이다. 그가 계속되는 회기에서도 항상 다시 이 놀이를 했다. 나는 이 놀이가 진행되는 동안에 내가 절대적으로 조심스럽게 행동하는 것이 옳은 것이라고 보았다.

점차 그가 그의 놀이를 바꾼다. 호스를 단지 활짝 펼친 손바닥 위에 올려놓고 있을 뿐이다. 그것을 더 이상 꽉 쥐지 않는다. 그래서 물의 압력으로만 그것이 이리저리 움직일 수 있도록. 그런 다음 그가 내게 수도꼭지를 천천히 잠그도록 간청한다. 내가 그렇게 했다. 그리고 압력이 호스로부터 사그라졌다. 자주 나는 수도꼭지를 열었다 닫았다 해야만 했다. 명백히 그가 하는 일은 그것을 통해서 호스가 어떻게 달라지는지, 때로 팽팽해지고 뻣뻣해지며 때로 느슨해져서 아래로 떨어지는 것과 같은 그런 것을 보고자 하는 것이다.

그래서 내가 결국은 그에게 물었다. "지금 아주 특별히 너를 자극하는 뭔가가 이 놀이에 있지? 나는 거기 뭔가가 있다는 느낌이 드는데…."

그가 말하기 위해서 자신을 통제하는 데 약간의 시간이 든다. "제 생각에 제가 짐멜 선생님께 한 번 가야만 하겠어요. 그리고 제게 무슨 일이 일어나고 있는지 그에게 물어야겠어요."

이제 내가 그에게 직접적으로 말한다. "아메트, 너 아니? 소년들은 바로 너처럼 특정한 나이가 되면 네가 호스를 통해서 체험한 것과 비슷한 것을 체험하게 된단다. 그들은 근육이 또는 사람들은 그것을 페니스라고 하는데, 때로 빳빳해지고 뭔가가 거기서 흘러나오는 것을 체험하게 되지. 그러나 그것은 불안해 할 일은 아니야. 그것은 네 나이에는 아주 자연스러운 일이지. 알겠니? 그것은 신체가 네 나이에 맞게 모든 것이 제대로 기능을 하는지, 나중에 필요하게 될 모든 것들이 서로 잘 맞물려 있는지 시험 같은 것을 하는 거야."

내가 그에게 말할 또는 질문을 할 기회를 주기 위해 잠깐 기다린다.

그러나 그는 다만 "아~, 그게 그렇군요."라고만 말한다.

그런 다음 내가 조심스럽게 이 주제에 대해 계속 말하기를 시도하자 그가 방어한다.

"제가 벌써 다 알아요. 텔레비전의 방송에서 다 보여 주었어요. 그래서 이제 저는 다 알고 있어요."

그가 더 이상 얘기하고 싶지 않음을 분명히 하였지만, 나는 그 방송이 충분한 정보를 다 줄 수는 없다는 것을 알게 했다. 그래서 내가 그에게 이 질문과 관련된 모든 것을 설명할 수 있는 책을 다시 한 번 찾아보겠다고 제안한다. 처음부터 끝까지 한 번 조용히 들여다보라고 권해 줄 수 있는 책이 놀이실에 있었다. 그런데도 혹시라도 많은 것들이 분명하지 않을 경우 나나 또는 분명히 그를 다시 보게 되는 것을 반가워할 짐멜 선생님께 문의해 보도록 했다.

그는 모든 것을 말없이 경청했다. 그러나 거기에 대해 아무 말도 하지 않는다. 그의 회기는 다시 끝이 났다. 그가 사라지는 것을 보면서 내가 생각한다.

'치료의 기회가 사춘기가 시작되기 일 년 반 전에 시작된 것은 얼마나 잘된 일인가? 왜냐하면 사춘기에 심리치료는 아주 특별히 더 어려웠을 테니까….'

닥터 짐멜의 전화

며칠 뒤에 닥터 짐멜이 내게 전화를 해 왔다. 그가 아메트에 대해, 그의 발달과정에 대해 얼마나 놀랐는지 반가움을 말하기 위해서 전화한 것이다. 그는 그것을 아메트의 기대하지 못했던 방문을 통해 확신했다. 아메트는 그가 해결하지 못한 몇 가지 질문들을 가지고 이해하기 위해 갔을 것이다. 그것은 아마 아버지에게도 말할 수 없었을 것이다. 그가 작은 책을 함께 가지고 왔다고 했다. 닥터 짐멜이 보고하기를, 그가 아메트와 함께 보다 더 많이 성적 이해를 하기 위한 질문들을 가지고 대화했다고 했다. 이 대화는 아메트가 매우 합리적이고 개방적인 소년임을 알게 했다. 그는 특히 자의식이 확실해 보였고 그렇지만 오만하지는 않았다. 그가 전에는 불확실해서 우물거렸다면 지금 말하는 방식은 분명하고 간결했다. 아메트는 질문을 받고 더 이상 야뇨증은 나타나지 않는다고 말한 것 같다. 두통과 불면증은 실제로 사라졌다.

닥터 짐멜이 내게 치료가 아직 지속되고 있는지 물었다. 내가 이제 그의 치료가 점차 끝나 가고 있다고 말한다.

신경증의 치유에 대한 생각

이제 다시 치료 경과에 대해서 기록해 두기로 했다. 내가 알아차린 바로는 아메트의 주요 증상이었던 야뇨증은 이미 오래전에 더 이상 나타나지 않았을 것이었다. 그것은 그 자체로서 그리고 나를 위해 즐거운 일이다. 그러나 이 증상의 제거가 이 치료의 원래의 목적은 아니었다. 치료의 목표는 오히려 훨씬 더 깊은 근원적인 것에 있었다. 그것은 무엇보다도 다른 증상들과 마찬가지로 이 증상을 나타나게 했었던 보다 더 깊숙이에 있는 원인에 접근하는 것이었다. 그리고 거기서부터 치유의 과정을 진행하는 것이었다. 그의 영혼이 병든 가장 깊은 원인은 버림받음에 대한 큰 불안이었다. 그것은 우리의 치료에서 아메트가 생후 네 살 때까지 거슬러 의식화될 수 있었지만, 그 시작은 확실히 이보다 훨씬 더 이전인 영아기부터 있었을 것이다. 그가 생에서 끊임없이 버림받음과 자기와해, 자기 부정을 체험했어야만 했기 때문에 이 불안은 다시 항상 그의 내면에서 해를 거듭할 때마다 확고해졌다. 그리고 그것이 우리가 치료의 초기에 보았던 것처럼 때때로 그에게 기억상실이 일어나게 했을 것이다.

이 아이를 돕고자 한다면—성인에게도 또한 똑같이 적용되지만—그를 신경증의 미로에서 다시 구출하고자 한다면, 그것은 치료적 보호 가운데에서 그가 점차적으로 현재의 정서를 어린 시절 초기에 고통스럽게 겪어야 했던 '잊혀진' 정서와 연결하도록 그리고 자신의 '정서'에 직면시키고 그것을 느끼도록 하는 것을 반복해서 해야 할 것이다. 나는 현재의 불안과 고통을 느끼게 하는 것이 치유의 과정에 작용하는 것은 아니라고 강조한다. 그보다는 현재의 고통스러운 감정과 과거의 감정의 관계를 연결하는 것에 바로 치유의 작용이 일어난다. 이러한 과거로의 접근은 조심스럽게 이루어져야 하고 무엇보다도 단계적으로 현재에서 시작해서 어제로, 그제로, 그끄저께로 항상 점점 더 과거의 어둠 속으로 가야 할 것이다. 때때로 어제로 돌아와서 멈춰 있는 것이 더 나을 수도 있다. 그제 또는 그끄저께로 돌아가는 것이 아직 위험스러운 것일 때는. 치료자는 환자에게—합리적 체험과는 반대로—정서적 체험 속에서 환자를 무의식으로 미끄러져 가도록 할 경우, 항상 크게 위험할 수 있다는 것에 민감해야만 한다.

이것이 단계적으로 일어나지 않았기 때문에, 아직 완전해지지 않는 한 단계를 미리 벗어날 경우 무의식으로의 위험한 추락이 될 수 있다. 왜냐하면 환자에게는 현재 삶의 현실로 반복적으로 다시 귀환할 수 있도록 보장된 사다리가 아직 설치되지 않았을 것이기 때문이다. 그래서 마약은 위험할 수 있다. 그것은 통제할 수 없는 무의식의 어둠 속으로 추락하는 작용을 할 수 있기 때문에 따라서 불안정한 사람은 종종 귀환 가능성 없이 그의 삶의 현실로부터 내던져질 수 있기 때문에 그렇다.

그래서 '놀이'는 아이에게는 한편으로 매우 위험하지 않은 치료방법이다. 여기서는 무의식이 항상 적절히 조제되어 제공되기 때문이다.

이때 놀이는 두 가지 기능을 충족시킬 수 있다. 아이에게 무의식 속으로 억압되었고 그래서 그에게서 잊혀졌던 고통을 다시 의식하게 할 수 있다. 이때 아이는 옛 정서를 새것과 함께 관계시키는 것을 '학습'할 수 있다. 그렇게 아이는 자신의 현재의 영혼적 상태에 대한 통찰을 얻을 수 있다.

그러나 놀이를 통해서 아이의 옛 고통이 의식으로 되살아나지 않을 경우에라도—이것은 아이들에게 대부분 그렇다고 할 수 있는데—놀이 자체가—놀이의 두 번째 기능으로서—계속되는 변화를 준 반복을 통하여 무의식 차원에 대한 치료적 방법으로써 치유의 과정을 촉진할 수 있다.

계속해서 설명을 덧붙이자면, 그것은 '망각되었던(역주: 억압했던)' 체험에 대한 이해할 만한 기억 그 이상의 것을 의미한다. 그것은 훨씬 더 많은 '옛' 정서, 과거의 고통을 현재 일어나는 것으로서 다시 경험하는 것에 해당된다. 그리고 바로 설명된 것처럼 과거와 현재의 정서를 연결하는 것은 다음과 같은 목적을 갖는다. 즉, 무의식적으로 축적되었고 거기에서 나온 감정들은 유사한 모든 고통의 감정에 매우 민감한데 그러나 그 '공격자'를 알지 못하기 때문에 전혀 방어할 수도 없는—바로 그 고통의 원천을 의식으로 끌어올려서 이와 함께 그것을 지금과는 완전히 별개의 특별 사건의 결과로 분명히 인식하는 것이다. 그래서 (역주: 신체와 마음의) 신경증적 보편화의 와해가—서서히 진행되겠지만—일어날 수 있도록 한다. 그래서 예를 들어, 어머니에 대한 옛 정서가 여자들에 대해 일반적으로 일어나거나 또는 아버지에 대한 옛 정서가 일반적인 모든 권위에 대해서 일어나는 것처럼 그런 신경증적 전이가 결국 종말을 갖도록 하는 것이다. 고통받는 자에게 무의식적으로 끊임없이 반복해서 일어나는 신경증적 보편화는 바로 방어력이 없는 그에게 내적으로 강요되는 것이다. 그렇게 계속되는 신경증적 전이를 통해서 신경증 환자는 자신의 환경으로부터 골칫덩어리로 지각된다.

아메트는 그의 치료과정 중에 이런 방식으로 현재 체험했던 불안을 과거의 체험과의 관계 속에서 설명할 수 있는 능력을 갖게 되었다. 그는 그와 함께 자신의 무력감에서 그리고 그를 극단적으로 압박한 불안으로 내몬 처지에서 빠져나올 출구를 찾는, 게다가 스스로 타인의 도움 없이 찾을 수 있는 그런 가능성을 갖게 되었다.

작은 아메트와 큰 아메트의 이미지에서 사람들은 예를 들어 그가 어떻게 불안의 극복에 접근하는지 인식하게 된다. 동시에 그것으로 그가 벌써 그의 내적 문제에 대한 높은 의식 수준에 도달한 것이 분명하다고 여긴다.

무의식을 보다 더 깊이 감지할수록 당연히 자신의 상태에 대한 조망이 더욱 커질 것이다. 그리고 그와 함께 그렇게 형벌처럼 고통스럽게 촘촘히 짜인 신경증의 그물망으로부터 다시 빠져나올 수 있는 기회를 찾을 수 있다. 종종 극적이고 고통스럽게 '재경험(다시 느낌)'함으로써 과거의 사건과 체험들을 망각의 어둠에서 의식의 빛으로 가져오는 것은 당연히 매우 오랜 걸음의 까다로운 과정이다. 그러나 결정적인 것은 환자에게 통찰과 고통을 감내할 수 있는 능력 그리고 끈기가 있다면, 그럴 경우에만 그것은 가능하다는 것이다.

내가 확신하기에는, 환자의 문제가 정서는 근본적으로 제외되면서 오직 이성에 의해서만 분석되는 치료는 아주 잘될 경우 일시적인 병세 완화만을 가져올 것이다.

"소망하기를, 모든 것이 다 잘될 거예요!"

아메트는 아마도 그의 전 아동기 과정 동안, 즉 그가 독일에 살았던 모든 해 동안 절대로 단 한 번도 아이들에게 이렇게 말할 수 있는 기회를 갖지 못했을 것이다. "우리 집에 한 번 와 봐." 또는 "너희 집에 가자." 그는 아마도 말하고 싶었을지도 모른다. 그러나 쉽게 그럴 용기를 갖지 못했을 것이다. 독일 아이들은 터키 아이의 집에는 절대로 오지 않을 것이라고 그의 부모가 믿었던 것처럼, 바로 그런 믿음 때문에 그의 그런 체험이 더 강화되었을 것이다. 게다가 계속해서 용기가 부족한 데는 그럴 만한 이유가 분명히 더 있다. 그는 엄마가 있는 곳에서는 조용히 해야 한다고 말하는, 항상 두통에 시달리는 엄마에게 적응했어야만 했기 때문에. 그래서 가족 분위기는 금방이라도 천둥이 칠 것처럼 항상 그렇게 긴장감이 팽배한 상황이었을 것이기 때문이다.

그래서 그가 오늘 마침내 축구 동아리의 네 명의 독일 남자애들을 초대하게 되었다고 말하기 위해 얼마나 큰 기쁨을 가지고 전화를 한 것인지 나는 충분히 느끼고도 남을 만하다. 게다가 그들 모두가 기꺼이 오고자 했다는 것이다. 물론 그들은 부모에게 말하고 허락을 받아야만 한다. 우리는 사실 이런 초대의 가능성을 오래전부터 염두에 두고 있었다. 아메트는 완전히 흥분했다. 그리고 그 소년들을 위해 얼마나 멋진 준비를 할 수 있을 것인지 물어보았다.

"당연히 그렇게 해야지! 손님이 오면 멋지게 해 줘야 하지. 뭘 하고 싶니?"

"글쎄요, 뭔가 마실 것? 괜찮다면 카바가 든 우유라든지…. 그건 너무 비싼 거니까 물론 제가 가지고 와야 할 거예요. 선생님의 경비가 너무 많이 들지 않도록 말이죠." "그리고 먹을 것으로 그들에게 무얼 줄 수 있을까요? 제가 케이크를 가져올까요?"

내게 와플 굽는 기계가 있는 게 생각이 났다. 그래서 내가 사전에 반죽을 준비하고 그가 직접 와플을 구우면 어떻겠냐고 제안했다. 그는 그것이 축복인양 좋아했다. 그러나 나는 그가 얼만큼이라도 자기 몫을 할애하는 것이 중요할 것이라고 생각했다. 그래서 그에게 과일 잼을 가져올 수 있느냐고 제안했다. 따뜻한 와플과 함께 먹으면 특별히 맛있을 수 있는 과일 잼. 물론 그의 엄마와 에미네가 과일 잼을 많이 만들어 두었을 것이다. 그리고 그 둘이 분명 어느 정도의 잼을 줄 수 있을 것이다. 우리는 초대 일정을 다다음주 금요일로 잡았다.

그는 조바심이 났다. "아이~! 아직 너무 많이 기다려야 하는군요! 우리가 좀 더 일찍 만날 수 없을까요?"

"유감스럽게도 그건 안 되겠다, 아메트! 네가 알잖아. 놀이실은 항상 비어 있는 게 아니라는 것을…. 그러나 다다음주 금요일에는 너희들이 두 시간 동안 방해받지 않고 마음껏 놀 수 있을 거야."

그가 깨달았다. 게다가 아이들이 집에 가서 허락을 받아야만 하는 문제도 있었다. 모든 게 확실해졌을 때 그는 그것을 전화로 알려 주기로 했다.

그러나 아메트는 그의 치료회기가 있는 날까지도 아이들의 방문 약속이 모두 성사되었다는 전화를 해 오지 않았다. 거기에 대해서 나는 의아해 했다. 그가 다시 그의 정해진 회기에 왔을 때 모든 것이 분명해졌다. 예전에 자주 그랬던 것처럼 그의 얼굴에는 실망과 슬픔이 서려 있었다. 그는 학교가 끝나고 어디선가 꺾었을 작은 꽃다발을 손에 들고 있었는데 곧바로 그것을 탁자 위에 말없이 내려놓는다. 그리고 곧 그의 실망에 대해서 말하기 시작한다. "그 애들은 오지 않아요. 부모들이 금지시켰어요."

소파 위로 그의 몸이 쓰러진다. 그리고 그는 말이 없다.

나는 이것을 예상하지 못했다. 그러나 이것에 대해 먼저 말을 꺼내지는 않았다. 그의 슬픔은 점차 고통으로 변하고 결국은 절망이 된다.

그제야 내가 말을 한다. "금지라고?"

그의 입술이 가늘어지고 그가 입술을 깨문다.

"내게는 어쨌든 상관없어요. 정말 상관없어요… 나는 그들이 오는 것을 더 이상 원하지 않아요."

"너에게 상관없는 것이 아니야, 아메트. 너 스스로를 속이지 마! 이제 내게 이야기를 전부 해 보렴!"

그가 보고했다. 네 명의 남자 아이들 중 롤프가 축구를 시작하기 전에 그에게 와서 그들의 방문이 허락되지 않았다고 말했다고. 그리고 이 말을 듣고 그는 단 한 마디 말도 없이 도망쳐 왔다고.

"왜 도망쳐 왔니? 왜 롤프에게 최소한 그들이 와서는 안 되는 이유에 대해 묻지 않았지?"

"이유는 항상 똑같기 때문이죠. 제가 터키 아이라서 나에게 놀러 와서는 안 된다는 거예요. 제가 터키 애이기 때문인 거라고요!"

"그렇게 말했어?"

"아니요."

"그러면 넌 역시나 확실한 이유를 아는 것은 아니구나…. 다만 네가 전에 항상 그렇게 생각했기 때문에 오늘도 그랬을 거라는 거지."

그가 침묵한다.

방문이 금지된 진짜 이유가 무엇인지 알기 위해 내가 부모들에게 한 번 전화해 봐도 되겠느냐고 그에게 질문한다. 그가 벌써 관심을 나타내고 내게 이름과 전화번호들을 준다.

당장 한 엄마에게 전화를 한다. 그리고 그녀에게서 아메트가 소년들에게 자기 여자 친구 집에 초대한다는 말을 했다는 것을 알게 된다. 여자 친구는 매우 친절하고, 아마도 그들 모두에게 멋진 오후가 될 것이라고 했다고 한다. 그리고 이 엄마와 다른 부모들은 도대체 이게 무엇을 하려는 것인지 상상할 수 없었다고 했다. 그녀들은 그의 여자 친구가 다른 소년들을 초대한다는 것이 이상했다는 것이다. 그 때문에 방문을 금지했다고 한다.

내가 그 엄마에게 상세하게 전체 이야기를 설명하고 왜 아메트가 심리치료를 받고 있는지 말했을 때 그녀는 매우 개방적인 자세가 되었다. 그리고 다른 부모들에게도 실제 상황을 설명하겠다고 자청했다.

우리는 그렇게 하기로 했다. 그리고 소년들은 다음 주 오후에 두 시간 동안 방문하기로 약속했다. 내가 나의 전화번호를 주었다. 어떤 이유로든 다른 부모에게서 반대가 있을 경우를 위해서.

아메트에게 좋은 소식을 가져다주자 그의 슬픔은 재빨리 사라졌다. 소년들의 방문은 그에게 그만큼 매우 중요했던 것이다.

이러한 체험은 그가 아직도 얼마나 많이 반복해서 옛 실망의 정서를 바로 예기되는 현재 상황에 전이시키는지 매우 강하게 체험할 수 있기 때문에 당연히 이득이 된다. 그건 잘못된 태도라고 의식하도록 하는 것 그래서 그가 점차 그런 전이들을 방지하는 것을 배우는 것은 중요하다.

내가 그에게 왜 아이들의 부모가 방문을 금지했던 것인지 다시 설명한다. 처음에 그는 '여자 친구'라는 말이 왜 그렇게 당혹스러운 명칭인지 이해하지 못한다. "선생님은 정말로 제 여자 친구잖아요."

나는 그에게 사람들은 여자 친구에 대해서 뭔가 다른 것을 떠올린다고 말해 준다. 예를 들어, 여자 친구는 언젠가 때가 되면 결혼할 수 있는 사람이라고. 그리고 그런 의미에서 나는 여자 친구가 아니라는 점을.

그가 당장에 이해한다. 그리고 웃어 젖히고 만다.

감흥에 가득 차서 그가 친구 초대에 대한 기대감을 말하기 시작한다. "소망하기를 모든 것이 다 잘될 거예요. 제가 과일 잼을 가져올게요…." 그런 다음 그가 모든 것들에 대해 세세히 묻기 시작한다. 와플 머신에 대해, 카바 차에 대해, 접시와 그릇은 충분히 있는지 그리고 이것저것 등등.

그에게는 모든 것이 다 잘 맞게 돌아갈 것인지 매우, 매우 중요하다. 미리 식탁을 차리고 모든 것을 예쁘게 꾸미기 위해서 그가 30분 전에 미리 와야 하지 않느냐면서…. 다음 금요일에 가져올 모든 것을 적어 두기 위해 메모지를 가져온다.

그가 적는다. 과일 잼. 그런 다음 추가해 적는다. 검은색과 빨간색.

"무엇이 더 있을까! 무엇을 더 가져와야 할까요?"

그는 행복해 한다. 그에게 뭔가 새로운 것이 떠오를 경우 얼굴 가득 미소가 퍼진다. "양초, 식탁 위의 촛불이 정말 멋지죠. 꽃다발… 그건 제가 꺾을 수 있어요. 모차르트 정원에서. 거기서 제가 다음 목요일에 일하거든요. 딱 맞아떨어지네! 뭐가 더 필요할까요? 아~, 알아요. 냅킨이죠. 그게 아주 요긴하죠. 저의 엄마가 그런 것을 갖고 있죠. 뭐랄까, 아세요? 중국에서 온 아주 부드럽고 향기 나는 것이에요."

그가 생각에 잠긴다. "몇 장이 필요할까요? 네 명의 아이들과 나 그리고 선생님, 그러니까 6장의 냅킨… 그건 많지 않네요. 엄마가 제게 기꺼이 줄 거예요."

그에게 더 이상은 아무것도 생각나지 않을 때 내가 말한다. "아직은 일 주일이나 시간이 있어, 아메트. 그 사이 네게 분명히 많은 것들이 생각날 수 있을 거야."

"선생님이 옳아요. 제가 모든 것을 적어 둘 거예요. 그래서 그 어떤 것도 잊지 않도록."

그가 놀이실을 떠나기 전 칠판에 재빨리 다음과 같이 쓴다. "우데 선생님, 오늘은 멋졌어요. 저는 다음 금요일을 벌써 기대하고 있어요."

그가 힘이 넘쳐서 바로 자전거로 그 자리를 뜬다.

“자~식! 네가 터키 사람이라는 것은
아무 문제도 아니잖아.”

‘대망의 금요일’이 왔다. 아메트는 약속한 것처럼 그의 친구들이 도착하기로 한 시간보다 30분 일찍 당도했다. 여러 개의 비닐 백을 들고 있었다. 그 안에는 과일 잼과 냅킨, 양초 및 꽃다발 그리고 각각의 아이들에게 선물로 줄 한 판씩의 초콜릿이 가득 들어 있었다. 오늘의 파티를 위해 그는 다시 그의 코발트 재킷을 입었고 그 안에는 눈처럼 흰 셔츠를 입었다.

그는 세련된 손놀림으로 재킷을 벗으면서 나의 놀라움을 눈치챘다.

“보세요, 이걸. 이제 제 셔츠는 제가 직접 다려요.”

“훌륭하구나, 아메트. 네가 정말 아주 근사해 보인다!”

“좋아요, 좋아” 그가 말한다. 그리고 그가 평상시의 손놀림으로 제지의 신호를 한다. 그러나 그것은 그가 정말로 기분이 좋을 때 하는 것이다.

나는 그를 혼자 두어야 했다. 왜냐하면 내가 다른 일을 서둘러 해야 했다.

식탁에 올릴 그릇들과 와플 머신 등등을 놀이실로 챙겨 와야 했기 때문에. 4시에 내가 돌아와야 할 것이다. 그렇게 모든 일이 아메트의 상상력과 주도성에 맡겨졌다. 내가 다시 돌아왔을 때 식탁은 준비되어 있었다. 모든 찻잔과 접시들 그리고 숟가락과 포크들이 아리땁게 가지런히 놓여 있었다. 중앙에는 꽃다발이 놓여 있었고 식탁의 모서리마다 양초가 서 있었다.

각 소년들을 위한 작은 한 판씩의 초콜릿은 그가 냅킨 아래 숨겨 뒀다. 발밑에는 기찻길을 만들어 두었고 칠판에는 큰 글씨로 "키케리키!"라고 적었다.

정확하게 4시가 되었다. 아이들이 정확하게 온다면 지금 바로 초인종이 울려야 할 것이다.

매 분, 매 순간이 새로운 절망의 시험대를 의미한다. 이제 순전히 기다리는 것 외에는 그 어떤 일도 하지 못한다. 그가 얼굴이 벌겋게 달아오를 정도로 집중해서 그의 축구 동아리 친구들을 기다렸다. 내가 그의 신경을 좀 다른 곳으로 끌려고 시도했다. 그래서 적당히 따뜻하게 데운 와플 접시 위에 버터를 조금씩 녹이도록 했다.

이제 시간은 벌써 10분 정도를 넘어섰다. 그는 이제 더 이상 놀이실 안에서 기다리려 하지 않는다. 전차역까지 나가 보기로 결심한 것 같다.

"아마 그들이 이미 도착했을 거예요. 다만 집을 못 찾은 거지요."

몇 분 뒤 소년들 모두가 함께 즐겁고 활기에 차 문 앞에 서 있었다. 베르너, 롤프, 하네스, 펠릭스 그리고 그 뒤에 환하게 미소 짓는 얼굴의 아메트. 심하게 비가 내렸었다. 베르너와 롤프가 젖은 신발이 마르도록 매트 위에 비비고 있을 때, 아메트가 말했다. "너희들은 신발을 벗지 않아도 돼. 여기서는 신발을 그대로 신고 있을 수 있어." 그리고 아이들에게 문을 열어 주고 놀이실로의 길을 가리키기 위해 앞서서 달려간다.

"자, 어서 와, 어서들 와!… 우린 6시까지만 있을 수 있어. 그래서 우리는 빨리 놀이를 서둘러야만 해."

"야~, 너 정말 멋진 곳에 다니고 있구나." 롤프가 놀이실에 들어서면서 말한다. 아메트가 환한 미소를 짓는다. 그리고 신이 나서 여기 있는 놀이들로 할 수 있는 것들을 설명한다. 그러나 우리는 먼저 식탁에 앉아야 했다. "와플이 있어. 우유와 카바를 곁들인 최상급 와플이지."

아메트는 감흥에 차서 와플을 굽고 소년들은 최고의 맛을 즐긴다. 그들은 냅킨 아래 숨겨 둔 작은 한 판씩의 초콜릿을 발견하고 놀라워한다.

"선생님이 준비했어요?"

"아니야, 아메트가 준비했어." 그들이 고마워하자 아메트가 여유 있게 저지한다. "좋아, 좋아…."

이제 롤프가 내게 말을 건다. "아메트가 우리에게 자기 여자 친구가 우리를 초대하는 것이라고 말했어요. 그게 맞아요? …그런데 선생님은 아메트의 여자 친구가 아니잖아요?"

그래서 나는 소년들에게 이 문제를 설명해야 했다. "알겠니? 이해하기 나름이야. 여자 친구라는 말에 대해 아메트는 너희들 모두와는 확실히 다른 것을 이해하고 있어. 그에게 여자 친구라는 말은 서로 이해해 주고 신뢰할 수 있는 친구, 너희들도 알잖니, 사람들이 보통 진정한 친구로 떠올리는 그런 친구라는 말과 다르지 않아."

그 사이 아메트는 와플을 모두 구웠다. 그리고 식탁에 앉았다.

소년들 중 키가 가장 작은 펠리스가 친구라는 말에 대해 계속 이야기한다. "물론 분명해요. 그런 좋은 친구를 친구라고 하죠. 그렇지 않으면 친구가 아니에요…. 그리고 문제가 있을 때 바로 그런 친구를 갖고 있고 그에게 모든 것을 이야기할 수 있다면 제일 좋죠…"

"아니, 그런 엉터리가 어디 있어? 문제라고? 엉터리야!" 롤프가 끼어든다.

그러나 펠리스는 당황하지 않는다. "내 엄마가 말했거든. 아메트가 문제가 있다고… 그래서 여기 오는 거라고…. 맞지, 아메트? 너 무슨 문제가 있지?"

모든 소년들이 이제 아메트를 응시한다. 아메트가 먼저 침묵한다. 우리는 이 질문이 그에게 유쾌하지 않다는 것을 느낀다. 수개월 전에 내가 처음 아메트의 교실에 방문하기로 했을 때 그는 바로 이 질문에 집중했었다. "선생님은 제게 무엇이죠? 제가 왜 선생님께 오는지 선생님은 말씀하실 수 없으시죠?"라고.

아메트의 옆에 앉은 베르너가 그의 옆구리를 살살 두드린다.

"말해 봐, 아메트. 너 문제가 있어?"

모든 소년들이 웃어 젖힌다.

그러자 아메트가 매우 조용히 그리고 여유 있게. 또한 베르너의 눈을 똑바로 바라보며 말한다. "분명히 문제가 있지. 나는 결국 터키 사람이니까. 너희들은 독일 사람이고."

그가 친구들에게 이보다 더 나은 대답을 줄 수는 없었을 것이다. 그러나 그는 이것으로 핵심에 도달했다. 그것을 다른 소년들도 느꼈다. 무엇보다도 그는 분명하고 안정된 태도 속에 설득력이 있었다. 그의 목소리는 더 이상 우물거리지 않았고 사람들은 그가 자신이 하는 말을 알고 있다는 느낌을 받았다.

동지애를 가지고 롤프가 말한다. "자~식! 아메트, 하지만 그것은 아무 문제도 아니잖아. 너도 물론 우리와 똑같은 사람들 중 하나야. 네가 터키 사람이라는 것은 아무 문제도 아니야."

모두가 그의 생각과 같았다. 그러나 작은 펠리스의 생각은 특별한 목적을 쫓고 있는 것 같았다. "나는 네가 여기 올 수 있었던 게 멋지다고 생각해, 아메트."

그가 내게로 향한다. "여기로 오려면 대체 무엇을 해야 하죠? 독일 사람들도 여기에 올 수 있나요?"

"틀림없지. 펠리스. 어떤 사람이냐는 중요하지 않단다."

"자, 이제 시작하자." 아메트가 이 대화를 끝내려고 한다. "자, 어서! 우리 이제 놀이를 서두르자."

여기에 모두가 동시에 동의한다. 처음에 그들은 결정을 못하고 공간에 서 있다. 나는 뒷 배경에 머물러 서 있다. 그리고 기록하는 일에 몰두한다. 그러면서 눈치채지 않게 잠시 동안 그들의 놀이를 관찰할 수 있도록.

"우리 대체 뭐하고 놀지?"

"화살 던지기를 하자." 아메트가 제일 먼저 제안한다.

"자, 어서. 누가 가장 잘 맞추는지 우리가 보게 될 거야." 당연히 그것은 그의 장기였다. 그가 화살을 가장 많이 명중시켰고 분명히 그의 기분을 좋게 해 줄 큰 박수를 받았다.

그러나 그 사이 벌써 펠리스는 인디언으로 가장했고 무기를 찬 채 작은 텐트 속으로 기어들어 갔다.

"아우~" 다른 소년들이 그렇게 소리쳤다.

"이거 최고다. 우리 이제 인디언 놀이하자!"

손바닥 뒤집기로 각자 자기 역할을 정한다. 아메트만 역할을 정하지 않는다. 친구들이 그를 덮친다. 베르너가 그의 팔들을 잡고 텐트 안으로 끌어들인다. 번개처럼 재빨리 손에 줄을 쥐고 그를 그 자리에서 묶으려 한다. "그래, 이것은 제물대야. 너는 이제 여기 꽁꽁 묶여 있는 거야."

롤프와 하네스는 그 사이 야만적인 인디언처럼 희생물 주위에서 춤을 춘다. 그동안 펠리스는 텐트 밖으로 나와 권총으로 그를 향해 쏜다. 모든 것은 단지 몇 초 동안 진행됐다. 그때 놀이가 달라진다. 아메트가 그의 전

힘을 다해 강요된 패배자의 역할에 저항해서 우뚝 일어선다.

"나한테는 안 되지." 그가 소리친다. "나한테는 안 돼. 다른 사람을 찾아야 할 거야!"

그런 다음 그가 웃으면서 베르너를 옆으로 엎어뜨리고 번개처럼 빨리 묶은 줄을 풀어낸다. 그리고 손에 권총을 쥐고 다른 소년들이 했듯이 똑같이 용감한 전사가 되어 움직인다.

그러나 이와 함께 놀이는 잠시 뒤죽박죽이 되었다. 모두가 한순간 야만스러운 인디언이 되어 환성을 지르며 빙빙 돌면서 춤을 춘다. 그러면서 무엇을 어떻게 더 놀 것인지 생각한다. 펠리스가 제안한다. "자, 이제 모두 텐트 안에 한 번 들어가 앉아 보자. 그리고 의논하자."

이 제안에 모두 환호한다.

나는 이제 아메트가 약간의 주저함이 있다 할지라도 다른 소년들과의 관계에서 자기주장을 하는 법을 알고 있다는 확실하고 좋은 느낌을 갖고 놀이실을 떠난다. 종전의 복종적인 자세는 더 이상 느껴지지 않았다. 그리고 그것의 이면으로서 그를 고립시켰던 과도한 공격성 또한 마찬가지로 와해되었다. 그리고 그와 함께 친구들과의 평범한 교제의 길이 열린 것이다.

내가 6시에 놀이실로 돌아왔을 때 아메트와 베르너는 함께 탁구를 하고 있다. 다른 소년들은 바닥에서 뛰면서 기차놀이를 하고 있다. 그들 모두는 놀이에 깊이 몰입해 있다. 그래서 아무도 내가 들어오는 것을 눈치채지 못했다. 내가 좀 더 주변을 둘러보았고 남은 흔적을 통해 그들이 거의 모든 놀이와 활동의 가능성을 다 시험해 보았음을 알아차릴 수 있었다.

큰 칠판에는 다양한 그림들로 꽉 차 있었다. 그러나 거기에 아메트의 필적은 없었다. 나의 관심은 당연히 무엇보다 아메트가 그린 것에 있었다. 그때 나는 나의 가장 큰 기쁨으로서 인형 극장에 기대어 세워져 있던 작은 칠판 위에서 그가 그린 그림을 발견했다.

그는 아주 힘 있고 결단력 있는 터치로 칠판 왼쪽에 커다란 말 머리를 그렸고 오른쪽에는 터키 깃발을 그리고 그림의 중심에는 콧수염과 함께 어깨 위에 견장을 붙이고 머리에는 테 없는 붉은 터키모(역주: 페스라고 부른다)를 쓴 자의식이 강한 터키인을 그렸다.

이 그림은 나를 정말 기쁘게 했다. 아메트는 이제 분명히 그의 터키 문화에 대해 자랑스럽게 고백할 수 있을 것이다. 마침내 그가 자신이 어디에 속하는지 안다는 것일까?

아메트가 이제 내 옆에 선다.

"제가 그린 터키 사람이 마음에 드세요?"

"아주 좋구나, 아메트. 말과 깃발이 있는 멋진 터키인! 이 그림은 여기 계속 두자."

바로 그때 모든 소년들이 우리를 둘러싸고 모였다. "멋지다." 펠리스가 말한다. "너는 그림을 아주 잘 그리는구나! 머리에 모자를 쓴 이 터키 사람은…."

아메트가 웃는다. "이것은 모자가 아니야. 펠리스. 이것은 페스라는 것이야."

"페스라고?" 펠리스가 반복한다. "전혀 못 들어 봤어!"

이제 하네스가 질문한다. "우리 또 다시 여기에 올 수 있나요? 오늘 진짜로 최고였어요."

"당연하지, 하네스. 너희들이 아메트와 약속할 수 있을 거야."

"어때, 아메트? 우리 모두 함께 언제 다시 여기에 올래?"

그때 아메트가 손바닥으로 이마를 친다. "아~, 제가 선생님께 이야기하는 것을 깜박 잊고 있었어요. 어제 저녁에 편지가 하나 왔어요. 제가 열흘 뒤에 유럽의 동해에 있는 유겐트 하우스로 3주 동안 여행을 가요…. 선생님은 아시잖아요. 그것이 아일렌리데의 자전거 경기 부상이었잖아요."

"섭섭해~." 모든 소년들이 합창을 한다. "우리가 여기서 곧, 다시 놀 수 없다니, 섭섭해~."

아메트가 저지를 한다. "나중에 우리가 놀 수 있지. 나는 3주면 다시 돌아오니까."

이제 내 차례다. 기대에 찬 기쁨의 와인에 쓴 쑥즙을 끼얹듯, 내가 오랫동안, 즉 거의 석 달 동안 하노버를 떠나게 될 것이라고 말할…. 이때 나는 내 스스로 놀랍게도, 오늘 오후가 아메트 심리치료의 마지막 회기가 될 것임을 감지했다. 아메트의 유겐트 하우스로의 휴가가 '자연스러운' 종결이 될 것이다. 그렇지만 치료 종결에 대해서 이 자리에서는 아무 것도 이야기하지 않았다. 내가 석 달 후 돌아올 때 아메트와 내가 어떻게 될 것인지 우리는 서로 보게 될 것이다.

"유겐트 하우스에 가게 된 것이 기쁘니, 아메트?"

그가 미소 짓는다. "네, 최고죠!"

소년들은 감탄에 차서 그의 옆구리를 친다. "자~식, 아메트, 동해에서 3주를 보내다니…. 그것 참 멋있군!"

우리는 모두 밖으로 나간다.

아메트가 자전거를 가져온다. "내가 너희들 모두 전차역까지 바래다줄게. 나는 이것을 타고 집에 가고."

펠리스가 자전거를 바라본다. "녀석, 녀석! 이것은 골동품 접이식 기계 아냐."

그렇지만 아메트는 그 말에 전혀 영향을 받지 않고 느긋하다. "놔둬. 이거 굴러가거든."

그리고 "다시 보자~." 모두가 합창으로 외치며 기쁘게 그곳을 뜬다. 소년들은 걸어서 그리고 아메트는 옆에서 보폭에 맞게 달리면서.

후 기

나는 아메트를 겨우 몇 번 더 보았다. 내가 몇 달 동안의 해외여행에서 돌아왔을 때 그가 왔다. 그리고 오랜 간격을 두고 두어 번 더 나를 방문했다. 그의 직접 돈을 벌어 산 새 자전거를 보여 주기 위해, 그가 학교 성적이 점점 더 좋아지고 있다는 것을 보고하기 위해 그리고 이제 독일 여자 친구가 생겼다는 것을 말하기 위해서다.

그는 계속해서 동아리에서 축구를 한다고 했다. 그러나 그에게 더 중요한 것은 그가 남는 시간에 병행해서 용돈을 번다는 것이다. 그는 방학 동안에 정원에서 기꺼이 일을 한다…. 물론 그 또래의 다른 많은 독일 청소년들과 똑같이 말이다.

그의 가족은 독일에 남았다. 부모는 아이들 때문이었다. 그리고 에미네와 그의 남편은 더 이상 귀국을 상상할 수 없었다. 그리고 그것은 오스만과 아메트에게도 마찬가지였다. 그러나 만약 그가 귀국하길 원한다 해도, 그는 그의 젊은 날의 새로운 충격 없이는 더 이상 돌아가는 길을 발견할 수 없을 것이다.

독일 땅에서 그가 그의 생에 무엇을 할 것인지 지금 어떻게 알겠는가? 그러나 나의 경험을 통해 나는 확신한다. 아메트는 이곳에서 그의 고향을 발견하는 과정 중에 있다는 것을. 그리고 그가 그의 치료 후반부에 말했던 것처럼, "여기서 저는 뭔가를 성취하고 싶어요."라는 그 말이 현실이 될 것이라는 것을.

저자 소개

Anneliese Ude-Pestel

아동과 청소년을 위한 개인 심리치료실을 운영하고 있는 정신분석적 심리치료가다. 수년 동안 로스앤젤레스에 있는 Arthur Janovs 연구소에서 일했다. 그녀의 저서, 아동 심리치료의 기록인 『놀이치료로 행복을 되찾은 아이, 베티』(학지사, 2005)는 이 분야의 고전으로서 세계 여러 나라의 언어로 번역되었고, 독일 TV의 영화로도 제작 · 방영되었다.

역자 소개

오현숙

독일 프랑크푸르트 대학교(J. W. Goethe-University)에서 학부, 석사, 박사과정을 마치고, 임상 및 상담심리 전공으로 박사학위를 받았다. 프랑크푸르트 대학병원 소아정신과에서 연구원으로 있었으며, 독일과 국내에서 오랫동안 임상심리치료 영역의 전문가로 활동하면서 현재는 한신대학교 교육대학원 상담심리 전공 교수로 재직 중이다. 이 책의 저자가 쓴 『놀이치료로 행복을 되찾은 아이, 베티』(학지사, 2005)를 비롯하여 정신분석, 기질 및 성격, 주의력 등의 영역에서 다수의 책을 번역 또는 집필하였다.

놀이치료 · 아동심리치료로
행복을 되찾은 아메트

Ahmet
Geschichte einer Kindertherapie

2014년 1월 15일 1판 1쇄 발행
2024년 5월 20일 1판 3쇄 발행

지은이 • Anneliese Ude-Pestel
옮긴이 • 오 현 숙
펴낸이 • 김 진 환
펴낸곳 • (주) 학지사
04031 서울특별시 마포구 양화로 15길 20 마인드월드빌딩 5층
대표전화 • 02) 330-5114 팩스 • 02) 324-2345
등록번호 • 제313-2006-000265호
홈페이지 • http://www.hakjisa.co.kr
인스타그램 • https://www.instagram.com/hakjisabook

ISBN 978-89-997-0240-2 03180

정가 15,000원